入門 国際経済
International Economy
Q&A 100

坂出 健・松林洋一・北野重人 編著

中央経済社

■ はじめに――本書の読み方・使用法――

2022年2月24日のロシア軍のウクライナ侵攻以来，国際経済は，すでに2021年央に胎動していたアメリカでのポスト・コロナのインフレ圧力を解き放ったようである。インフレ・為替変動・金利上げ圧力・エネルギー・資源・食料品価格上昇といったこれまでと局面を画する経済状況は，日本経済にもさまざまな影響を与えている。本書では，こうした激動する国際経済を歴史（国際経済史）・経済理論・現状分析の3つの角度から，100のクエスチョン形式の見開き2ページのトピックとしてとりあげ，それぞれの分野の専門家の分析を提示した。本書は，主に，大学経済学部で経済を専門に学ぶ学生，また，経済現象に関心をもつ学生全般，国際経済の背後にある経済学的分析に関心をもつビジネスマン，さらに，国際経済・国際経済学を学びたい方全般に向けて執筆した。国際経済に関する解説書は多数あるが，多くは，こうした歴史・理論・現状分析のいずれかの分野に特化したものといえる。それに対して，本書は，読者が国際経済について関心を持ついずれかのクエスチョンを入り口にして，関連するトピックを読み進めながら，国際経済を総合的・包括的に考える視点を持てるように工夫した。

読み方・使用法としては，まず目次を眺めていただき，関心をもついくつかのクエスチョンのトピックを読んでいただきたい。おそらく多くの読者は現状分析パートであるPART Ⅲ（国際経済のフロンティア），PART Ⅳ（エリア別に見た国際経済），PART Ⅴ（コロナ後の国際経済）に関心を持たれるかもしれない。ウクライナ戦争以後のインフレ・円安はどのようなメカニズムで起こっているのか？　また，今後日本経済の金利・財政赤字はどのように推移するのか（するべきか）？　こうしたことに関心を持つ方が多いとおもう。本書は，こうした「失われた30年」の日本経済が，コロナ鎖国を経て「開国」する外的環境である国際環境がどのようなものか，100のクエスチョンと専門家によるアンサーにより解説した国際経済入門書である。

ウクライナ戦争後の経済の具体的諸相に関心のある方には，「Q89　FRBの
テーパリング加速・金利引き上げをどう見るか？」「Q97　ウクライナ戦争は
国際経済をどう変えるか？」「Q98　G7の経済制裁でロシア経済はどうなる
か？」「Q99　ウクライナの『夢』は再び大空を舞うことができるのか？」「Q100
米国の利上げは世界経済にどのような影響を及ぼすか？」を読んでもらいたい。
　また，現在のインフレ（物価水準）・円安（為替），来るべき金利上昇局面を
経済理論としてどのように把握するかについては，PARTⅡ（国際経済理論），
「Q23　米国の金利が変わると，円ドルレートはどのように動くか？」「Q24
為替レートは経常収支にどのような影響を与えるのか？」「Q25　為替レート
の経常収支への時間的影響とは？」「Q30　為替レートとは？」「Q31　均衡為
替レートはどのように決定するのか？」「Q32　為替レートの名目と実質の違
いは？」「Q36　為替レートの変化に通貨当局はどのように対応するのか？」
「Q37　外貨準備にはどのような意味があるのか？」を読むことを薦める。
　PARTⅣ（エリア別に見た国際経済）では，各エリアの経済情勢を，中国
（「Q63　中国経済はどのような成長課題を抱えているのか？」）・インド（「Q67
インドが日本のGDPを凌駕する経済見通しの根拠は？」）・ラテンアメリカ
（「Q73　ラテンアメリカで貧富の格差が大きいのはなぜか？」）などで学べる。
また，気候変動・温室効果ガス・デジタル化・ITプラットフォーマーの規制
など国際経済論のフロンティア的トピックについてはPARTⅢ（国際経済のフ
ロンティア）で扱う。
　関心のある各トピックを読んだ後は，トピック末に記載した，本書の他の関
連トピック，また，『入門 Q&A100』シリーズ（『入門 アメリカ経済Q&A100』・
『入門 歴史総合Q&A100』）の関連トピックを読み進めてはどうだろうか。表
記は，本書の関連トピックについては「→Qxx等」，シリーズについては，「ア
（2019）Qxx」は坂出健・秋元英一・加藤一誠編『入門 アメリカ経済
Q&A100』（中央経済社，2019年），「歴（2023）Qxx」は坂出健『入門 歴史総
合Q&A100』（中央経済社，2023年）のそれぞれのトピック番号を指している。
次に，関心のあるトピックの多いPARTを各PARTの扉を参考にしながら全体
を通して読んでみるといいだろう。PARTⅢフロンティア・PARTⅣエリア・
PARTⅤコロナ後，を中心に読まれた方には，あらためて，PARTⅠ歴史（経

済史）・PARTⅡ経済理論を読むことで，国際経済を複眼的に観察する視点が得られるだろう。

　大学の講義（国際経済論・国際貿易論・国際マクロ等）では，たとえば，経済理論中心の講義であれば，PARTⅡを軸にカリキュラムを組み立て，他のPARTをサブ・カリキュラム（課題など）とする，現状分析中心の講義であれば，PARTⅢ，Ⅳ，Ⅴから柔軟にトピックを選択し，カスタマイズされたカリキュラムを構築することが可能であろう。講義・試験・自学では，PART末に各トピック2つずつの演習問題（1問目は比較的基本問題，2問目は比較的応用問題）を活用されたい。

　国際経済はさまざまなプレイヤー，国家・国際機関・個人・企業・なかでも国家の力を凌駕するような多国籍企業・ITプラットフォーマーがモノ・カネ・サービス・ヒトのやりとりをする舞台である。その複雑かつ奇妙な世界はあたかもSF作家ダグラス・アダムスが『宇宙クリケット大戦争』で描いた「生命，宇宙，すべての究極の質問」でもある。Google検索で，「生命，宇宙，すべての究極の質問への答え（あるいは "answer to life the universe and everything"）」を入力すれば，グーグルによる回答が表示されるが，本書の100個の問いを読んだ読者のみなさんが，みなさん自身の「問い」を持ち，「答え」をみつけることができることを期待する。

執筆者を代表して

坂出　健

◉CONTENTS

PART Ⅱ

国際経済理論

PART**Ⅲ**

国際経済のフロンティア

PART Ⅳ

エリア別に見た国際経済

CONTENTS

INTRODUCTION
国際経済を考える視角

◆国際経済150年の特徴と課題

◆5PARTの概要

国際経済150年の特徴と課題

覇権と国際秩序

　本書は，資本主義的経済システムを基礎とした世界経済・国際経済が成立した19世紀末からコロナ経済・ウクライナ地政学リスクを迎えた2020年代初頭までの国際経済の展開を，100トピックの問題群について，歴史的知識（PARTⅠ）に基づき，PARTⅡでは国際経済を理解するための基礎的経済理論ツールを習得し，現在国際経済のフロンティア的課題（PARTⅢ）・エリア別の課題（PARTⅣ）を探求し，PARTⅤでは2020年以降のパンデミックで激動する国際経済の動態，さらには，2022年２月のロシアのウクライナ侵攻後の地政学リスクの見通しについて展望する。本書は，約150年の国際経済の展開を，覇権国（政治的にはHegemon，経済的にはCore）を中心とした国際収支レジームの進化のなかで位置付ける。覇権（Hegemony）理論は，国際秩序が覇権国・大国・挑戦者からなると仮定している。覇権国は，他の国より圧倒的に多くの軍事力と経済力をもち，国際公共財をもって国際秩序を安定させている国家と定義される。また，覇権国は，国際秩序と国際機関の枠組みとルールを支配する権限をもち，国際的な安定を維持するためのコストも負っている。覇権安定論の立場から，キンドルバーガーは『大不況下の世界』で，覇権国の不在が世界不況の長期化・深刻化の一大要因となったと論じた。衰えた旧覇権国のイギリスは国際経済安定化の責任を果たす能力をもはやもたず，新興大国アメリカはその意志を欠いていたと考えた。国際経済の安定のためには安全保証者（スタビライザー）の役目をつとめる国が存在し，コスモポリタン的性格の公共財の供給にあたることが不可欠であると考えた。キンドルバーガーは，各期の覇権国家が提供する国際公共財として，平和，航行の自由，過剰生産のための公開市場，供給危機の際の資財の供給などの国際公共財を提供する主導的な役割

を果たす国際通貨制度，マクロ経済政策の調整などを考えた。

グローバル・インバランス

　経済史家アイケングリーンは，覇権を経済・通貨面から，「中心国（core）」と「周辺地域（periphery）」としてとらえた。彼は，ブレトンウッズ後（ブレトンウッズⅡ）において，アメリカが著しいドル下落を伴うことなく膨大な経常収支赤字（グローバル・インバランス）を維持することが可能だろうかという設問について次の理由から懸念を示した。第1に，ブレトンウッズ期の日欧と同じ位置にある，新たな周辺地域（アメリカ市場でのシェアを維持するため，中央銀行が自国通貨の増価を抑える目的でドル買い介入を行っている地域）を構成しているアジア諸国では，各国の利益よりも共通の利益を優先することが難しい。第2に，ブレトンウッズ期には，世界第2位の準備通貨はポンドであり，ドルに代わるほどの魅力のある通貨ではなかったため，体制支持国は国際的なシステムの安定に支援するしかなかったが，対照的に今日においては，ユーロが存在する。第3に，ブレトンウッズ体制の下では，アメリカは少なくともドルと金の固定レートでの兌換という制度上の義務を受け入れていたのに対し，今日では，アメリカの政策当局の意図ははっきりしない。このため，他国の中央銀行がドルを進んで保有するかどうか，また周辺国のカルテルの結束がどの程度強いものになるかは，外国中央銀行の請求権の価値を維持するという準備通貨国アメリカのコミットメントが，他の諸国にどのように受け止められるかに依存する。

参考文献　チャールズ・P・キンドルバーガー著，石崎昭彦・木村一朗訳（1982）『大不況下の世界　1929—1939』東京大学出版会。
　バリー・アイケングリーン著，松林洋一・畑瀬真理子訳（2010）『グローバル・インバランス』（東洋経済新報社）。

（坂出　健）

5 PARTの概要

　過去150年にわたる国際経済の資本主義的発展の特徴や課題とは何であろうか。本書は，このような問題意識から，歴史，理論，政策，地域の各領域を専門とする研究者が，PART I からPART V まで合計100のトピックを個々に分担し，次に述べる構成により平易に解説する入門書である。

　PART I は「歴史」の視点から解説する。過去150年の国際経済の歴史，すなわち19世紀中葉イギリス（パクス・ブリタニカ）から20世紀後半アメリカ（パクス・アメリカーナ）への転換過程における国際経済の構造的作用としての「グローバル・インバランス」がここでの重要な論点となる。植民地インドとの関係で国際金本位制を基礎としたパクス・ブリタニカの形成，ドイツとアメリカの台頭によるパクス・ブリタニカの崩壊，そして第二次世界大戦後のパクス・アメリカーナの形成とブレトンウッズ体制，マーシャルプラン，欧州統合などを解説する。特にブレトンウッズ体制下の国際的な政策協調，ドル危機，欧州統合の進展，プラザ合意などが重要なキーワードとなる。

　PART II は「経済理論」の視点から，国際経済の複雑な現実を分析するための理論的な知識や方法について解説する。具体的には国境を越えて国際的に取引されるさまざまな商品やサービスを把握するために国際収支，経常収支などの概念を説明する。また国際取引の際に重要となる国家間の通貨の交換比率，為替レートの制度的枠組みを解説する。加えて日米貿易における円とドルの為替相場の変動を与件とし，経常収支や資本移動への影響，国際取引の拡大による自国と他国の景気に与える影響の分析を通じて，所得，金利，為替の相互作用を含めて国際経済の理論的考察に挑戦する。

　PART III の「国際経済のフロンティア」では，1990年代以後グローバル化した市場経済の最前線に噴出する経済イシューの現状と課題を整理する。「新自

由主義」の台頭，それに対峙する福祉国家の再編，自動車産業など製造業の雇用問題，IT産業，デジタル課税，電子マネー，気候変動への国際協調が大きな論点となる。1970年代以降，規制緩和や民営化など新自由主義に基づく経済政策が本当に経済効率や豊かさをもたらしたかは疑わしく，現実には深刻な金融危機，GAFAなどIT企業による富の占有，経済格差の拡大がみられ，国際経済に不均衡をもたらしている可能性を解説する。

PARTⅣは「エリア別」に国際経済の現状を論じる。現代の国際経済の主要エリアとしてのアジア，EU，中南米，アフリカにおける多種多様な経済イシューの内情を解説する。「アジア」エリアでは中国における人民元，家計債務，アメリカとの貿易対立，新興大国インドにおける金融デジタル化とその課題を論じる。「EU」エリアはイギリスのBrexitの経緯，EU内での移民労働者の受入れをめぐる政治動向を論じる。「中南米」エリアは新興国ブラジルの課題，中米グアテマラの貧困問題を論じる。そして「アフリカ」エリアはナイジェリアなど資源大国が2000年以降GDPを拡大する一方，貧困や飢餓が根深く存在し続けている現実を説明する。

そしてPARTⅤの「コロナ後の国際経済」では，現代の国際経済が抱えるグローバル・インバランス，国際債務問題を中心に解説し，国際経済の今後を展望する。2008年のアメリカ金融危機の原因とその後の金融政策，日米の財政赤字，先進諸国における量的緩和からの離脱（テーパリング）の中での日銀による量的緩和のリスク性，政府および民間部門の債務問題，直近のコロナ危機によるサプライチェーンへの影響，そして2022年2月以降ロシアによるウクライナ侵攻とその国際経済への諸影響，ロシア経済の展望について論じる。

かくして国際経済の「今」をどう読み解くべきか。本書がその学習動機の一助になれば幸いである。

（塙　武郎）

PART Ⅰ
国際経済の歴史

●映画の窓から見た国際経済①

ジェニファー・ローレンスと2010年代アメリカ保守
——孤軍奮闘の背景にある社会不信

●この章で扱うテーマ

映画の窓から見た国際経済 ①

ジェニファー・ローレンスと2010年代アメリカ保守〜孤軍奮闘の背景にある社会不信

- 『ウィンターズ・ボーン』"Winter's Bone"（2010年）
- 『JOY』"Joy"（2015年）

ジェニファー・ローレンスといえば，現在ハリウッドのトップ女優といっていいだろう。特に2012年に公開されたディストピアSF『ハンガー・ゲーム』のヒロイン，カットニスは当たり役であり，4部作に発展した同シリーズのヒットによって若い世代の心を掴んだ。同シリーズと並行して制作された『世界にひとつのプレイブック』では，オスカーの主演女優賞を受賞している演技派でもある。

ローレンスの役柄としては，困難な状況に放り込まれながら，精神の強さと知恵を動員して生き残っていく「強い」キャラクターが多い。例えば『ハンガー・ゲーム』4部作のカットニス役では，救いのない未来世界を舞台に，文字通り「サバイバルゲーム」に追い詰められた庶民階級の少女を演じ切っている。更にローレンスの演技として注目されるのは，このカットニスの原点として『ウィンターズ・ボーン』（2010年）の少女リーの役があるし，反対に発展形として『JOY』（2015年）のジョイ・マンガーノ役がある。

『ウィンターズ・ボーン』に始まり，『ハンガー・ゲーム』4部作，そして『JOY』に至る6作品を通してローレンスの描き切った「困難な中での強さ」の造形というのは特筆に値する。演技が高い評価を受けただけでなく，「リーマンショック後」から「トランプ登場前夜」のアメリカ社会と深いところでシンクロしていたからだ。

それにしても『ウィンターズ・ボーン』というのは鮮烈な作品だ。舞台は，ミズーリ州南東部のオザーク高原地帯。貧困の中で暮らす17歳の少女リーは，父親が失踪しており不在。病気の母親と幼い弟妹を守る存在として，リー自身が家長の役を務めていた。治安の悪い丘陵地帯で家族を守るには武装しなくてはならず，リーは当然のように銃を操る。

父の行方を探すリーは，やがて周囲の人々が麻薬の密造に関与していることを知る。リーの父は，麻薬事案で逮捕され保釈された後に姿を消していたのだった。父が出廷しないと，保釈金と相殺されて家は没収され，リーの家族は路頭に迷う。父親を探して奔走するリーの行動は密造者たちに警戒され，その身に危険が迫る。

『ウインターズ・ボーン』より

　雑木林の中の貧しい一軒家で遊ぶ無邪気な弟と妹，危険に対して銃を構える少女リー，そして丘陵地帯全体を覆う貧困と犯罪，暴力。ローレンスの演技は闇の中に引きずり込まれながらも生き抜く少女の造形に成功していた。このような丘陵地帯に住む白人のことは一般的に「ヒルビリー（山の住人）」と呼ばれる。その「ヒルビリー」の存在にスポットライトが当たったのはこの映画が契機であった。

　後に，2016年の大統領選でドナルド・トランプが勝利した際に「ヒルビリー」の存在が，トランプ当選の鍵だったという「解説」がされた。つまり貧困に苦しみ，グローバルな社会から無視された白人層の「怨念」が，トランプを当選させたというのである。勿論，デブラ・グラニック監督が本作を作ったのは2009年から10年であり，トランプ現象とは無縁だ。だが，その当時のアメリカはリーマンショック後の深い底で「もがいて」いたわけで，グラニック監督としては，誰の身にも貧困という問題が切実に感じられるという時代の中での制作であったに違いない。

　その「貧困への恐怖」に対して，残念ながら当時のオバマ政権は十分な対処はできなかった。オバマは，慎重な経済運営で米国経済を再建したが，同時に民間によ

る省力化や自動化，そして何よりも空洞化が加速する中で，雇用の回復には失敗した。そんなオバマへの不満は，2010年の茶会運動，そして2016年にはトランプ現象という形でアメリカを揺るがせた。今から考えれば，『ウィンターズ・ボーン』は，そのような激動を予言していたともいえる。

　ローレンス主演作の『JOY』が公開されたのは2015年のクリスマスだった。この時期のアメリカは，オバマが2期目の終わりに差し掛かり，後継にはヒラリー・クリントンの大統領就任が有力視されていた。同年の11月，感謝祭の連休には『ハンガー・ゲーム』4部作の最終編が公開されて大ヒットとなったが，その1ヶ月後に公開された家族やビジネスを扱った現代劇『JOY』においても，ローレンスは主役を演じていたのである。

　この『JOY』は実話がベースになっており，その名もジョイ・マンガーノという女性発明家の伝記映画である。ジョイは，ニューヨーク州ロングアイランドの庶民的なコミュニティで暮らし，家業である「自動車修理工場」を手伝っている。父母は離婚しているが関係は継続している。また自分自身も離婚して2人の子供を育てるシングルマザーであるが，前夫との関係が途切れたわけではない。ジョイが事

『JOY』より

10　|

実上の家長として，パートに出て収入を補いながら家族を支えているのは『ウィンターズ・ボーン』の少女リーと酷似している。

　だが，少女リーとは違って，ジョイには大きな転機が訪れる。偶然思い付いた改良型の清掃モップが，TVの通販番組で大ヒットして一躍実業家となるのだ。だが，成功は一瞬であり，製品の知財をめぐって外注先とトラブルになり，巨額の負債を背負ってしまう。家族全員が自己破産を勧める中で，ジョイは単身テキサスに乗り込み，外注先の悪徳オーナーに契約書の欠陥を突きつけて丁々発止の勝負に出る。

　ただ，本作への評価は賛否両論であった。ローレンスの人気で興行的には大成功したし，彼女自身の演技の素晴らしさは誰もが認めるところであった。一方で，多くの批評家は偶然性に頼りがちだとして，ストーリーラインの稚拙さを批判していた。その本音にあったのは，本作に流れる「保守カルチャー」への違和感であったと思われる。とにかくジョイは，人に甘えず，人を信じない。劣悪な環境を甘んじて受け入れ，問題は一人で背負い込み，一人で解決する。これは正にアメリカ保守の唱える「自己責任論」の世界である。

　極めつけは銃の登場だ。『ウィンターズ・ボーン』のリーが銃を構えるのには必然性があるかもしれない。一方で，都市の近郊で自営業に従事するジョイは，ビジネスが行き詰ると，人から借りたライフルを「ぶっ放して」ストレスを発散する。そこには必然性はない。その異様な姿をローレンスは見事に演じたが，民主党の銃規制論者からは到底許容し難いシーンでもある。だが，この「ライフル」のシーンがあることで，『JOY』と『ハンガー・ゲーム』4部作，そして『ウィンターズ・ボーン』は一つの円環を閉じるのだ。

　リーマンショックとグローバル経済に打ちのめされた中で，被害者意識を抱えたアメリカの保守は，何かに縋ったり，何かに頼ることを諦めている。物理的には21世紀に生きていても，精神は18世紀の開拓時代のままなのだ。誰も信ずることはできず，最後に自分と家族を守るのは根性と機知，そして銃（『ハンガー・ゲーム』の場合は弓だが）だけ，そのような究極のカウボーイ思想がそこにはある。

　2010年代にローレンスの演じたヒロインたちは，その不信を前提に「自己責任」の世界と戦っていた。観客がどうして喝采を送っていたのかというと，彼らもまた世界への不信を抱いていたからだ。ドナルド・トランプとは，そうした不信が生み出した怪物であった。

（冷泉彰彦）

Q01

パクス・ブリタニカからパクス・アメリカーナへどのように転換したのか？
〈経済覇権〉

　PARTⅠは，19世紀中葉のパクス・ブリタニカの世界秩序から20世紀後半のパクス・アメリカーナの世界秩序への転換過程を，経常収支の国際不均衡（グローバル・インバランス）を手がかりに，イギリス・アメリカ・ドイツという欧米主要国の経済政策の変遷に着目しながら解説する。本PARTは，現代国際経済関係を理解するために必要な「歴史（経済史）」について，ロンドンを中心とした国際決済システムと国際金本位制が成立した1870年代から国際マクロ政策協調体制が成立した現代までを，おおまかに，金を基準にして固定相場制を維持しようとした国際経済システム（レジームⅠ，Ⅰa：国際金本位制，Ⅰb：再建金本位制，Ⅰc：ブレトンウッズ・システム）から変動相場制下で各国が財政・金融・金利・通貨の協調を通じてインフレなき経済成長を維持しようとした国際経済システム（ブレトンウッズⅡないしレジームⅡ，Ⅱa：変動相場制，Ⅱb：マクロ政策協調，Ⅱc：量的緩和とゼロ金利）の変遷ととらえ，その各過程を解説する。こうした歴史的経緯を踏まえることによって，近年，量的緩和とゼロ金利からの「出口」を模索する国際経済の多面的な展開を把握することができるであろう。

　本PARTでは，第1に，植民地インドを国際収支の安全弁とした国際金本位制を基礎とするパクス・ブリタニカの構造を検証する。世紀転換期には，ドイツ・アメリカという挑戦国が台頭し，パクス・ブリタニカは動揺し，更に，第一次世界大戦により，パクス・ブリタニカは崩壊する。戦間期（第一次世界大戦と第二次世界大戦の間の時期）には，第一次世界大戦の敗戦国ドイツの戦勝国への賠償問題と，戦勝国イギリス・フランスのアメリカへの戦債返済が絡むトランスファー（戦債・賠償）問題により各国の戦後復興は進まなかったが，アメリカの私人ドーズが主導したドーズ案によりトランスファー問題は解決し，

国際金本位制は再建された。しかし，大恐慌の衝撃により，国際金本位制は再び崩壊した。1930年代の世界不況期において英米独の主要三国はそれぞれの経済・外交政策を採用した。イギリスは，旧来のブリティッシュ・エンパイアの絆をスターリング・ブロック（英通貨ポンドを基軸とする通貨圏）として縮小・再編し，ドイツに対しては宥和政策をとりナチス・ドイツの対外侵略を黙認した。アメリカは，ニューディール政策を採用し，大規模な公共事業を実施するなどの改革を試みたが戦時経済突入までは経済は回復せず，緊迫した欧州情勢に対しても孤立主義外交（不介入主義）で対処した。ドイツではナチス党が実権を掌握し，ナチス経済体制の下で軍事的対外侵略と復興を果たした。イギリス宥和主義とアメリカ孤立主義の背景には，世界大戦後の世界秩序をめぐるイギリスとアメリカの覇権闘争が秘められていたのである。アメリカはイギリスへの武器貸与の条件として戦後の英帝国の解体を求めた。アメリカはこの課題を追求するなかで「サミット・G7体制」（米欧日の先進資本主義国の協調システム）を確立していった。ブレトンウッズ構想の破綻により登場したマーシャルプランの下，西欧経済の復興が進み，シューマンプランに始まる欧州統合，欧州決済同盟設立によるスターリング・ブロックと大陸欧州の決済の統合が進んだ。

　本PARTは，次に，第二次世界大戦後の，パクス・アメリカーナの展開に焦点を当てる。ブレトンウッズ体制下の政策協調とドル危機の構図，欧州統合の進展について，サミット・G7体制の成立（1968-1975年），プラザ合意と先進国マクロ政策協調の展開から説明する。

参考文献　　ポール・ケネディ著，鈴木主税訳（1993）『決定版 大国の興亡―1500年から2000年までの経済の変遷と軍事闘争（上下）』草思社。
　　　　　　河﨑信樹・坂出健（2001）「マーシャルプランと戦後世界秩序の形成」『調査と研究』第22号。

（坂出　健）

国際収支の決済はいかに国際経済を特徴づけるのか？

〈国際収支レジーム〉

ヒュームの物価正貨流出入メカニズム

デイヴィッド・ヒューム（1711-1776）は経験論哲学の大成者として名高いが，彼の原因・結果の関係（因果論）は，思考だけでなく現実の国際政治経済の分析にも適用され，その成果は，現代の国際経済学・国際政治学にも大きな影響を与えている。国際経済学においては国際収支についての物価正貨流出入メカニズム，国際政治学では勢力均衡論（バランス・オブ・パワー）がそれである。しばしば国際経済学の教科書に引用されるヒュームの物価正貨（金貨）流出入メカニズムは以下のとおりである。もしイギリスの全貨幣の5分の4が急に消滅したら，イギリス国内の商品の価格もこれに比例して下落する。そうすると対外価格競争力は上昇し，ごく短期間のうちに，外国から貨幣を買ってきて，イギリスの商品価格は外国の水準まで上昇するであろう。逆に，イギリスの全貨幣が急に5倍に増加した場合には反対のメカニズムが生じ，イギリスの商品の価格は外国と同水準まで下落するであろう。

こうしたヒュームの均衡化プロセスの観点からの国際通貨論理解は，国際政治面での勢力均衡論のコインの裏表である。ヒュームは古代ギリシャ世界のポリス（都市国家）間の勢力争いを概観し，支配的な勢力はすべて，それに対抗する同盟に遭遇することになったが，ペルシャは競争心よりもむしろ安全を考えて，ギリシャの共和国間の争いに関心をもち，どの争いでも弱い方に味方したと述べた。国際経済の動態を均衡論で把握するヒュームの視点は，国際政治経済学における国際レジーム論と親和性をもっている。

覇権と国際レジーム

ネオ・リベラリズムの見地から，ナイとコヘインは，共著『パワーと相互依

存』（1977）によって，複合的相互依存の概念を提起し，パワーポリティクス
が支配する国際関係から，国家間あるいは社会間の相互依存関係の深化への転
換を提起した。ナイとコヘインは，第1に，国際政治の舞台に上がるアクター
の多様化と超国家的なアクター間の連合が国家の意思決定能力に及ぼす制約を
指摘した。第2に，国際関係において，経済と技術，さらには人権などの問題
は，かつてと比べはるかに重要性が高まっていると指摘し，その結果，これら
の問題領域で大きな影響力をもつ多国籍企業や国際組織，そして地方自治体や
NGOなどが，国際関係の重要なアクターとして登場したと論じた。第3に，
外交手段として，軍事力の果たす役割が相対的に低下したと主張した。

　ナイとコヘインの複合的相互依存論を国際的制度・原則・ルール等からなる
集合的秩序として整理したのがクラズナーである。クラズナーは国際レジーム
を，「国際関係の特定の領域においてアクターの期待が収斂する，①原則，②
規範，③ルール，④意思決定手続きの明示的または暗示的なセット」として定
義している。レジームとは，特定の問題領域（分野）に成立するもので，国際
システムにおける行為者の認識，価値体系，行動，行為にかかわるものである。
規範は分野ごとに，平和（紛争防止），人道，経済厚生の増大，環境保全など，
いかなる状態が望ましいものであるかを示すものである。また，ルールは，行
為者の行動を律する構成的ルール（システム全体の基本的な特質を決めるも
の）と規制的ルール（具体的なルール）に区別される。例えば，GATT/WTO
は，主権国家体系・自由貿易にかかわる構成的ルールであり，無差別ルール等
は，規制的ルールにあたると考えた。

国際収支レジーム

　コーエンは，クラズナーの国際レジーム論を国際収支に適用し，ブレトン
ウッズ・システムを国際収支ファイナンシング・レジームとしてとらえた。
コーエンによれば，国際収支をファイナンシングするためのレジームは，収支
均衡を目的とした対外債権へのアクセスを規制する明示的もしくは暗黙の原則，
規範，ルールおよび意思決定の手続きの総体を包含する。ブレトンウッズ・シ
ステムは，クラズナーによるレジームの4要素からは次のように整理される。
①原則——各国が十分に，しかし無制限でない国際収支上の補足融資を確約され

	レジーム		①暗黙の原則（経済理論）
レジーム I (1870-1914)	レジーム I a	国際金本位制レジーム (Q03)	物価正貨流出入メカニズム・ケインズの金為替本位制論
レジーム II (1921-1929)	レジーム I b	再建金本位レジームとその脆弱性 (Q05)	「金の足枷」・トリレンマ （自由な金融フローの犠牲）
レジーム III (1945-1971)	レジーム I c	ブレトンウッズ・レジーム (Q09)	N-1番目の国・トリレンマ （金融政策の自立性の犠牲）
レジーム IV (1972-1984)	レジーム II a	ニクソンショックと変動相場レジーム (Q14)	トリフィンのジレンマ・トリレンマ（為替レートの安定性の犠牲）
レジーム V (1985-2008)	レジーム II b	プラザ合意と国際マクロ政策協調レジーム (Q16)	ISバランス論・サスティナビリティ
レジーム VI (2008-2021)	レジーム II c	リーマンショック後の量的緩和・ゼロ金利レジーム (Q79)	

るべきである。②規範—条約上公的に表現された権利（割当の制約内でIMF資金にアクセスできる）と義務（IMFで憲章の規定に反する政策をとらない）によって定義される。③ルール—加盟国はIMFの安定化プログラムおよびスタンドバイ取り決めに取り入れられている明示的な条件を課される。④意思決定手続き—利用可能な融資額の決定，個々の事例ごとに課される政策コンディションは赤字国とIMFの交渉・IMF事務局内の行政的決定，また理事会での投票の組み合わせによって行われる。

　現実の国際経済においては，国際収支の均衡よりも不均衡が常態であり，各時期毎の不均衡の形状と規模，それが均衡に向かうモーメントの一定のパターン，これを「国際収支レジーム」と呼ぼう。本書では150年のなかで特徴的な

②規範	③ルール	④意思決定手続き	⑤限界
「ゲームのルール」	各国貨幣法（金兌換）	無	第一次世界大戦
戦債回収原則	金地金本位制	BIS	大恐慌
赤字国責任論	「埋め込まれた自由主義」	IMF・金プール協定	ドル危機
インフレなき経済成長（オイルダラー還流）	1934年アメリカ金準備法	マーシャルプランとOEEC	双子の赤字
経常収支不均衡是正（黒字国責任論）	ユーロ・ダラー市場と多国間平価調整	G7蔵相会議・多角的サーベイランス	リーマンショック
量的緩和・ゼロ金利	インフレ・ターゲティング	中央銀行間協力	アメリカのインフレ

　国際収支レジームを6つ挙げ，それぞれがその時期の世界経済の成長の基盤としてどのような特徴をもっていたか，その成長自身によって，そのレジームが桎梏（しっこく）に転じ，⑤限界によって破綻したか，また新たな国際収支レジームによって安定化・経常化したかを整理しよう［→Q19］。

参考文献　ロバート・O・コヘイン，ジョセフ・S・ナイ著，滝田賢治監訳（2012）『パワーと相互依存』ミネルヴァ書房。
スティーヴン・D・クラズナー編，河野勝監訳（2020）『国際レジーム』勁草書房。
ベンジャミン・J・コーエン（2020）「国際収支のファイナンシング：レジームの進化」（同上書所収）。

（坂出　健）

Q03

金を基軸とする国際経済システムとは何か？
〈国際金本位制レジーム（レジームⅠa)〉

金本位（ゴールド・スタンダード）制のメカニズム

　金本位制は次の内容を持っている。第1に，金の自由鋳造—金地金を中央銀行に持っていくと同量の金貨に鋳造してもらえる，つまり金地金と引換えに同量の金貨を受け取りうること。第2に，金の自由熔解，つまり，金貨を自由に鋳潰してよい。これにより，金地金と金貨がイコールの関係となる。第3に，金の自由輸出入—金貨，金地金を外国に自由に輸出し，外国から自由に輸入しうる—これにより，国内と国外のイコールの関係ができる。第4に，金の自由兌換—いつでも銀行券を規定どおりの量の金と銀行券発行者のところで換えうる，これにより銀行券と金のイコールの関係ができる。信用制度の発達につれ銀行券・小切手等が通貨の大部分をなすようになると，金兌換が金本位制のメルクマールになる。為替相場では，国際的な取引（送金・代金取り立て）に外国為替を用いる。そのため，両国の貨幣単位が違うので為替市場が成立する。例えば，日本の輸出商が，アメリカの輸入商に支払いを求める為替手形をつくり日本の銀行に売り，日本の輸入商が，日本の銀行からドル為替を買ってアメリカの輸出商に支払うとする。為替レートは，国際収支次第で円高ドル安・円安ドル高となりうる。100円＝49ドル85セント。両国間の金の輸送費（運賃や保険料）をその約1％の50セントとすれば，ドル高円安：100円＝49ドル35セント以下になれば金を輸出したほうが有利になる。円を出してドル為替を買うよりも100円を日本銀行と兌換して金をアメリカに送り，この金を連邦準備銀行でドルと換えれば，輸送費を払っても49ドル35セント以上を入手しうる。つまり，兌換制下では為替相場は平価を中心として上下，金の輸出入点内の狭い範囲内で変動する。

「ポンド体制」1880年代から第一次世界大戦まで

　イギリスは貿易収支上の巨額な赤字にもかかわらず，利子・サービスなど貿易外勘定の受取によって，20世紀初頭には毎年1億ポンドを超える膨大な海外投資を継続し，「世界の工場」から「世界の銀行」となったイギリスへの海外投資により，世界的な多角決済のための中軸的資金を供給した。ロンドン金融市場では，豊富な資金を世界一安い利率で借り入れることが可能であり，ロンドン経由による貿易金融のコストも最も低かった。世界の貿易は，ロンドン宛手形によって決済されていた。ポンド資金の大規模で継続的な供給により，国際通貨としてのポンドの地位は確立された。イギリスはイングランド銀行を頂点とするロンドン金融市場の機能を通じて国際決済資金の膨張と収縮を調整する世界経済の統括者の役割を果たした。

PART
I
国際経済の歴史

国際収支ファイナンシング・レジームⅠa（国際金本位制レジーム）

　国際金本位制レジームの①暗黙の原則（経済理論）は物価正貨流出入メカニズム（ヒューム）である。②規範は，「ゲームのルール」である。③ルールは，各国貨幣法（金兌換）である，④意思決定手続きは必要なかった。というのも，各国が貨幣価値を金とリンクさせてさえいれば，オートマティックに各国通貨価値が安定し，国際貿易・国際投資が進んだからである。テミンは第一次世界大戦前のグローバリゼーションは第二次世界大戦後のグローバリゼーションより質量ともに上回っていたと観察した。⑤限界は，ドイツ陣営とイギリス陣営の間の第一次世界大戦の勃発であった。戦争の開始に伴う軍事費の急拡大により各国は次々と金本位制を停止し，国際金本位制は崩壊した ［→**Q40，41，歴 (2023) Q53**]。

参考文献　三宅義夫（1968）『金—現代の経済におけるその役割』岩波新書。
神武庸四郎・萩原伸次郎（1989）『西洋経済史』有斐閣。

（坂出　健）

19

「大量移民の時代」とは何か？

〈第一次世界大戦前の移民〉

グローバル経済の進展と人の移動

19世紀半ばから第一次世界大戦までは，歴史上，最も人の移動がグローバルに展開された「大量移民の時代」であった。最大の移民受入国となったのはアメリカで，1836年から1914年までにおよそ3,000万人のヨーロッパ人が渡米したとされる。国際移民が増加した背景には，「交通革命」があった。帆船では4週間以上かかったヨーロッパと北米との航海は，蒸気船の登場によって2週間を切るようになり，大西洋間の移動は安全かつ安価になった。また大西洋横断海底ケーブルの開設や無線通信によるリアルタイムの情報流通は，安定的な商品と情報ネットワークを確立させ，これら大西洋経済圏の形成と本格的なグローバル化の到来が，「大量移民の時代」を生み出したのである。

それ以前は，植民地化されたアフリカやアジアからの強制的な奴隷労働の移動が中心であった。カリブ海諸国で奴隷制が廃止されると，代わりに中国人やインド人の契約労働移民が増加した。これは労働によって債務を返済し，複数年の契約を結ぶ見返りに渡航費を受け取る奴隷労働の一種である。中国からの年季奉公人は苦力（クーリー）と呼ばれ，港や鉄道，道路の建設などにあたった。巨大な生産力をもつ欧米諸国は，アジアや中南米の植民地支配や対外侵略を進め，原料・食糧供給地としてモノカルチャー経済化させた。こうした国際分業体制によって生み出された，非自発的な移動を強制された「不自由な労働者」と北西欧からの移民たちが，アメリカ大陸の労働力需要を満たしてきたのである。

1880年代に世界最大の工業国となったアメリカには，多くのヨーロッパ人が惹きつけられた。それまでのイギリスやドイツからの移民に代わって，南欧や東欧，ロシア帝国など経済的後進地域からの移民が急増した。主要な出発港で

は，事前の健康診断や知能テストによって出国者が選別されるようになり，アメリカで入国を拒否されたのは全体の2～3％に留まった。彼らは自由の女神からほど近いエリス島で入国審査を受け，アメリカ産業社会へと入っていった。

「大量移民の時代」の終焉

　19世紀末のアメリカでは，化学産業や電気産業などの新産業が興隆し，巨大法人企業は大量の移民労働者を吸収した。ここでは機械操作を行う半熟練労働者や単純労働を担う不熟練労働者らが，慢性的な労働力不足に悩むアメリカにおいて，流動的で不安定な底辺労働力として導入された。移動コストの低下は移民の帰国も容易にし，移民と故郷の住人との間の情報伝達が可能となった。このため，親族・友人関係を軸とした移民ネットワークは「連鎖移民」を生み出した。しかし機会と自由を求めた移民のアメリカ社会への文化的適応は十分に進まず，スカンジナビア半島の移民の約4分の1，南イタリア移民の半数以上が母国に帰国したとされる。文化や慣習が異なり，「遺伝的に劣る」とされた東南欧の「新移民」は，差別と排斥の対象となった。

　「大量移民の時代」は，その後の移民制限の到来を準備する時代でもあった。19世紀末頃から公的負担になる者や特定の人種，出身国に対する受け入れ制限・禁止措置がとられ，20世紀初めにはビザやパスポート制度，写真や指紋の個人認証も始まった。これはアメリカ「国民」そのものの境界を定めていく過程でもあった。第一次世界大戦やスペイン風邪の世界的流行は，排外主義を高める転換点となった。こうして1920年代には東南欧出身の移民を大幅に削減し，アジア諸国からの移民を全面的に禁止する国別割当制度が導入され，移民制限の時代を迎えることになる。

参考文献 S.カースルズ，M.J.ミラー著，関根政美，関根薫 監訳（2011）『国際移民の時代』名古屋大学出版会。
伊豫谷登士翁（2021）『グローバリゼーション―移動から現代を読みとく』筑摩書房。

（下斗米秀之）

Q05

戦間期の金本位制は第一次世界大戦前とどう違うのか？

〈再建金本位制（レジームⅠb）〉

ドーズ案（トランスファー問題の解決）

　1919年6月，ベルサイユ条約が批准され，国際連盟の創設，対ドイツ講和として，領土割譲・海外領土放棄・巨額の賠償金が取り決められた。1920年ブラッセル会議・1922年ジェノア会議で，金本位制再建が課題となるが戦債・賠償問題がボトルネックとなっていた。ドイツの賠償金未払いに対して，フランスは，1923年1月，ドイツ石炭鉄鋼業の中核地帯であるルール鉱工業地を占領した。その結果，ドイツ経済はハイパー・インフレーションに突入した。これに対して，アメリカは，政府としてではなく，私人としてドーズ（銀行家）・ヤング（GE取締役会議長）を派遣し，24年はじめドーズを議長とする専門家委員会が，賠償問題の解決策を模索した。支払額は，1924年4月ドーズ案により賠償総額は変えず，当分の間年間支払い総額を少なくすることが決められた。ドイツの金本位制復帰は，連合国が，ドイツの財政金融政策を管理し，賠償を取り立てつつ，国際経済にドイツ経済を復帰させ復興させるメカニズムであった。アメリカからドイツへの投資により，ドイツの好況，賠償金支払い，欧州復興というサイクルが生まれ，世界経済が軌道にのった。

再建国際金本位制の特徴（第一次世界大戦前との違い）

　再建金本位制の特徴は，第1に，国内金貨流通が停止した金地金本位制であった。通貨当局にとっては，金貨との兌換がないため国内流通用に出る金が少なくなるので，当局の手に金が集中した。第2に，金為替本位制で，その国（周辺国）の金準備のかなりの部分が他国（中心国）への預金の形をとり，兌換請求に対しては請求宛の為替を渡す仕組みであった。金本位制復帰のためにアメリカ・イギリスから安定化信用を借り入れた国々がドル・ポンドを国際準

備に繰り入れた結果，ドル・ポンドを基軸通貨とする二極通貨体制となった。預け先の国が兌換停止をしたりその通貨の金量を引き下げたりした場合は不測の損失を受ける危険性があった。第3に，イングランド銀行総裁ノーマン・ニューヨーク連邦準備銀行総裁ストロングを中心に国際金本位制再建・国際連盟金融委員会を主導し，ポンド体制からドル・ポンド体制へ移行した。

国際収支ファイナンシング・レジームⅠb（再建金本位レジーム）

　再建金本位レジームは，第一次世界大戦後，各国が金本位制復帰を目指したものの，長続きしなかったレジームであった。暗黙の原則は，後にアイケングリーンが「金の足枷」と呼んだもので，金本位を維持するために財政拡大・経済政策が制限されていた。②規範としては，第一次世界大戦によって英仏に対して債権国になったアメリカの戦債回収原則であった。③ルールは金地金本位制であり，金本位制に復帰した国々が外貨準備に中心国英米のポンド・ドルを組みこんだ。④意思決定手続きとしては「中央銀行の中央銀行」であるBIS（国際決済銀行）を通じてドイツが第一次世界大戦戦勝国に賠償を支払った。⑤限界は，1929年のドイツ・アメリカで発生した世界大恐慌によって各国が金本位制を停止し，崩壊した。以後，1930年代の世界不況に突入し，各国は近隣窮乏化効果を伴う低為替政策・輸入関税をとり，各国経済はブロック化し第二次世界大戦に突入した［→**Q40，41**，**歴（2023）Q47**］。

参考文献　山本栄治（1997）『国際通貨システム』岩波書店。
上川孝夫，矢後和彦編（2007）『国際金融史（新・国際金融テキスト2）』有斐閣。

（坂出　健）

Q 06 国際金本位制崩壊後の中央銀行間協力はどうなったか？

〈中央銀行間協力〉

イギリスの金本位制停止と為替管理（1931～1933年）

　金本位制のもとで主要国の中央銀行はしばしば金準備維持に向けて協力したが，国際金本位制崩壊後の1930年代はどうだったのか。

　第一次世界大戦の債務処理と賠償問題は，戦後世界経済に影を落した。巨額の賠償金支払いを抱えたドイツの財政危機は，賠償金負担を一時的に棚上げにするフーバー・モラトリアムに帰結した。これによる国際金融システムの混乱を回避するため，BISや英仏米の中央銀行はドイツのライヒスバンクに2,000万ポンドの緊急融資を実施した。しかし，ドイツは資本移動規制を余儀なくされた。資金環流の困難はロンドン金融市場を脅かし，外貨準備が急減したイングランド銀行は米仏の中央銀行から各々2,500万ポンドの信用供与を受けた。

　激しいポンド売りは続き，イングランド銀行の対外準備は危機的水準ではなかったが，英国内の緊縮財政批判が拡大して，1931年9月21日，英議会は平時の金本位制停止を可決した。ポンド為替は急落し，イギリスが早期の金本位復帰を拒否したことから，主要国間の中央銀行間協力は通貨闘争へとシフトした。1932年に為替平衡勘定（EEA）が大蔵省の管理下に創設され，イングランド銀行総裁の助言のもとに外国為替市場に介入し，ポンド安はイギリスの輸出競争力を高め，景気回復へと導いた。

三国通貨協定の成立（1933～36年）

　イギリスの金本位離脱後，フランスやベルギーなど金ブロック諸国は金本位制を堅持し，ドイツは資本取引や経常取引を政府の経由とする為替管理制度，さらに二国間債権・債務を公的機関の振替で処理する清算協定を導入した。金融恐慌に直面して金本位を離脱したアメリカは，国際通貨の安定化交渉を一方

的に打ち切り，翌1934年1月，平価を40％強切下げて金本位制に復帰し，同時に為替安定基金による介入装置を準備した（管理通貨制）。

アメリカの通貨切下げと為替管理の直撃を受けたフランスは，大幅な通貨切下げ圧力に直面し，1935年春，英米通貨当局との間でフラン切下げと為替安定化に向けての交渉に入った。翌年9月26日，英仏米3か国は通貨の競争的切下げと為替管理を棚上げし，通貨協力を原則とする三国通貨協定の成立をみた。この3か国「通貨クラブ」は毎日，自国通貨建てで金価格を設定し，24時間の範囲内で為替リスクなしの金交換を可能にした（24時間金本位制）。また三国通貨協定は金ブロック諸国の解体と同協定への加盟を促した。

三国通貨協定からブレトンウッズ協定へ（1936〜1939年）

アメリカへの過剰な金流入による混乱（金恐慌）や1937年不況による混乱（ドル恐慌）も，通貨クラブの協調で沈静化に成功した。しかし，1938年夏にはフラン切下げが頻繁となり，イギリスは1939年にポンドの金平価を廃止した。そして第二次世界大戦の勃発で三国通貨協定は遂に破綻した。

戦時中からホワイトやケインズを中心に戦後の国際通貨体制の構築に向けた協議を始め，最終的に国際通貨基金（IMF）に結実した。IMFが普遍主義的な側面を強く持つことから，狭義には三国通貨協定との繋がりは薄い。一方で，通貨システムを支える主要通貨の安定化を重視する「基軸通貨」アプローチの提案もあり，三国通貨協定で明示された「国際通貨協力」はIMF規約に盛り込まれた。実際，IMFが普遍主義的機能を発揮するのは1950年代後半以降になり，その過程で基軸通貨アプローチは重要な政策手段の一つとなった［→歴（2023）Q42，47］。

参考文献　上川孝夫（2015）『国際金融史』日本経済評論社。
Max Harris (2021) *Monetary War and Peace: London, Washington, Paris, and the Tripartite Agreement of 1936*, Cambridge University Press.

（須藤　功）

Q07

国際決済銀行（BIS）はいかにして
中央銀行間協力を進めてきたか？
〈国際決済銀行〉

　第一次世界大戦後に欧州をはじめとする各国の中央銀行は国際決済銀行（Bank for International Settlements,以下BIS）を立ち上げて「中央銀行間協力」を進めることとなる。

BISの創設

　ドイツ賠償問題の解決をめざしたヤング案を踏まえ1930年にBISにかかわる設立条約が成立した。BISはこの条約によって成立した国際機関だったが各国の中央銀行が出資する株式会社でもあった。

　BISの意思決定は理事会によって担われ，理事会は職権理事国（ドイツ，ベルギー，フランス，イギリス，イタリア，日本，アメリカ）と呼ばれる主要加盟国の中央銀行総裁をはじめとする理事によって構成される。なお日本は第二次世界大戦後のサンフランシスコ平和条約締結にともなってBISを脱退して理事国から外れたが，その後BISに復帰して1994年には選任理事国と呼ばれる理事国になっている。

　BISが成立した1930年には，アメリカではじまった恐慌が欧州にひろがりはじめていた。ドイツの賠償支払いもいわゆるフーバー・モラトリアムによって停止されることになる。賠償関連の業務を主軸としていたBISは早くも存立の危機に立たされることになったのである。他方で，第一次世界大戦後のジェノア会議で成立した金為替本位制は，各国が経済政策・金融政策を調整することで均衡が保たれる仕組みだった。こうした事情が重なってBISは，1930年代には各国の中央銀行が協力して恐慌対策を打ち出す「中央銀行間協力」の場になっていった。

　BISは公式の中央銀行間協力を主導するとともに，非公式の協議の「場」を

提供するという役割も果たした。欧州の中央銀行総裁は月例の理事会の折に
BISの所在地であるスイスのバーゼルに集まったが，そこでは公式の理事会の
ほかに総裁たちだけが集う非公式の会合も開かれた。「公式」と「非公式」が
隣り合わせになる国際的な意思決定の慣行は，第二次世界大戦後にもG10など
の場に引き継がれることになる。

第二次世界大戦の戦中戦後のBIS

　第二次世界大戦が勃発するとBISは定款に定められた中立義務にしたがい，
連合国・枢軸国いずれにも与しない立場をとった。他方でナチスが占領地から
強奪した金地金を預金に受け入れたことから対独協力の嫌疑をかけられ，アメ
リカにあったBIS資産が凍結されるなど，両陣営のはざまで幾多の危機にも直
面する。

　第二次世界大戦後には「世界恐慌の責任は，恐慌対策に消極的だった各国の
中央銀行にある」というアメリカ・ニューディーラーの主張が高まり，ブレト
ンウッズ会議でもBISの清算が取りざたされた。しかしBISは，戦後の欧州の
復興に欠かせない欧州諸国間の貿易決済の仕組みを主導して徐々に復権して
いった。

　賠償問題を契機に設立されたBISは，恐慌対策，欧州域内決済というように，
その時代ごとに「中央銀行間協力」の主題を開拓してみずからの存在意義を主
張してきた。1970年代以降は国際的な資本移動の高まりやユーロ・カレンシー
市場の発展を受けて，BISは国際的な銀行監督に目を向けるようになる。現在，
国際的な銀行の自己資本比率等を規制するバーゼル銀行監督委員会もBISがホ
ストしている［→Q06，歴（2023）Q47］。

参考文献　矢後和彦（2010）『国際決済銀行の20世紀』蒼天社出版。
　　　　　エリン・ヤコブソン著，吉國眞一・矢後和彦監訳（2010）『サウンドマネー——BISと
　　　　　IMFを築いた男，ペール・ヤコブソン——』蒼天社出版。

（矢後和彦）

Q08

モーゲンソープランとは何か？

〈ドイツ農業国化構想〉

モーゲンソープランの狙い

　第二次世界大戦後のアメリカにとって二度の世界大戦を引き起こしたドイツの戦後処理問題は重要な課題であった。どのようにして戦争を二度と起こさないドイツを創り出し，国際社会の中に位置づけるのかをめぐり，さまざまな議論が行われた。モーゲンソープランとは，そうした議論の中に突如登場し，ローズヴェルト大統領の支持の下，1944年9月に基本構想の位置を占めたアメリカのドイツ占領政策構想である。その構想者はH・モーゲンソー財務長官であった。モーゲンソーは，既存の議論はドイツ復興を容認するものであり，次の世界大戦を防ぐことができないと考えた。そしてモーゲンソーは，ドイツ経済の弱体化を実現することで，二度と戦争を起こすことができないようにすべきだと主張した。具体的には，①ドイツの複数地域への分割，②ルール地域を中心とする重工業の破壊，③農業国化，を柱とし，特に②を重視した。つまり軍事力の基礎をなす工業力を徹底的に破壊することを通じて，ドイツによる戦争の実行を不可能にしてしまうという構想である。工業部門を失ったドイツは，必然的に農業部門を中心とする農業国にならざるをえない。

　このようにモーゲンソープランは，19世紀以来，ヨーロッパ経済の中心に位置してきたドイツ経済の完全な破壊を目指していた。モーゲンソーの構想によれば，ドイツによって供給されていた工業製品は，戦時期に生産能力を大きく拡大させた米英が代わりに供給する。他のヨーロッパ諸国も，ドイツという競争相手が不在となるため，工業を拡大させることが可能になる。その結果，各国の生活水準も向上し，消費市場としてのドイツが失われた穴を埋めることができる。つまりモーゲンソープランは「ドイツを中心としたヨーロッパ経済」から「ドイツなきヨーロッパ経済」への構造転換を構想していた。

またモーゲンソープランはドイツの戦後処理構想であったが，外交政策上の狙いも有していた。それはソ連との協調関係の維持である。ソ連はドイツに対する安全保障の確保を最重要の課題と考えていた。モーゲンソープランは，ドイツの工業を破壊し，軍事的に無力化することによって，ソ連の安全保障上の懸念に応えるものであった。こうした対ソ協調を重視するモーゲンソープランの背景には，ローズヴェルトの「大国間協調によって戦後の国際秩序を維持する」という構想があった。このようにモーゲンソープランは，米ソ間の協調をより確実にしたいという意図を持ち，ローズヴェルトもこの点を重視した。

モーゲンソープランのその後

　しかしモーゲンソープランは，その内容が決定直後にリークされ，激しい批判にさらされた。特にドイツに対して懲罰的な内容を持つため，ドイツの交戦意欲を増大させ，米兵の命を危険に晒してしまうとの批判はローズヴェルトに大きな影響を与えた。すぐにローズヴェルトはモーゲンソープランを撤回したが，アメリカのドイツ占領政策の基本方針である統合参謀本部指令1067（JCS1067）にモーゲンソープランの内容が反映され，実際の占領政策にも大きな影響を与えた。しかし想定とは異なり，「ドイツなきヨーロッパ経済」の復興は進まず，米ソ関係も悪化していった。またドイツ復興も遅延し，物資は不足した。アメリカは秩序維持のために占領費支出の増大を余儀なくされた。そうした中，JCS1067に対する批判も高まっていき，1946年後半以降アメリカは，ドイツ復興路線へと占領政策を転換していった。そして最終的にドイツ及び西ヨーロッパの復興を支援するマーシャルプランが実行されることになった［→歴（2023）Q41］。

参考文献 　河﨑信樹（2012）『アメリカのドイツ政策の史的展開—モーゲンソープランからマーシャルプランへ』関西大学出版部。

（河﨑信樹）

ブレトンウッズ協定はどのようにパクス・アメリカーナを作り出したのか？〈ブレトンウッズ協定(レジームIc)〉

ブレトンウッズ協定

　1944年7月1日，連合国通貨金融会議（ブレトンウッズ会議）が，アメリカ北東部の保養地ブレトンウッズで開催された。この会議は，第二次世界大戦後の国際通貨システムの基礎をなすものであり，この会議においてブレトンウッズ協定が成立し，それに基づき国際通貨基金（IMF）・世界銀行を設立し，「自由・無差別・多角」の原則を確立した。ブレトンウッズ協定は，「調整可能な釘付け」平価システムであった。このシステム下で，金本位制維持に必要な厳格な貨幣節度の遵守がもたらすデフレ政策ではなく，一定の範囲内で完全雇用達成を目標にしたマクロ政策の自律性を追求しえた。加盟国は平価の上下1％の幅内に自国通貨を調整する義務を負うが，国際収支が基礎的不均衡に陥ったとみなされると，IMFとの協議を経て変更できた。平価は，IMF協定第4条で，自国通貨を「金または1944年7月1日現在の量目及び純分を有する合衆国ドル」のどちらかで表示することを要求された。この結果，戦後の国際通貨・為替体制の中心にドルが位置することに国際的な承認が与えられ，基軸通貨はポンドからドルに交替した。

「埋め込まれた自由主義」（ラギー）

　ラギーは，第二次世界大戦後のマルチラテラル（多国間協調主義）な国際秩序を，「埋め込まれた自由主義（embedded liberalism）」と理解した。多角的な自由化の原則と各国内のケインズ主義的な経済政策という政策フレームワークが国際合意によって制度化されていたと考えたのだ。これは，「埋め込まれた自由主義」という妥協であり，国内の政策手段が自由化を否定する場合，保護主義に向かう運動が起きるが，無制限な自由化が国内の経済的・社会的目標

の実現を否定する場合，市場の力に対して社会の脆弱性が増大するものであった。

　ブレトンウッズ協定においては，「ドル＝国際的な準備通貨（すべての国がドルで国際勘定を清算し，ドルは要求されれば金に交換可能であった）」で，アメリカの国際収支の赤字が国際流動性の主要な源泉になった。

国際収支ファイナンシング・レジームＩｃ（ブレトンウッズ・レジーム）

　ブレトンウッズ・レジームは1944年にアメリカ・ニューハンプシャー州でイギリス代表のケインズとアメリカ代表のホワイトを中心に進められた第二次世界大戦後の世界経済の構想である。①暗黙の原則（経済理論）は，ブロック経済化が第二次世界大戦を引き起こしたとの共通見解に基づく貿易決済の多角化原則であった。英米の論争の結果，アメリカ通貨ドルに基軸通貨としての役割が確認され，各国は自国通貨を対ドル平価で維持し，他方アメリカは各国通貨当局に金ドル交換を約束した。その結果，N−1番目の国論に基づき，アメリカが世界経済に流動性を供給することになった。②規範としては，アメリカが主張する赤字国責任論により，旧覇権国イギリスのスターリング・ブロック諸国に対してシビアな取り扱いがされた。③ルールは，「調整可能な釘付け」で，一定の範囲内で完全雇用達成を目標にしたマクロ政策の自律性を追求しえた。④意思決定手続きとしてはIMF内部の諸手続きとIMF・IMF加盟国間の交渉がもたれた。また，ドル危機が1960年代に激しくなると金プール協定を通じて各国通貨当局が金価格について交渉した。⑤限界は1960年代末にエスカレートしたドル・ポンド危機で最終的にはニクソン政権の金ドル交換停止によって終焉した［→Q14，ア（2019）Q48，歴（2023）Q32，Q41］。

参考文献　山本栄治（1997）『国際通貨システム』岩波書店。
　　　　　　ジョン・ジェラルド・ラギー著，小野塚佳光，前田幸男訳（2009）『平和を勝ち取る』
　　　　　　岩波書店。

（坂出　健）

ブレトンウッズ協定では何が合意されたのか？

〈戦後の国際金融秩序〉

IMF・世界銀行の創設

　1944年7月，米国ニューハンプシャー州ブレトンウッズで開催された国際会議で，連合諸国の代表はブレトンウッズ協定に合意した。協定は第二次世界大戦後の国際金融秩序について定めたものであり，この秩序を支える存在として国際通貨基金（IMF）と国際復興開発銀行（IBRD，通称「世界銀行」）が創設された。IMFと世界銀行は，それぞれどのような役割を期待されたのだろうか。

国際金融システムの安定とIMF

　ブレトンウッズ協定は，1930年代における国際経済の分断が第二次世界大戦の遠因になったことへの反省から，各国の完全雇用と国際貿易の発展という二つの目標を，国際協調によって実現することを理念とした。そしてこの目標を達成するため，次のような国際金融制度とIMFの役割を定めた。

⑴　固定相場制と為替自由化：国際貿易を再建するには，為替相場の安定と為替管理の廃止が必要であると考えられた。1930年代の不況下で，各国は為替相場の切り下げによって輸出を増やしたり，為替管理によって輸入を抑制したりしようとした。このような為替秩序の混乱（近隣窮乏化政策）が国際経済の分断を招いたことへの反省から，IMFは，①金ないし米ドルに対する為替平価を設定し，この平価の上下1％の範囲内に為替相場の変動を抑制すること，②経常取引を阻害する為替管理を廃止することを各国に求めた。

　　なお，国際収支の不均衡が一時的なものではなく構造的なものであるとみなされた場合，平価を変更することが認められた。このためブレトンウッズ協定に基づく固定相場制は，調整可能な釘付け（アジャスタブル・ペッグ）と呼ばれる。また経常取引について為替自由化が求められたものの，短期的

な資本移動は国際金融システムを不安定なものにするとの懸念から資本規制は認められた。

(2) IMF融資：国際収支の赤字により外貨準備が不足した国に対し，IMFが融資を行うこととされた。景気刺激策による完全雇用の追求は，総需要の拡大と輸入の増加をもたらし経常収支を悪化させる。各国は固定相場制を維持しなければならないので，経常収支の悪化がもたらす為替相場への切り下げ圧力に対し「外貨売り・自国通貨買い」の為替介入を行なわなければならない。しかし外貨準備の減少によって為替介入が難しくなれば，固定相場制と完全雇用のいずれかを諦めざるをえない。IMF融資は，このような事態を回避するための手段を加盟国に与えるものだった。

PART
I

国際経済の歴史

復興・開発と世界銀行

世界銀行は，戦災からの復興と開発の推進，復興・開発に資する国際投資の促進を目的とした。IMFが加盟国の経常収支赤字を補填する一時的な融資を行う機関であるのに対し，世界銀行は復興・開発のための長期的な融資を行う機関であるという整理の仕方もできるだろう。

開業当初の世界銀行は主に欧州の復興融資に携わったが，アメリカによるマーシャル援助が始まると開発融資に力を入れるようになった。他方，当時の世界銀行の融資対象は公的主体に限られており，また開発途上国にとって高い返済金利が設定されていた。これらの制約を解消すべく，1956年，開発に携わる民間部門を支援する国際金融公社（IFC），1960年には途上国への譲許的な融資を行う国際開発協会（IDA）がそれぞれ設立された。世界銀行とIFC，IDAを合わせて「世界銀行グループ」と呼ぶ [→**Q41**, **歴（2023）Q41**]。

参考文献 ▷ 矢後和彦（2007）「国際金融機関史」上川孝夫・矢後和彦編『国際金融史』有斐閣。
伊藤正直・浅井良夫編（2014）『戦後IMF史―創成と変容』名古屋大学出版会。

（西川　輝）

Q11 マーシャルプランの狙いと帰結はどのようなものか？
〈西ヨーロッパ復興と冷戦〉

マーシャルプランの狙い

　マーシャルプランとは，アメリカによる対西ヨーロッパ経済援助である。アメリカは1948～1952年にかけて総額132億ドルに及ぶ経済援助を16カ国に対して実施した。これは当時のアメリカのGDPの1％を超える大規模なものであった（ステイル 2020）。現在マーシャルプランは最も成功したアメリカによる経済援助であったと評価されている。なぜならばマーシャルプランを通じてアメリカは，西ヨーロッパ諸国の復興を実現すると同時に戦略的な目標を達成することにも成功したからである。その目標とは次の3点である。

　第1にブレトンウッズ体制の実現である。アメリカは戦時期に崩壊した貿易・決済システムを再建し，自由貿易体制の構築を目指した。そのための制度的な枠組みはブレトンウッズ体制と呼ばれる。しかし西ヨーロッパ諸国の復興が遅延し，貿易・決済システムの再建は進まなかった。困難な経済状況にあった西ヨーロッパ諸国は，貿易自由化に後ろ向きであり，国際通貨であるドルを十分に獲得することもできなかった。ゆえに貿易の前提となる各国通貨の交換性回復に踏み切れず，決済システムは再建されなかった。そこでアメリカは，西ヨーロッパ諸国の経済復興を支援することで，ブレトンウッズ体制を実現しようと考えた。第2にヨーロッパ統合の推進とドイツ問題の解決である。ヨーロッパ経済の復興のためには，その中心にあったドイツの復興が必要であった。しかし経済的に強力なドイツは，周辺国にとって大きな脅威となる。この問題を解決するためにアメリカは，ヨーロッパ統合の枠内にドイツを封じ込めたうえで，西ヨーロッパの復興に貢献させようと考えた。また統合を進め，巨大な西ヨーロッパ市場を創出することが，西ヨーロッパ復興に必要であると考えていた。そのためアメリカは，西ヨーロッパ諸国が共同で欧州復興計画を立案す

るよう求めた。西ヨーロッパ諸国はアメリカの要求に応じ，欧州復興計画を推進する共同の機関としてヨーロッパ経済協力機構（OEEC）を設立した。第3にソ連の封じ込めである。アメリカは対立を深めつつあったソ連を中心とした東側諸国に対してもマーシャルプランへの参加を呼びかけていたが，実際に参加するとは考えていなかった。むしろマーシャルプランを通じて，西ヨーロッパ諸国の復興を実現することで西側同盟国を強化し，ソ連を封じ込める体制を確立しようとした。また米英仏ソに分割占領されていたドイツも，西側占領地区のみをマーシャルプランの対象として想定していた。

マーシャルプランの帰結

　マーシャルプランを通じて西ヨーロッパ諸国の復興が進み，こうした戦略目標も達成された。第1に復興への道を歩み始めた西ヨーロッパ諸国は，1950年代から貿易自由化や通貨の交換性回復に取り組み，ブレトンウッズ体制が機能し始めた。第2にヨーロッパ統合が進展した。OEECを舞台として西ヨーロッパ域内の貿易自由化が進められた。その結果，域内貿易は拡大し，貿易面での統合が進んだ。また1949年に西側占領地区を中心として建国された西ドイツは，統合の枠内に封じ込められ，西ヨーロッパの復興に貢献した。第3に米ソ冷戦の固定化が進んだ。ソ連は共同での欧州復興計画の立案は内政干渉につながるとして，マーシャルプランへの参加を拒否し，東ヨーロッパ諸国に対して同調するよう圧力をかけた。またソ連占領地区を中心に東ドイツが建国された（1949年）。そしてマーシャルプランに対抗し，ソ連と東ヨーロッパ諸国は1949年に経済相互援助会議（COMECON）を発足させた。冷戦時代の本格的な幕開けであった。

参考文献　河﨑信樹（2012）『アメリカのドイツ政策の史的展開―モーゲンソープランからマーシャルプランへ』関西大学出版部。
　ベン・ステイル著，小坂恵理訳（2020）『マーシャル・プラン―新世界秩序の誕生』みすず書房。

（河﨑信樹）

Q12

シューマンプランの意義とは何か？

〈欧州石炭鉄鋼共同体（ECSC）の創設〉

ヨーロッパ統合の起源

　1950年5月9日にフランスの外務大臣よって発表されたシューマンプランは，今日の欧州連合（EU）の礎を築いた共同体を設立し，ヨーロッパ統合の起源とされている。プランが発表された5月9日は，EUによって「ヨーロッパの日」とされ，その重要な位置づけが読み取れる。それでは国際経済にとって，シューマンプランの意義とはどのようなものであろうか。

超国家性が問いかける意義

　シューマンプランの独自性として必ず指摘されるのが，その超国家性である。シューマンプランにより設立された欧州石炭鉄鋼共同体（ECSC）には高等機関という超国家機関が設置され，各国の主権の一部を引き受け，石炭・鉄鋼市場に関連する経済政策を実施した。この国家を超えて共同体レベルで意思決定を行う方式を超国家主義（Supranationalism）と呼ぶ。シューマンプランでは，まさにこの超国家性を有する共同体としてECSCが発案された。経済統合の発展段階を簡略に示したベラ・バラッサによれば，①自由貿易地域②関税同盟③共同市場④経済同盟⑤完全な経済統合という五段階で経済統合が進むとされた。特に最後の⑤段階では，超国家機関が登場する。つまり，ECSCのような超国家性を有する共同体は，経済統合の最終局面で現れる。統合の初期段階であるECSCが超国家性を有したことは，バラッサの説明と大きく乖離するものであった。

　なぜEUの起源とされるECSCは超国家性を有したのか。それはシューマンプランの発案者であるジャン・モネの影響が大きい。モネは，独仏和解を実現するためには，主権の共有をともなった超国家主義的な経済統合を導入するこ

とで初めて可能になると考えた。モネは，主権にまで踏み込んだ経済統合によって，長年の独仏対立を独仏和解へと転換させることを試みたのである。国際経済において，経済統合はその主要な研究対象であるが，経済現象への理解だけでなく，その背景にある社会理解が欠かせない。ECSCの超国家性は，そのことを我々に思い起こさせてくれる。

ECSCが誕生した意義

　もう一点国際経済学的にシューマンプランの意義を考えるとするならば，その波及性にあるといえよう。ECSCが誕生した当初，経済統合は石炭・鉄鋼以外の分野にも波及していくと考えられた（スピルオーバー仮説）。実際，後に欧州原子力共同体（EURATOM）のような原子力分野に限定された共同体も作られ，1960年代には農業市場の経済統合が進められた。その統合の内実はさまざまであるが，ECSCで実践された経済統合が他分野に波及していったのは間違いない。

　またそうした経済統合を目指す組織が世界へ波及したことも見逃せない。例えば，1960年には英国が主導する欧州自由貿易連合（EFTA）が発足した。続いて東南アジアではASEANが創設された。アフリカや南アメリカでも，経済統合を一つの目標とした組織（AUやメルコスール）が結成された。この他，近年のTPP11やRCEPなども広域的な経済統合の枠組みである。

　このように，シューマンプランを起点として始まったヨーロッパ統合は，自身の経済統合を深化させるだけでなく，経済統合の試みそれ自体を世界大に波及させたのである。このことは，たとえEUから英国が離脱した今日であっても，シューマンプランの評価を高いものとしている。

参考文献　小島健（2016）『知識ゼロからのユーロ入門』幻冬舎。
　　　　　益田実・山本健編著（2019）『欧州統合史　二つの世界大戦からブレグジットまで』
　　　　　ミネルヴァ書房。

（中屋宏隆）

欧州通貨の交換性回復は何を意味したのか？

〈戦後過渡期の終了〉

通貨の交換性とは何か

　ある通貨Aが他の通貨Bと自由に交換できるとき，通貨Aと通貨Bの間には交換性があるという。円が多くの外貨と交換可能であることから，現代の日本に暮らす私たちにとって，通貨の交換性は当然のことであるように思われるかもしれない。しかし第二次世界大戦後の世界では，日本はもちろん欧州諸国でさえ自国通貨の交換性を制限していた。戦争遂行の過程で，各国は貴重な金や外貨を通貨当局が集中的に保有する体制を築いた。そしてその流出を防ぐため，当局が保有する金や外貨と自国通貨との交換性を制限したのである。

IMF8条国と14条国

　戦後の国際金融秩序について定めたブレトンウッズ協定は，貿易などの経常取引を阻害する為替管理の廃止，つまり経常取引に関する通貨の交換性回復を各国に義務づけた。輸入などの支払いに必要な外貨を自由に入手できたり，輸出で獲得した外貨を自由に他の通貨に交換できたりすることが，貿易の円滑化と国際経済の発展に不可欠だったからである。IMF協定の第8条が各国に通貨の交換性回復を義務づけていることから，経常取引について通貨の交換性を回復した国をIMF8条国と呼ぶ。

　他方，戦災によって疲弊しアメリカ経済への依存を強めていた各国は，対米経常収支赤字を抱え米ドルの不足（ドル不足）に苦しみ，金やドルと自国通貨との交換性をすぐに回復することができなかった。過渡期条項と呼ばれるIMF協定14条は，経済が平時に移行するまでの期間を戦後過渡期とし，この期間については「国際収支上の理由」による為替管理を各国に認めた。この条項に沿って為替管理を維持した国をIMF14条国と呼んだが，協定14条では1947年3

月のIMF開業から5年間（1952年3月まで）を戦後過渡期と定めた。そして，それ以降も為替管理を維持している国に対しては，IMF8条国への移行に向けてIMFと政策協議（14条コンサルテーション）を行うよう求めた。

交換性回復への漸進的な歩み

1947年夏，イギリスがポンドの交換性回復に踏み切ったが，当局に対しポンドの金・ドルへの交換要求が殺到した結果，ごく短期間のうちに失敗に終わった。イギリスには，交換性の制限がポンドの国際通貨としての地位を貶めているとの懸念が存在していたが，ドル不足が残存するなかで交換性を回復することは不可能だったのである。1952年3月を過ぎても，アメリカなどを除き，多くの国がドル不足を抱え14条国の地位にあった。そこで西欧諸国は，アメリカやIMFと交渉しつつ，欧州域内取引の決済に用いる金・ドルの比率を少しずつ高めたり，居住者に対する金・ドルの利用を徐々に緩和したりしながら，漸進的に自国通貨の交換性回復を進めようとした。

西欧諸国が，非居住者交換性（非居住者が保有する自国通貨と通貨当局が保有する金・ドルとの間の交換性）を回復したのは，戦後の復興が進みドル不足が解消へと向かう1958年12月のことだった。さらにこれら諸国は，1961年2月に居住者交換性（居住者による金・外貨の利用）を回復しIMF8条国に移行したが，このことは真の意味での戦後過渡期の終了を意味していた。ブレトンウッズ協定の目標が実現するには，1952年3月までとされた協定上の戦後過渡期を大幅に上回る期間を要したのである［→Q09，Q10，歴（2023）Q41］。

参考文献　伊藤正直・浅井良夫編（2014）『戦後IMF史—創成と変容』名古屋大学出版会。
西川輝（2014）『IMF自由主義政策の形成—ブレトンウッズから金融グローバル化へ』名古屋大学出版会。

（西川　輝）

ニクソンショックは国際経済をどのように転換したのか？
〈ニクソンショック（レジームⅡa）〉

ニクソンショック（金・ドル交換停止）

　西欧経済の復興が進んだ反面，対外軍事支出・多国籍企業の成長により，アメリカの国際収支は悪化していった。ブレトンウッズ協定のもとで，アメリカは協定加盟国の通貨当局に対して金１オンス＝約35ドルで交換することを約束していたが，国際収支悪化によって，アメリカの金準備は枯渇していった。対外軍事支出により，諸外国の中央銀行に対するアメリカの負債はその金支払能力を超えた。そのため，アメリカ財務省は外国の中央銀行が保有するドルの一部であっても交換を求めるのは非友好的であると指摘し，代わりに各国のドル残高をアメリカ財務省証券（国債）の形で保有することを強く求めた。さらに，ニクソン政権は1971年，ブレトンウッズ協定の下での金・ドル交換約束を破棄した（ニクソンショック）。アメリカ財務省証券本位制の構造からすれば，アメリカの経常収支赤字だけでなく，アメリカ国内予算の赤字（財政赤字）に資金が流入することになる。米国債に外国の中央銀行が投資するということは，その分だけ債務国アメリカは国際収支を気にすることなく，拡張財政を取ることができる反面，外国政府は緊縮財政を余儀なくされる。債務国アメリカはインフレ傾向で，債権国日本はデフレ傾向という仕組みになる。金との交換に使えない状態で，使い道のなくなったドルは，せめて利子のつく財務省証券の形態で保有せざるをえない。これは国際収支でドル黒字を出すと，その黒字をアメリカ財務省に貸し付けているのと同義である。逆にいえばアメリカは自動的に外国中央銀行から借金ができることになる。例えば日本は貯めたドルを円に交換できるが，当然円高になる。そうすると，日本，あるいは現在の中国の人民元もそうであるが，輸出が不利になってしまう。そうならないためには余剰ドルをアメリカ財務省証券に投資するしかなくなる。第二次オイルショックに

より，G7諸国から中東OPEC諸国への石油代金の支払いは急激に上昇したが，決済はドルで行われ，OPEC諸国に蓄積されたオイルダラーはアメリカ財務省証券に投資された（オイルダラー還流）。つまり，欧日の対米貿易黒字は中東石油を媒介にして再びアメリカ財政赤字をファイナンスした。この意味で，変動相場制は「ペトロ・ダラー・システム」であるともいえる。

国際収支ファイナンシング・レジームⅡa（変動相場レジーム）

変動相場レジームは各国通貨の価値が為替相場での需給に応じて変動するという意味でそれまでの金本位制・ブレトンウッズ・システム（固定相場）とは区別される。その意味で①暗黙の原則（経済理論）は，為替相場での需給である。ただし，②規範というべきものがなかったわけではなく，サミット声明において主要国で確認されたインフレなき経済成長が規範にあたるといっていいだろう。また，二度のオイルショックでは，オイルダラー還流も重視された。③ルール・④意思決定手続きとしては，スミソニアン合意から国際通貨制度改革および関連事項に関する総務委員会での議論・欧州各国の共同フロートの取り組みなどがあるが，1985年プラザ合意以降のような意味でのルール・意思決定メカニズムはなかった［伊藤（2014：152-159）］。⑤限界は，スタグフレーション対策としてのアメリカ・レーガノミクスが双子の赤字（貿易赤字・財政赤字）を巨額化させ，ドル暴落論（サスティナビリティ問題）のなか円安ドル高是正がG7の政策的焦点となり，マクロ政策協調が必要になったことにある［→Q40，41，ア（2019）Q49，50，歴（2023）Q32，33］。

参考文献　三國陽夫，R.ターガート・マーフィー（2002）『円デフレ─日本が陥った政策の罠』東洋経済新報社。

マイケル・ハドソン著，広津倫子訳（2002）『超帝国主義国家アメリカの内幕』徳間書店。

（坂出　健）

Q15

1976年のポンド危機はイギリスに何をもたらしたのか？

〈戦後経済政策の転換〉

戦後のイギリス経済とポンドの凋落

第二次世界大戦後，金本位制の時代に基軸通貨であったポンドは，繰り返し危機に見舞われ凋落を余儀なくされた。

戦後のイギリス経済は，高水準の雇用と低成長によって特徴づけられる。「ゆりかごから墓場まで」と評される手厚い福祉を目標に掲げたベヴァリッジ報告の理念に沿い，イギリス政府は，一貫してケインズ主義的な総需要管理による完全雇用の追求を経済政策の目標とした。こうして1960年代にかけて高水準の雇用が維持されたものの，この間，企業の設備投資は伸び悩み，労働生産性の低迷と低成長が続いた。長らく低下傾向にあったイギリス製品の国際競争力はさらに低下し，国際収支悪化の要因として定着した。

ポンド凋落の背景には，こうしたイギリス経済の衰退があった。戦後に設定された1ポンド＝4.03ドルという相場は，1949年9月に1ポンド＝2.80ドルへと調整されていた。しかしその後も，さらなるポンド切り下げを見越した投機が生じるようになり，1967年11月，相場は1ポンド＝2.40ドルへと切り下げられた。戦後の約20年間で，ポンドの相場は40％も減価したのである。

ポンド危機と政策対応

1971年8月のニクソンショックを契機に固定相場制が動揺し始めると，ポンドへの投機は激しさを増した。1972年6月，ポンド相場の下落圧力を受けたイギリス政府は，他の主要国に先駆けて固定相場制を放棄し，変動相場制に移行した。第一次オイルショックの影響で先進諸国をスタグフレーション（インフレと景気後退の同時発生）が襲うと，ポンドの相場はさらに不安定化し，1976年に入ると1ポンド＝2ドルを大きく下回るようになった。

　ポンド相場の下落は，輸入品のポンド建て価格の上昇を通じて，国内のインフレを悪化させた。このためキャラハン労働党内閣は，為替介入によってポンド相場の下落を防ごうとしたが，外貨準備を大幅に失い，IMFに緊急融資を要請した。IMFの融資には，コンディショナリティと呼ばれる条件がつく。対英融資に際してIMFが要求したのは，財政赤字の抑制や国内信用の制限など，緊縮的なマクロ政策の履行であった。IMFの要求は，福祉国家の建設と完全雇用を優先し，財政赤字を二次的な問題としてきた既存の政策路線と相反するものだった。しかし政府は，IMFが求める緊縮的な政策によって危機に対応し，インフレを抑制するために労働者の賃金抑制にも着手した。このような対応が功を奏し，ポンド相場は安定し，インフレ率も次第に低下した。

　1979年にサッチャー保守党政権が誕生すると，危機時にとられた政策が平時の政策路線として定着していった。「イギリス病」とまで評された経済の諸問題を解決するため，サッチャーは，経済政策の目標を高水準の雇用から物価安定へと切り替え，厳格な財政支出の削減と通貨量の抑制を実行した。さらに企業の民営化や労働組合の弱体化といった供給面の構造改革を進め，それまでのケインズ主義的な福祉国家政策からの完全な転換を図った。1976年のポンド危機は，戦後イギリス経済の行き詰まりを反映する出来事であり，その克服には戦後経済政策の転換が必要とされたのである。

参考文献　金井雄一（2014）『ポンドの譲位―ユーロダラーの発展とシティの復活』名古屋大学出版会。

岩田健治（2022）「イギリスとEU経済―EU離脱に向け広がる動揺と混乱」田中素香・長部重康・久保広正・岩田健治著『現代ヨーロッパ経済（第6版）』有斐閣。

（西川　輝）

Q16

プラザ合意は日本経済に何をもたらしたのか？
〈国際マクロ政策協調（レジームⅡb)〉

レーガノミクスと双子の赤字

　1970年代末，第二次オイルショックにより，アメリカ経済は２桁の物価上昇と労働生産性の鈍化に直面した。1981年登場したレーガン共和党政権は，供給重視の経済学とマネタリズムの両輪からなるレーガノミクスを提示した。マネタリズムに基づく極端な通貨供給量規制によって金利水準が異常に高まったため，レーガン不況を招いた。財政赤字は84年度にはゼロになるはずが，カーター政権期末700億ドル台だった赤字が83年度には2,000億ドル台を突破した。国防支出の増加によりレーガン不況を克服したものの，アメリカの景気が他国を上回るテンポで拡大したため，外国商品が流入し，貿易赤字が巨額化した（双子の赤字)。1980年代前半のアメリカのインペリアル・サークルの主たる資金供給国は，日本，ついで西ドイツであった。経常収支赤字を通じて海外にドルが流れ出すが，外国の対米投資による資金環流により双子の赤字が埋め合わされる。その結果，記録的ドル高になり競争力が減退し，外資流入によりアメリカの対外負債が急膨張のうえ1985年には債務国へ転落と，もはや従来のような支出超過の借金経済は持続不可能になった。

プラザ合意とマクロ政策協調

　こうした状況で，ドル独歩高の修正が求められた。1985年９月，ニューヨークのプラザ・ホテルで開かれたG５（先進５カ国蔵相・中央銀行総裁会議）で，ドル売りの協調介入に対する合意（プラザ合意）がされ，ドルの長期下落，わけてもドル安・円高が劇的に進行した。プラザ合意前に１ドル＝240円だった円が，87年初頭，120円付近まで上昇した。アメリカは，景気刺激と国債費負担の軽減をねらって金利の引き下げを志向した。「双子の赤字」をまかなう外

資の流入を確保するために，自国の金利を他国より高い水準に保つことが必要であった。したがって，アメリカが金利を下げる際には，主だった資金供給国にも「協調利下げ」をさせて彼我の金利差を維持した（坂井［1991：79-102]）。こうした日米経済の非対称的な経済関係を，吉川は，「世界最大の債権国（日本）が経済危機に陥り，その債権国に膨大な債務を負う世界最大の債務国（アメリカ）が長期にわたる好景気を体験する」パラドクスととらえた。その原因として，「ドルという通貨が，いまなお事実上の基軸通貨でありながら，アメリカ一国の経済政策と分かちがたく連動し，その意向を反映した価値の変動をほしいままにしているという現実がある」（吉川［1998：10]）とした。

国際収支ファイナンシング・レジームⅡb（国際マクロ政策協調レジーム）

　国際マクロ政策協調レジームは，1985年のプラザ合意から1987年のルーブル合意を頂点として1990年代まで続いた，G7先進国のマクロ政策（財政金融政策・金利政策）の協調のメカニズムである。①暗黙の原則（経済理論）は，ISバランス論・サスティナビリティ論であり，②規範としては経常収支不均衡是正（黒字国責任論）であり，日本・ドイツのような黒字国にアメリカ国債購入・為替・金利調整・公共投資拡大などを求めた。③ルールとしては，多角的サーベイランスを通じてマクロ政策指標を相互に監視した。④意思決定手続きとしては，G7蔵相・中央銀行代表が定期的に協議し，経済指標目標にしたがって協調した。⑤限界は，アメリカのニューエコノミーの反動といえる2008年リーマンショック解決のために，中国を含む各国中央銀行の非伝統的金融政策が必要になった点に求められる［→ア（2019）Q66，歴（2023）Q27，28]。

参考文献　坂井昭夫（1991）『日米経済摩擦と政策協調─揺らぐ国家主権』有斐閣。
　　　　　吉川元忠（1998）『マネー敗戦』文藝春秋。

（坂出　健）

Q17

アジア通貨危機を引き起こしたものは何か？
〈アジア通貨危機，国際金融システム改革〉

　アジア通貨危機とは，1997年7月2日のタイの通貨バーツの暴落に端を発し，その年のうちにアジア全域に波及した地域的通貨危機のことである。**図表**に示す危機5か国の通貨は，半年程度の間に，4割から8割もの下落を記録し，それまで高い成長を続けてきたアジア経済は1998年には軒並みマイナス成長に転落，地域は空前の混乱に陥った。

図表 アジア危機国の為替レート（月末値）の推移
（1米ドル当たり，1997年6月末＝100）

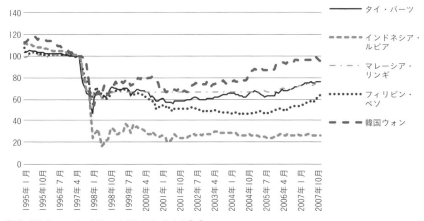

出所：IMF "International Financial Statistics" より作成

通貨下落を引き起こした急激な資本流出についての2つの見方

　このような大幅な通貨下落を引き起こしたのは90年代半ばにかけての危機国への外国資本の大量流入とその後の急激な流出であった。

こうした大規模な資金流入バブルの形成と崩壊による危機が生じた原因については，大きく分ければ，①危機国の構造的問題（例えば，貸付審査能力の乏しい銀行など金融セクターの脆弱性や官民の不透明な関係など）や政策ミスが原因であるとするファンダメンタルズ論と，②危機を銀行取付け（信用を失った銀行に預金者が払い戻しを求めて殺到すること）に似た国への取付けとみるパニック論の2つの議論があった。危機当初，IMFや欧米はファンダメンタルズ論に立ち，危機克服には構造問題の是正が必要であるとの主張を行ったが，仮に長期的にしか変化しない構造問題で危機の直接の原因となった資金流出を説明しようとすると，それに先行する大規模な資金流入を説明できなくなってしまう。むしろ危機は，アジア諸国への評価が何らかの原因で急激に見直された結果パニック的な資金引揚げ行動が発生し，そうした引揚げに対して脆弱な対外資産負債構造（特に，高い短期債務/外貨準備比率）を有していた国が危機に陥ったとみることが適当と考えられる。

危機の国際的な波及と自由な資本フローのリスクの再認識

　98年半ばまでにアジアの危機国通貨はボトムを打ったが，危機は98年夏にロシアに波及し，秋には米国の大手ヘッジファンドが経営困難に陥り，更にブラジルが急激な資金流出に曝されるなどその後も世界全体を揺るがせ，99年に入ってようやく安定化に向かった。この危機は世界に大きな衝撃を与え，99年5月にはG7蔵相会議が国際金融システム改革に関する包括的な報告書を取りまとめ，その後IMFが一定の条件の下に資本フローに対する管理措置を受け入れる考えを提示し，その一方で各国は外貨準備積み増しに向かうなど，危機は自由な資本フローがもたらすリスクを再認識させる重要な契機となった［→**歴**（2023）Q30]。

参考文献　荒巻健二（1999）『アジア通貨危機とIMF―グローバリゼーションの光と影』日本経済評論社。
　　　　　外国為替等審議会アジア金融・資本市場専門部会（1998）「アジア通貨危機に学ぶ―短期資金移動のリスクと21世紀型通貨危機―」。

（荒巻健二）

Q 1

1．1930年代のブロック経済化の原因と影響について説明しなさい。

2．パクス・ブリタニカからパクス・アメリカーナへの転換過程をグローバル・インバランスの視点から説明しなさい。

Q 2

1．ヒュームの物価正貨（金貨）流出入メカニズムを説明しなさい。

2．クラズナーの国際レジーム論の定義を説明しなさい。

Q 3

1．金本位制のメカニズムについて説明しなさい。

2．金本位制下において国際収支の自動調整メカニズムが機能するかどうか説明しなさい。

Q 4

1．「大量移民の時代」に多くの移民がアメリカ合衆国を目指したのはなぜか，その理由と歴史的背景を調べなさい。

2．非自発的な移動を強制された「不自由な労働者」はどこから，そしてなぜ生まれたのか調べなさい。

Q 5

1．再建金本位制と古典的金本位制の違いを説明しなさい。

2．ドーズ案が戦債・賠償問題をどのように解決したか説明しなさい。

Q 6

1．1930年代の中央銀行間協力を古典的金本位制や再建金本位制の時代のそれと比較しなさい。

2．三国通貨協定における通貨協力はどのように機能したかを説明しなさい。

Q 7

1．BISが設立された経緯をまとめなさい。

2．「中央銀行間協力」の長所と短所を考えなさい。

Q 8

1．モーゲンソープランの具体的な内容とその狙いを説明しなさい。

2．なぜアメリカはモーゲンソープランからドイツ復興路線に転換したのか。その要因を考えなさい。

Q 9

1．ブレトンウッズ協定における「調整可能な釘付け」について説明しなさい。

2．「埋め込まれた自由主義」について説明しなさい。

Q10

1. ブレトンウッズ協定において，IMFと世界銀行に期待された役割についてまとめなさい。
2. ブレトンウッズ協定では，国際金融システムの安定を実現するためにどのような制度が構想されたか。まとめなさい。

Q11

1. マーシャルプランの具体的な内容とその戦略的な目標を説明しなさい。
2. ブレトンウッズ体制の実現にマーシャルプランが果たした役割を説明しなさい。

Q12

1. ECSCが誕生した理由を詳しく説明しなさい。
2. EUで実際に経済統合が進んでいる分野を取り上げ，どのような市場が形成されているのか説明しなさい。

Q13

1. 第二次世界大戦後，欧州諸国が通貨の交換性を制限していた理由について述べなさい。
2. 世界には数多くの通貨が存在したが，ブレトンウッズ協定の目標を実現するには，とくに欧州通貨の交換性回復が重要だった。その理由についてまとめなさい。

Q14

1. なぜ西ドイツ・日本は対米貿易黒字をアメリカ国債投資したか説明しなさい。
2. オイルダラーがどのようにアメリカ国債投資に還流したか説明しなさい。

Q15

1. 1976年のポンド危機をきっかけに，イギリスの経済政策はどのように変化したか。まとめなさい。
2. 第二次世界大戦後，ポンドの相場が下落し続けた要因について，本文で紹介した参考文献も参照しながら説明しなさい。

Q16

1. なぜレーガノミクスの結果，双子の赤字が生まれたか説明しなさい。
2. プラザ合意は何を目的として，どのような結果をもたらしたか説明しなさい。

Q17

1. アジア通貨危機は，従来の経常収支型通貨危機との対比で，資本収支型通貨危機と呼ばれることがあるが，これはどのような意味か説明しなさい。
2. アジア通貨危機のような危機を事前に防止し，あるいは仮に危機が発生した場合にはその早期終息を図るうえで，実効性のある政策措置にはどのようなものがあるか説明しなさい。

PART Ⅱ
国際経済理論

◉映画の窓から見た国際経済②

🎥 アメリカの「医療保険」論議，その歪みの原因 ──健康の維持は自己責任なのか

◉この章で扱うテーマ

アメリカの「医療保険」論議，その歪みの原因
──健康の維持は自己責任なのか

🎬 『シッコ』"SiCko"（2007年）
🎬 『エリジウム』"Elysium"（2013年）

　病気をしたりケガをして医療サービスを受ける可能性は誰にでもある。そこで世界中の各国は医療保険制度を用意している。居住者の全員を保険に加入させ，一部を税金で負担して保険制度を維持するのである。高額な医療費が発生するケースについては，健康な人も含めた全員が薄く広く負担する。だが，アメリカの場合は先進国中では唯一の例として，この医療保険制度が完全に網羅されていない。厳密にいえば，2009年に成立し，2010年から施行された"Affordable Care Act（医療保険制度改革，俗称オバマケア）"により国民皆保険に近づいてはいる。だが，この「オバマケア」に関しては，まだまだ制度は安定していない。

　2009年以前の状況はどうであったかというと，多くの勤労者とその家族は雇用に伴う医療保険に入っていた。民間の医療保険会社の保険に勤務先としてグループ加入し，その保険料は半額を雇用主が半額を自分が払うというシステムである。これに加えて，貧困層に関してはメディケイド，そして高齢者にはメディケアという国の保険がある。この2つの保険は，1960年代にジョンソン大統領率いる民主党が「偉大な社会の建設」をスローガンに導入したものだ。

　だが，この時点での問題は2つあった。1つは，雇用に伴う保険に入れない自営業者，あるいは雇用主が保険を用意しない非正規雇用者，そして無業者については医療保険が高額という状況だ。1ヶ月の保険料が1,000ドル以上というのでは事実上入れないということになる。2つ目は，雇用主がグループで加入している保険が「安い」保険の場合は，十分な医療サービスが受けられないという問題であった。

　そんな中で，リベラル派は，1990年代から2000年代にかけて，アメリカにおいても「無保険者をゼロ」にしようという主張を展開していた。この運動を象徴し，同時に当時の問題点を明らかにしようとしたのが，マイケル・ムーア監督のドキュメンタリー作品『シッコ』（2007年）である。公開当時は当局，つまり医療保険制度の改革に反対していた共和党のブッシュ政権の弾圧を恐れて原版の複製をカナダに隠したとか，海賊版が公開直後にネット上に流出したなどと妙な話題を提供し

『シッコ』より

ていたぐらいであった。

　映画としては，民主党支持の姿勢は鮮明であり，1993年の当時ファーストレ
ディーとして健康保険制度改革に取り組んだヒラリー・クリントンの行動を肯定的
に扱っている。一方で，廉価な代わりに治療費に大きな制約のあるHMO（健康維
持機構）という保険制度を導入した際のニクソン大統領の態度や，ヒラリーの改革
を潰した共和党議員団に対しては露骨な批判を浴びせている。

　中でもブッシュ（父）元大統領が「健康保険の socialize（ソーシャライズ，国
営化もしくは社会主義化）なんてとんでもない」と怒るシーンの直後に，旧ソ連や
北朝鮮を思わせるマスゲームや，画一的労働のイメージ映像を入れながら「国民の
健康について共通の保証をすることが，どうして非人間的な社会主義と結びつくの
か私には分からない」と訴えるくだりは，ムーアの真骨頂といえる。

　この映画が公開された翌年，2008年の選挙では民主党のバラク・オバマが大統
領に当選し，2009年にはようやく「オバマケア」という形で，曲がりなりにも国
民皆保険が実現した。問題は，この「オバマケア」という制度は，左右両派から叩

かれ続けているということだ。反対の急先鋒は共和党である。共和党は制度の成立後も「オバマケア廃止」を叫び続けている。2012年になると，連邦最高裁が保守派判事も含めた多数派の評決として「オバマケアは合憲」という憲法判断が下されているが，以降も反対の声は収まっていない。

　共和党など保守派の立場からは，まず健康管理というのは究極の自己決定権に委ねられる問題である。自己責任論の典型であり，要するに政府が医療保険への加入を強制し，オバマケアのように非加入者に対しては追徴課税をするというのには強く反発する。これに共和党伝統の「小さな政府論」つまり，国の制度としての福祉は極小化すべきという思想が後押ししている。医療保険は「憎むべき社会主義だ」という主張はこうした発想法から来ている。

　一方で，「オバマケア」は民主党の左派からも叩かれている。従来の医療保険制度に対して，無保険者が個人で医療保険に加入する際に，何千ドルもする月額保険料に対して国の補助を行って加入できる水準まで保険料を引き下げているのが「オバマケア」である。つまり，営利目的の民間の医療保険というのは残っている。だ

『エリジウム』より

が，その結果として「富裕層は良い保険」が買えるが貧困層は「安かろう悪かろう」という保険になるとか，「大企業の加入するグループ保険」はサービスがいいが，中小企業の加入する保険はサービスが悪いなど，格差の問題は解消されない。

そこでバーニー・サンダース議員，アレクサンドリア・オカシオ＝コルテス議員などの左派は「医療保険の単一支払い者制度（ユニバーサル・ヘルスケア）」を主張している。つまり，英国やカナダのように国の制度が医療保険を一元化し，営利目的の民間の医療保険を排除すべきというのである。

2013年に公開されたSF大作『エリジウム』（ニール・ブロムカンプ監督）は，医療保険制度における格差を激しく告発する内容だが，2010年にオバマケアが施行された後になっても，こうした映画が話題になる背景には，オバマケアが抱えている格差の問題がある。

この『エリジウム』の設定は極めて露骨である。2154年という未来には，地球は大気汚染と人口爆発で劣悪な環境となっている。そこで，富裕層は人工衛星軌道上に建設された人口の「スペース・コロニー」の「エリジウム」で暮らしている。そこでは超先端医療が実現しており，住民は不老不死に近い。一方で，地上に暮らす貧困層は，健康を脅かされながら苦しい労働に従事しているという設定だ。この設定の中には，階層による差別だけでなく，メキシコ系への差別の問題も反映させている。

物語は，地上で暮らす工場労働者のマックス（マット・デイモン）が，大量の放射線を浴びて余命わずかと宣告される中で，「エリジウム」での治療を求めて反乱を起こしていくという展開だ。暗澹たる格差の描写に成功している前半と比べると，後半のアクションは平凡という評価もあるが，医療保険における格差への怒りというメッセージは確かに伝わってくる。このように「オバマケアでは不十分」だから，医療保険を含めた格差是正が必要という民主党左派の主張はアメリカの政局の台風の目となる可能性がある。

一方で，2020年から発生した新型コロナウィルス感染拡大は，新たな形で医療や健康に関する分断を浮き彫りにした。ドナルド・トランプを支持する共和党の保守派は，自分の健康は自己決定権に属するという伝統的な保守思想を，頑固なまでに主張し続けた。それは，マスクとワクチンの強制への猛烈な反発だった。特にマスクについては，「病者と強盗が着用するもの」だと強く拒否し，強制に対しては暴力で対抗する者が後を絶たない。医療と健康の分野における「アメリカの分断」はこれからも続くといわざるをえない。

（冷泉彰彦）

PART
II

国際経済理論

Q18

国際経済理論を学ぶ意義は何だろうか？

〈国際経済理論の概観〉

国際経済理論を学ぶ意義

　PARTⅡでは，国際経済を学ぶうえで必要と思われる理論的枠組みについて紹介していく。現実の経済現象は複雑なので，自国だけでなく外国との関係も明示的に考慮するとすれば，そのメカニズムを理解することは非常に難解である。そこで現実の経済を多少単純化し，メカニズムの本質的な特徴を掴むために，理論的な枠組みを予め頭に入れておくことが有益である。

　理論モデルは難解な数式で表現されることが多いため，ともすれば敬遠されがちだが，これは一つの表現に過ぎない。できるだけシンプルで分かりすい図（あるいはシンプルな数式）で理解できれば理想的だ。つまり，理論的枠組みを描写したコンパクトな図や数式を，しっかりと理解しておくこと，そして世界経済のさまざまな現象が，こうした枠組みでどのように説明できるのかをじっくりと考えることが不可欠である。もちろん現実は理論が想定したメカニズム通りには動いていないかもしれない。しかしこうした現実と理論の隔たりに気づくことが，さらに考察を深めていくための重要な一歩となる。

国際経済理論の内容

　先に述べた目的から，PARTⅡでは国際経済を学ぶうえで最低限必要な理論的概念や枠組みを一つ一つ丁寧に説明していく。一国経済を越えて世界経済を考察の対象とする際，鍵となるのは，モノや金融商品などが国境を越えて取引されているということである。この状況を把握するためには，国際収支，経常収支，貿易収支，資本収支という概念に対する正確な理解が何よりも大切である（Q19，20）。

　モノや金融商品の国際的な取引の際には，自国と外国の通貨の交換比率であ

る為替レートについて考えなければならない。そこで為替レートに関するいくつかの基本的概念を丁寧に理解しておくことが不可欠である（**Q30〜34**）。その際，為替レートの制度的枠組みである国際通貨制度のしくみをしっかりと押さえておく必要がある（**Q35〜37，Q40〜44**）。また資本移動や経常収支に関する深い考察も必要である（**Q21〜23，Q24〜29**）。

　国際的な結び付きを考慮した場合，自国や外国の景気がどのようになるのかという点も重要な課題である。この点を考えるためには，所得や金利，為替レートの相互依存関係を考慮した理論的枠組みを学んでおくことが大切である。この枠組みはマンデル＝フレミング・モデルと呼ばれており，同モデルを習熟しておくことによって，現実に発生しているマクロ経済の国際的側面について，理解を深めることが可能となる（**Q38，39**）。

（松林洋一）

Q19

国の「家計簿」はどのようになっているのだろうか？

〈国際収支表〉

国際収支統計

　国際収支統計は，居住者と非居住者との間の財サービスの取引と金融資産・負債の取引を記録した統計である[1]。居住者とはある国に生活や経済活動の拠点を持つものである。国際収支統計の内訳は，①財サービス，所得の取引や経常移転を記録する経常収支，②対外金融資産・負債の取引を記録する金融収支，③対価を伴わない固定資産の提供，債務免除などの収支である資本移転等収支，である。

　経常収支の内訳は，貿易・サービス収支，第一次所得収支，第二次所得収支である。貿易・サービス収支は財の輸出と輸入の差額を計上する貿易収支と，サービス取引の収支を計上するサービス収支から構成される。例えば，輸出が輸入を上回れば貿易収支黒字，下回れば貿易収支赤字である。第一次所得収支は雇用者報酬や，対外金融債権・債務から生じる利子・配当金等の収支を表す投資収益などから構成されている。第二次所得収支は対価を伴わない官民の無償資金協力，寄付，贈与の受払を記載する。受取りが支払いを上回ると所得収支黒字，下回ると所得収支赤字である。

　資本移転等収支には，対価を伴わない資産の移転や，債務免除などが計上される。

　金融収支の内訳は民間経済主体の直接投資，証券投資，金融派生商品，その他投資である。資産のネットの取得が負債のネットの発生を上回っていることを純資産増加という。

1　現在（2022年3月）は「国際収支マニュアル第6版」に基づいている。

複式簿記と類似した形式

　国際収支統計においては，複式計上の原則に基づいて各取引を貸方，借方それぞれに同額計上する。詳細について下の図表を基にみていこう。経常収支と資本移転収支は「貸方－借方」で算出する。例えば，貿易・サービス収支は「財貨・サービスの輸出」－「財貨・サービスの輸入」で算出する。正であれば黒字，負であれば赤字となる。金融収支は「資産の借方－貸方」－「負債の貸方－借方」で算出する。なお，経常収支＋資本移転等収支－金融収支＋誤差脱漏＝0となるように作成されている［→Q20］。

図表 国際収支表

国際収支総括表	対応する国際取引 （表貸方借方参照）
経常収支　a+b+c	
貿易・サービス収支　a	I-2
第一次所得収支　b	3-4
第二次所得収支　c	5-6
資本移転等収支	7-8
金融収支　d+e+f+g+h	
直接投資　d	
証券投資　e	
金融派生商品　f	(10-9) － (11-12)
その他投資　g	
外貨準備　h	14-13
誤差脱漏	

	貸方	借方	
I	輸出	輸入	2
3	受取	支払	4
5	受取	支払	6
7	受取・処分	支払・取得	8
9	資産の減少	資産の増加	10
11	負債の増加	負債の減少	12
13	減少	増加	14

参考文献　日本銀行（2022）「「国際収支関連統計（IMF国際収支マニュアル第6版ベース）」の解説」日本銀行HP. https://www.boj.or.jp/statistics/outline/exp/exbpsm6.htm/（閲覧日 2022/3/28）

（山本周吾）

なぜ日本の旅行収支は黒字なのか？

〈日本の国際収支〉

最近の経常収支

　日本は輸出大国と長きにわたりいわれてきた。果たして，現在でもそういえるだろうか。実は，輸出を表す貿易・サービス収支は2011年以降は黒字基調から反転して，赤字が定着するようになった。よって，輸出大国とはいえなくなっている。一方で，日本の輸出を主導してきた製造業が海外に生産拠点を移転させることによって，海外で収益を稼ぐようになってきた。これは，第一次所得収支に分類される。なお，第一次所得収支は，雇用者報酬や，対外金融債権・債務から生じる利子・配当金等の収支状況を表す投資収益などから構成されている。

　日本の経常収支の主な内訳は貿易・サービス収支と第一次所得収支であり，先述したように，貿易・サービス収支は赤字が目立つようになったが，その代わりに，第一次所得収支は黒字基調である。よって，総合すると経常収支は黒字を維持しているが，それは貿易・サービス収支ではなくて，第一次所得収支の黒字の増加によるものである。以上より，日本は貿易大国から対外金融債権から生じる利子・配当金等の収支に依存する国に構造変化したといえる。また，近年，燃料費等の資源価格が高騰しており，輸入額が急増しているので，今後さらに貿易・サービス収支の赤字が予想される。

最近の旅行収支

　旅行収支を用いて最近の日本の国際収支のもう一つの特徴をみていこう。旅行収支は訪日外国人旅行者の消費額から日本人海外旅行者の消費額を引いたものである。具体的には，宿泊費，飲食費，娯楽費，現地交通費，土産物代等の受取と支払の差額である。

それでは実際の旅行収支を下の図表よりみていこう。この図表によると，旅行収支は2014年までは赤字であったが，2015年以降は黒字で推移しており，増加基調にある。次に，出国日本人数と訪日外国人旅行者数の推移を同じ図表よりみていこう。出国日本人数はおおよそ年間1,500万から2,000万人の間で期間を通じてほぼ一定で推移している。一方で，訪日外国人旅行者数は2013年以降に急増している。訪日外国人旅行者数の増加は非居住者の消費額の増加を意味している。実際に，旅行収支と訪日外国人旅行者数のトレンドは非常に類似している。特に，アジア諸国の人々の所得の増加や，緩やかな円安傾向の定着による訪日観光の割安感の浸透が寄与していると考えられる[1]。

　しかし，2020年以降に新型コロナウイルス感染拡大によって人の往来が抑制されて，訪日外国人旅行者数が大幅に減少した。その結果，旅行収支の黒字も大きく減少した［→Q19］。

図表　旅行収支と訪日外国人旅行者数及び出国日本人数

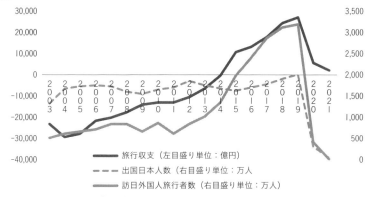

出所：財務省と日本政府観光局（JNTO）

（山本周吾）

1　日本政府観光局（JNTO）の統計によると，新型コロナウイルス感染拡大前の2019年では，韓国，中国，台湾，香港だけで訪日外国人旅行者数の約70%を占めている。

国際間で資本はどのように動くのか？

〈国際資本移動〉

　実際に世界で生じている国際間での資本移動について，すべてを説明することは難しい。しかし国際資本移動の基本的な考え方を身につけておけば，国際経済に関するニュースやトピックスの前提となっているメカニズムが分かるので，そういった議論についていくことが可能になる。ここでは，そういった理解に役立つ最も基本的な国際資本移動についての考え方を紹介する。

国際資本移動がない場合

　まず国際間で資本移動がそもそもない場合について考えてみよう。最もシンプルな，世界がA国とB国の２国からなるケースを考える。**図表**の左にA国の資金貸借市場，右にB国の資金貸借市場を描いている。国際間の資本移動がなければ，両国の資金貸借市場の需要曲線と供給曲線が交わるところで，両国の均衡は決まり，各国の金利もそれに応じて別々に決まることになる。**図表**の例では，資本移動がない場合，A国の金利は２％となる一方，B国の金利は４％の水準となっている。

国際資本移動がある場合

　それでは，もし両国間で資本の移動が可能であれば，両国の金利はどのように変化するであろうか。A国の貸し手はA国では２％の金利しか得られないが，もしB国で貸し付けを行うと４％の金利を得ることができる。A国の貸し手は，B国の高い金利を求めて，B国で貸し付けを行おうとするであろう。これがまさにA国からB国への国際間の資本移動である。そしてA国からの資本流出はA国の資金供給曲線を左にシフトさせる一方，B国への資本流入はB国の資金供給曲線を右にシフトさせる。

A国の新しい均衡金利は，この資本流出により，左にシフトした資金供給曲線が元の資金需要曲線と交わる点において決まる。このため，元の均衡金利が2％であったのに対して，資金供給の減少によって，それより高い水準（例えば図では3％）に決まることになる。

図表 A国からB国への国際資本移動が生じるケース

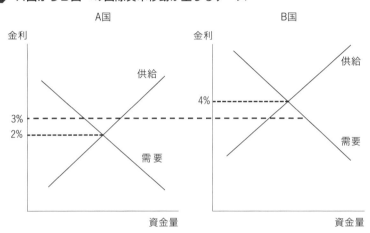

出所：著者作成

　一方，B国においては，A国からの国際資本移動により，資本流入が生じて右にシフトした資金供給曲線と元の資金需要曲線とが交わる点が新しい均衡点である。資金供給曲線が右にシフトするわけであるから，元の均衡金利4％よりも低い水準（**図表**では3％）の水準でB国の新しい均衡金利は決まる。

　このようにA・B両国に資本移動がなかった場合に生じていた金利水準（つまり2％と4％）の差は，A国からB国への資本移動によって縮小し，新しい均衡ではA・B両国の金利水準は同じ（つまり3％）になると考えられる［→ Q22，23，100］。

（北野重人）

Q22

国際的な資本の移動を決める要因は何か？

〈国際資本移動の決定要因〉

Q21では国際資本移動を理解するうえでの基本的なメカニズムについて説明した。ここでは，そもそもそうした国際資本移動が生じる前提となっている国際間の差異は何によるのかについて説明する。

資金供給の違い

Q21の図表では，資金供給曲線と資金需要曲線を用いて，A国とB国の間で国際資本移動がない場合についてまず考えた。Q21の例では，A国の均衡金利の方が低かったが，その理由として資金供給曲線の違いが考えられる。右の図表には，2つの資金供給曲線が図示されている。S'の方がSよりも右下に位置し，資金供給の豊富な状態を表している。この場合（S'の場合），資金需要曲線が同じとすると，供給曲線と需要曲線が交わ

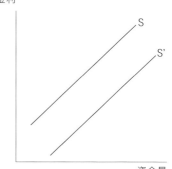

図表 資金供給曲線

出所：著者作成

る点で決まる均衡利子率は，Sの場合より低い水準で決まる。

このように資金供給の豊富な国では，資金供給曲線は右下に位置し，需要曲線との交点で決まる均衡利子率が低い水準で決まるため，Q21で表されたA国のような資本が流出する国になる。この考え方が有効な実際のケースを紹介しよう。2000年代前半，米国の経常収支は大幅な赤字であったが，これはそれに見合う他国からの米国への資本流入があったことを意味する。これに関して，ベン・バーナンキ氏の"グローバル・セービング・グラット"と呼ばれる見方

が注目された。これは中国など貯蓄意欲の高い新興国や中東の産油国からの過剰な資金供給こそが、米国への資本流入を招いているとする見方である。これは、（前述の）各国の資金供給曲線の違いが国際資本移動を引き起こしているという考え方に基づいている。

資金需要の違い

一方、国際資本移動の要因が、資金需要の違いにある場合もある。右の図表には、2つの資金需要曲線が図示されている。D'の方がDよりも右上に位置し、資金需要の豊富な状態を表す。他方、資金供給曲線は共通で同じであるとする。この場合、資金需要の豊富な状態を表すD'と資金供給曲線とが交わる点で決まる均衡利子率は、Dの場合のそれよりも高い水準で決まる。

このように資金需要の豊富な国では、資金需要曲線が右上に位置し、供給曲線

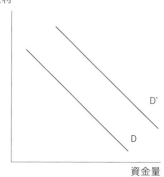

図表 資金需要曲線

出所：著者作成

との交点で決まる均衡利子率は高い水準で決まる。**Q21**の例ではB国がそれにあたり、高い収益を求めて他国から資本が流入する国になる。このように資金需要の違いが国際資本移動を引き起こした実際のケースとして、19世紀後半から20世紀前半にかけて生じたイギリスからアメリカへの資本移動が、その典型的なものとして知られている。当時アメリカは、経済成長が著しくイギリスを抜いて世界の大国になりつつあった。一方、当時のイギリスは、産業革命後で投資機会がそれ以前より乏しい状態であった。このため、経済成長著しく投資機会が豊富であったアメリカに、より高い収益を求めてイギリスから大規模に資本が流入したのであった［→**Q21, 23, 100**］。

（北野重人）

米国の金利が変わると，円ドルレートはどのように動くか？

〈金利平価〉

Q21，Q22で，国際資本移動の基本的なメカニズムが理解できたと思う。しかし，それでは，Q21のA国とB国のように，世界各国の実際の金利が同じであるかというとそうではない。その大きな理由の一つは為替レートの存在である。ここでは，為替レートを含めた金利平価の基本的な考え方を説明しよう。

金利平価

例えば1円を円とドルでそれぞれ運用する場合を考えてみよう。円金利を i とすると，円で運用した場合，1年後の収益は（1＋i）であることはすぐに分かるであろう。それでは，ドルで運用した場合はどうなるか。ドルで運用するためには円をドルに交換しなければならない。現在の円ドルレートが1ドル e 円としよう。このレートの下では，1円をドルに交換すると，1/eドルになる。ドル金利を i* とすると，この1/eドルを運用して得られる1年後の収益は，（1＋i*）/eドルになる。これを1年後の為替レート e' で円に交換すると，ドルで運用した場合の収益が（1＋i*）e'/e となることが分かる。

ここで一つの基本的な考え方として，Q21で見たように，各国で運用した収益は概ね同じになるはずだと考えることができよう。これは，両通貨（ここでは円とドル）での運用に裁定が生じると考えられるからであり，この考え方は金利平価と呼ばれている。式に直すと，さきほどの話は，次の両辺（左辺が円運用での収益，右辺がドル運用での収益）が等しくなることを意味する。

$$1 + i = \frac{(1 + i^*)e'}{e} \tag{1}$$

また(1)式の両辺から1を引き（小さな値を無視し簡略化して）得られる次の(2)式を，金利平価として用いることも多い。

$$i = i^* + \frac{e' - e}{e} \qquad (2)$$

米国の金利上昇が円ドルレートに及ぼす影響

　それでは(1)式を用いて，米国の金利上昇が円ドルの為替レートに及ぼす影響を考えてみよう。(1)式の左辺を破線，右辺を実線で示したのが次の図である。

　米国の金利が i_1^* から i_2^* へと上昇した（ただし e' は一定）とすると，右図のようにドル運用での収益を表す(1)式の右辺：$\frac{(1 + i^*)e'}{e}$ が右上にシフトする。このドル運用での収益を表す(1)式の右辺のシフトによって，円運用の収益を表す(1)式の左辺：1 + i との交点で決まる均衡為替レートは，e_1 から e_2 へと上昇することになる。このように，米国の金利が上昇すると，

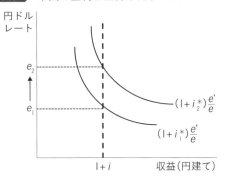

図表▶ 米国の金利が上昇したケース

出所：著者作成

円ドルレートが e_1 から e_2 へと上昇，つまり円がドルに対して減価する（円安になる）ことが，金利平価の考え方から得られる。

　「米国の金利が上昇したのを受けて円ドルレートが円安（ドル高）の方向に動いている」といった説明がニュース等でなされるのは，米国の金利が上昇すると，ドルで運用した場合の収益の方が高いので，為替市場で円が売られドルが買われるからである。ここで紹介した金利平価の考え方からも，同じような円ドルレートの動きが説明できることが分かるだろう ［→Q21，22］。

参考文献▷ P.R.クルーグマン・M.オブストフェルド・M.J.メリッツ著，山形浩生・守岡桜訳 (2016) 『クルーグマン国際経済学　理論と政策』丸善出版。

（北野重人）

Q 24

為替レートは経常収支にどのような影響を与えるのか?

〈弾力性アプローチ〉

弾力性アプローチとは何か?

　為替レートの変化は経常収支にどのような影響を与えるのだろうか?　経常収支が貿易収支に等しいと仮定すると，米国ドルで表示した日本の経常収支，輸出入額は，(1)式から(3)式のように表現できる。

　経常収支（ドル）＝輸出額(ドル)－輸入額(ドル)　　　　　　　　　　　　(1)

　輸 出 額（ドル）＝(輸出する財の価格(円)÷円ドルレート(円/ドル))
　　　　　　　　　　　×輸出量　　　　　　　　　　　　　　　　　　　　(2)

　輸 入 額（ドル）＝輸入する財の価格(ドル)×輸入量　　　　　　　　　　(3)

　ここで円安ドル高のケースを考える（例えば1ドル＝100円が1ドル＝200円）。日本の輸出品と米国産の製品の質に差がなければ，日本製品は価格が下がり，米国への輸出量が増加する。輸入品を最終的に円表示した場合，円安ドル高は輸入価格を上昇させ，輸入量を減少させる。つまり円ドルレートの変化は，輸出入量の変化を通じて，経常収支に影響する。その際，円ドルレートの1%の変化（例えば1ドル100円から101円の円安ドル高）が，輸出入量を何%変化させ，経常収支をどの程度変化させるのかが鍵となる。ある変数が1%変化した時，それによって影響を受ける変数が何%変化するのかを表す比率を弾力性と呼ぶ。輸出入量の為替レートに対する弾力性をもとに経常収支を考察する枠組みを「弾力性アプローチ」という。

弾力性アプローチの簡単な例

弾力性アプローチのエッセンスを数値例で示す。日本はノートPCを米国に輸出し，米国は小麦を日本に輸出する。初期及びケースＡ，Ｂの円ドルレート，ノート型PCの価格と輸出量，小麦の価格と輸入量を図表に整理している。

図表 各期の貿易状況

	円ドルレート	ノート型PC価格	ノート型PC輸出量	小麦の価格	小麦輸入量
初期	1ドル＝100円	10万円	100台	1ドル	10万本
caseA	1ドル＝120円	10万円	150台	1ドル	9万本
caseB	1ドル＝120円	10万円	105台	1ドル	9.5万本

初期の経常収支（ドル建て）は以下の通りである。

$$経常収支＝（10万円÷100円/1ドル）×100台$$
$$－1ドル×10万本＝0ドル \tag{4}$$

ケースＡの経常収支（ドル建て）は以下の通りである。

$$経常収支＝（10万円÷120円/1ドル）×150台$$
$$－1ドル×9万本＝35,000ドル \tag{5}$$

ケースＢの経常収支（ドル建て）は以下の通りである。

$$経常収支＝（10万円÷120円/1ドル）×105台$$
$$－1ドル×9.5万本＝－7,500ドル \tag{6}$$

輸出入量の為替レート弾力性が大きい時，経常収支は黒字化する（(5)式）。弾力性が小さい場合には，逆に悪化する場合もある（(6)式）。なお経常収支と為替レートの弾力性の関係は「マーシャル・ラーナー条件」によって理論的に明らかにされている ［→Q25，26］。

参考文献 高増明・野口旭（1997）『国際経済学　理論と現実』ナカニシヤ出版。

（松林洋一）

為替レートの経常収支への時間的影響とは？

〈Jカーブ効果〉

為替レートの変化と経常収支の調整

Q24「弾力性アプローチ」において説明したように，為替レートの変化が経常収支に影響を及ぼすメカニズムは丁寧な理解が不可欠である。以下では復習も兼ねて，米国ドルで表示した日本の経常収支を以下の式の形で表しておく。

経常収支（ドル）＝輸出額（ドル）−輸入額（ドル）

＝(輸出する財の価格（円）÷円ドルレート（円/ドル））×輸出量

−輸入する財の価格（ドル）×輸入量

円高ドル安になった場合，経常収支にどのような変化が生じるだろうか。円高ドル安とは，例えば1ドル＝100円が1ドル＝80円になることを意味するので，ドル表示での輸出する財の価格を上昇させる。米国での日本製品は価格上昇踏まえ需要が減るので，輸出量が減少する可能性が高い。輸入品を最終的に円表示した場合，円高ドル高は輸入価格を下落させ，輸入量を増加させる。

総合的に貿易収支（経常収支）をどの程度悪化させるのかは，輸出量，輸入量の為替レートに対する反応の度合い（弾力性）に依存する。

こうしたメカニズムを理解するため，**図表1**のような3期間の変化を考えてみる。1期と比べ，2期及び3期には円高ドル安となっている。

図表1の数値のもとで，各期の輸出額，輸入額，経常収支の値を計算すると**図表2**のようになる。**図表2**の結果は，興味深い特徴を有している。すなわち2期において円高になったにも関わらず，経常収支は黒字になっており，経常収支が悪化するのは3期になってからである。このメカニズムが発生するのは，輸出量の為替レートに対する弾力性が小さいため，2期目に円高になったにもかかわらず，輸出量が減らず，輸入量が増えていないことに起因している。輸

図表1 貿易取引の推移

	円ドルレート	ノート型 PC価格	ノート型 PC輸出量	小麦の価格	小麦輸入量
1期	1ドル=100円	10万円	100台	1ドル	10万本
2期	1ドル=80円	10万円	100台	1ドル	10万本
3期	1ドル=80円	10万円	80台	1ドル	11万本

図表2 経常収支の推移

	輸出額（ドル）	輸入額（ドル）	経常収支（ドル）
1期	100,000	100,000	0
2期	125,000	100,000	25,000
3期	100,000	110,000	−10,000

出入量が変化するのは3期になってからである。このように短期的には輸出入
量が変化しないことから，円高の影響は通常イメージするような影響とは若干
異なり，**図表3**のような推移を描くことになる。この形状は，アルファベット
の「J」の字を，上下反転させた形に似ているので，「Jカーブ効果」と呼ば
れている［→Q24，26］。

図表3 Jカーブ効果

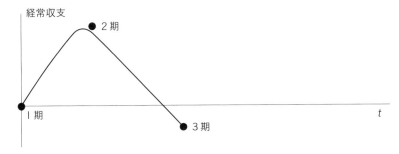

参考文献 ▷ 高増明・野口旭（1997）『国際経済学 理論と現実』ナカニシヤ出版。

（松林洋一）

Q26

自国の財と外国の財の交換比率はどのように測定するのか？

〈交易条件〉

交易条件とは？

　海外との取引を考える時，国内外の取引条件は非常に重要である。例えば，「本日の外国為替市場では1ドル＝100円でした」というニュースを目にする。これは米国通貨（1ドル）と，日本の通貨（円）との交換条件（名目為替レートと呼ぶ）であり，外国資産の購入時や海外旅行の時など，短期的な経済活動においては大切である。

　より長期的には自国の財が，外国の財と比べてどの程度の魅力があるのかという点も重要になる。例えば自国の財一単位とより多くの外国の財が交換できるならば，自国の財の魅力が高まっていると解釈できる。以下ではこのような交換比率の一つである「交易条件」について紹介する。

　まず簡単な例で理解する。自国（日本）ではペンのみを輸出し，外国（米国）からは小麦のみを輸入する。小麦の輸入に必要な資金は，米国へのペンの輸出によって得られる収入で充てられる。つまり輸出入は均衡していると想定する。この時，(1)式の関係が成立する。

小麦（本）×小麦1本の輸入価格（ドル）×円ドルレート（円/ドル）
＝ペン（本）×ペン1本の輸出価格（円）　　　　　　　　　　　　　　(1)

(1)式は(2)式のように修正できる。

小麦の本数/ペンの本数＝ペンの輸出価格/小麦の輸入価格　　　　　(2)

　(2)式より，小麦とペンの交換比率は，ペンの輸出価格（円表示）と小麦の輸入価格（円表示）の比率で表現できる。例えばペンの1本の輸出価格が100円，小麦1本の輸入価格（円表示）が50円であれば，ペン1本の輸出で小麦が2本

輸入でき，小麦とペンの交換比率は２：１となる。より一般化し，⑶式のよう
に表現する。

輸入品全般×輸入物価＝輸出品全般×輸出物価　　　　　　　　　　　　(3)

⑶式は⑷式のように修正できる。

輸入品全般/輸出品全般＝輸出物価/輸入物価　　　　　　　　　　　　(4)

⑷式より，輸出品と輸入品の交換比率は，輸出物価（輸出価格の平均的値）
と輸入物価（輸入価格の平均的値）の比となる。この輸出物価/輸入物価を
「交易条件」と呼び，外国財と比べた自国財の魅力度を示している。

図表 日本の交易条件の推移　1994Q1-2021Q1

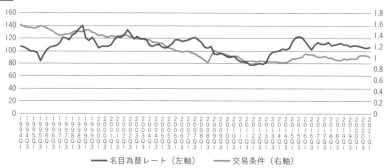

―――名目為替レート（左軸）　―――交易条件（右軸）

データ出所：内閣府「国民経済計算」　IMF

交易条件の推移

　図表によると，日本の交易条件は1994年から2012年頃まで低下している。こ
れは名目為替レートが円高となったことを受け，円表示での輸出物価が低下し
た点が大きい。つまり自国の財を一単位輸出することで得られる外国の輸入財
が減少しており「交易条件の悪化」と呼ばれる。2013年以降は，名目為替レー
トが円安傾向となり，円表示での輸出物価が上昇し，自国の財を一単位輸出す
ることから得られる外国の輸入財が増加しており「交易条件の改善」と呼ばれ
る。つまり安く輸入して高く輸出できることを意味している［→Q24，25］。

参考文献 高増明・野口旭（1997）『国際経済学　理論と現実』ナカニシヤ出版。

（松林洋一）

Q27

経常収支は国内の需要とどのように関係しているのか？
〈アブソープション・アプローチ〉

経常収支と国内需要（アブソープション）

　経常収支が黒字（赤字）になった，というニュースを見聞きしたことはあるだろうか。経常収支と聞くと外国との貿易を思い浮かべがちだが，じつは国内景気とも密接に関わっている。以下で紹介するアブソープション・アプローチでは，経常収支を国内総生産と国内需要（内需）の差ととらえ，内需の変化から経常収支の変化を説明する。

　アブソープション・アプローチは以下の財市場の均衡式から導かれる。

$$Y = C + I + G + (EX - IM)$$

　ここでYは総生産（GDP），Cは民間消費，Iは設備投資，Gは政府支出，EXは輸出，IMは輸入を表す。単純化のために第一次所得収支および第二次所得収支を省略すると，純輸出（＝貿易収支）を表すEX－IMは経常収支に等しくなる。

　上の式を整理すると，次のようにかける。

$$EX - IM = Y - (C + I + G)$$

　ここでC＋I＋Gは（国内または外国で生産された財が）国内で支出（吸収）されるという意味で，アブソープションと呼ばれる。上の式から分かるように，アブソープションC＋I＋Gが国内総生産Yを上回るときに経常収支は赤字になり，アブソープションが国内総生産を下回れば経常収支は黒字になる。

アブソープション・アプローチの解釈

　内需（アブソープション）は国内の景気と密接に関わっているため，アブソープション・アプローチを使うと経常収支の変化を景気変動の結果として説明できる。また，弾力性アプローチと同様に，為替レート変化に対する経常収支の変化を考察する際にも使われる。以下でこれらの具体例をみていこう。

　景気の良いときには消費Cや設備投資Iが拡大傾向にあるため，国内の生産だけでは内需をまかなえないかもしれない。この場合，不足する供給分は外国からの輸入に頼ることになる。この結果が経常収支の赤字となって表れる。実際，アメリカなどは消費意欲が旺盛なことから，世界各国から財を輸入する結果，経常収支が赤字になる，などと説明される。逆に，政府支出の削減等によって内需が縮小し，国内で生産された財を国内で吸収しきれないとき，結果として余った財は海外に輸出されることになる。

　アブソープション・アプローチでは弾力性アプローチとは逆の結論が導かれることがある。弾力性アプローチによれば，円高は輸出財と輸入財の相対価格の変化を通じて輸出の減少と輸入の増加をもたらし，経常収支を悪化させるのであった。他方，アブソープション・アプローチによれば，円高がもたらす輸出の減少は国内生産を減少させるが，生産（所得）の減少による消費や投資の落ち込みが所得の落ち込みを上回れば，経常収支の黒字は結果として拡大する。これらはどちらが正しいという問題ではなく，両者を補完的，総合的に捉えるべきものである ［→Q28, 29］。

参考文献　福田慎一・照山博司（2016）『マクロ経済学・入門 第5版』有斐閣アルマ。
　　　　　西村陽造・佐久間浩司（2020）『新・国際金融のしくみ』有斐閣アルマ。

（岡野光洋）

Q 28

経常収支は国内の貯蓄とどのように関係しているのか？

〈貯蓄投資バランス〉

経常収支と貯蓄投資バランス

　あなたの個人的な貯蓄行動が，じつは一国全体の経常収支の黒字額（≒金融収支の赤字額）を左右している。あなたが将来のために使わずにとっておいたお金は，あなたの意思とは無関係に，海外で工場建設のため資金源となっているかもしれないのだ。以下で紹介する貯蓄投資バランスアプローチでは，経常収支を貯蓄と投資の動きによって説明することで，より長期的・構造的な視点から経常収支を捉える。

　まず，所得Yから税金Tと消費Cを引いた残りを民間貯蓄Sとしよう。

$$S = Y - T - C$$

　所得と総生産は事後的には等しいので，上の式に財市場の均衡式$Y = C + I + G + (EX - IM)$を代入すれば，次の式を導出できる。

$$S = [C + I + G - (EX - IM)] - C - T$$
$$= I + (G - T) - (EX - IM)$$

　G－Tは政府支出から税収を引いたものであるので，この項が正のとき財政収支は赤字である。またEX－IMは経常収支の黒字額を表す。

　ここで，経常収支の黒字（EX－IM）は金融収支の黒字にほぼ対応することに注意しよう。この関係は，資本移転等収支を除外して考えると，国際収支の定義からただちに導かれる。すなわち，貯蓄投資バランスアプローチでは，経常収支の黒字は国外への資金流出（対外純資産の純増）の結果生じると考えるのである。

　以上をふまえると，上の式は，国内で生じた貯蓄の行き場を示している。す

なわち開放経済において，国内で生じた余剰資金は，国内で投資され資本ストックを形成するか（I），政府に貸し出されて税収の不足分がまかなわれるか（G−T），または外国資産の購入という形で外国に流出する（EX−IM）。また上の式は，

$$EX-IM=（S-I）+（G-T）$$

とも書ける。すなわち経常収支の黒字は，①貯蓄が投資額を上回るか，②財政収支が赤字であるか，またはその両方によって説明される。

貯蓄投資バランスの解釈

上記の関係式を使えば，経常収支の長期的・構造的な動きを説明することができる。たとえばアメリカの経常収支は長期に渡って赤字傾向といえるが，これはアメリカ国内の貯蓄が不足しており，かつ世界中からアメリカに投資資金が流入していることに加えて，慢性的に財政赤字の状態が続いているからである，などと説明される。対照的に，日本では貯蓄超過の状態にあり，それが財政赤字分を補って余りあるために，余剰貯蓄が外国の金融資産購入という形で海外に流出，これが構造的な経常収支の黒字をもたらしている，と解釈される。

以上にみたように，貯蓄投資バランスアプローチは経常収支の動きを構造的に説明するのに有用な手法である。一方で，貯蓄投資バランスアプローチだけで経常収支の動きをすべて説明できるわけではない。なぜなら，貯蓄投資バランスアプローチは，なぜ貯蓄が過剰（過少）なのか，なぜ投資が過剰（過少）なのか，なぜ財政収支が黒字（赤字）なのか，といった問いには答えないからである。逆にいえば，経常収支の変化をとらえることは，民間の貯蓄投資行動や政府の財政政策といった国内のマクロ経済を説明する際に重要な手がかりの1つとなるはずである ［→**Q27，29**］。

参考文献　P.R.クルーグマン・M.オブストフェルド・M.J.メリッツ著，山形浩生・守岡桜訳（2017）『クルーグマン国際経済学　理論と政策〔原書第10版〕下：金融編』丸善出版。
永易淳・江阪太郎・吉田裕司（2015）『はじめて学ぶ国際金融論』有斐閣。

（岡野光洋）

日本の経常収支構造はどのように変遷してきたのか？

〈日本の経常収支の推移〉

日本の経常収支の推移

　右図は日本の経常収支の推移を示している。2000年代以降，日本の経常収支は一部を除いて黒字の傾向が続いている。注目すべきは，経常収支黒字の牽引役が貿易・サービス収支から第一次所得収支へと移っている点だろう。特に2000年代後半以降は経常収支黒字額のほぼ全てが第一次所得収支の黒字である。かつて牽引役であった貿易・サービス収支は2004年4－6月期の2兆7,585億円をピークに下落基調にあり，近年ではしばしば赤字を記録している。

　第一次所得収支の持続的な黒字の背景には，過去に日本が積み上げてきた貿易・サービス収支の黒字がある。貿易・サービス収支の黒字は対外純資産の増加を意味するので，過去に投資した海外資産からの投資収益が，現在の経常収支黒字を維持していると解釈できる。

経常収支の落ち込みとその原因

　2000年後半以降，貿易・サービス収支とともに経常収支も落ち込んでいる。以下では，大幅な経常収支の落ち込みを示す例として①2008年8月のリーマンショック，②2011年3月の東日本大震災，③2019年後半のコロナ危機，の3つを挙げる。

　2008年8月のリーマンショックとそれに続く世界的金融危機により，世界的に需要が収縮し，2008年10-12月期および2009年1-3月期には貿易・サービス収支は赤字を記録した。2011年3月の東日本大震災以降，複合的な理由から貿易・サービス収支は約5年に渡って持続的な赤字となった。2013年10-12月期および2014年1-3月期には経常収支も赤字を記録した。

図表 日本の経常収支の推移

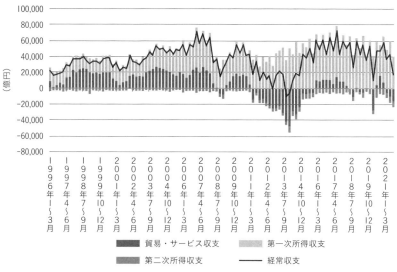

出所：財務省「国際収支状況」より筆者作成

　貿易・サービス赤字の理由の一つは，生産拠点が被災したことにより，サプライチェーンが寸断され，供給制約によって輸出が滞ったことである。加えて，1ドル80円を割る歴史的な円高となったことも輸出減の一因となった。輸入面では，原発事故を受け火力発電の依存比率を高めた結果，原油や液化天然ガス等の輸入が急増したことなどが挙げられる。

　2019年から2020年にかけて，新型コロナウィルス感染症の世界的大流行によって経済活動がストップした結果，2020年4-6月期には約2兆8,000億円の貿易・サービス赤字を記録している［→Q27，28］。

参考文献　　清水順子・大野早苗・松原聖・川﨑健太郎（2016）『徹底解説　国際金融「理論から実践まで」』日本評論社。
　　　　　　宿輪純一（2015）『通貨経済学入門第2版』日経BPM（日本経済新聞出版社）。

　　　　　　　　　　　　　　　　　　　　　　　　　　　　（岡野光洋）

為替レートとは？

〈為替レート〉

為替とは

　そもそも為替は内国為替と外国為替の2つに大きく分けることができる。例えば，ある企業が販売している商品を個人が購入した際にA銀行を通じて，企業が保有しているB銀行口座に代金を振り込む場合があったとする。このとき，振込手続きを行ったA銀行がB銀行に直接お金を運搬しているわけではない。振込手続きを行ったA銀行とB銀行がともに保有している日本銀行当座預金口座を通じてA銀行からB銀行にお金が移動している。この仕組みが内国為替である。

　一方で，仮にB銀行が外国の銀行であったとする。この場合，A銀行からB銀行へお金を移動させる際に円を外国通貨に交換する必要がある。外国通貨に交換後，B銀行口座にお金を移動させる。この仕組みが外国為替である。この通貨の交換が，内国為替と外国為替の大きな違いである。

為替レート

　外国為替で用いられる通貨の交換時の取引レートが為替レートである。例えば『1ドル＝○○円』という表記は日本とアメリカの2国間における通貨の取引レートを指す。そのため，2国間の組み合わせの数だけ，為替レートが存在する。為替レートの変動は各国経済に大きな影響を及ぼしている。特に日本はエネルギー資源の多くを外国より輸入しているため，為替レートの変動による影響は大きい。

　現在の為替レートは変動相場制をとっているため，日々刻々とレートが変化している。例えば『1ドル＝100円』の為替レートの場合を考えてみる。図表に示したように，日本から400万円の車をアメリカに輸出する。その際に，車

はアメリカでは４万ドルの価格となる。一方で『１ドル＝200円』に変化した場合，日本から輸出する車の価格は２万ドルである。そのため現地のアメリカ人にとっては２万ドルの方が購入しやすく，車の売り上げも伸びることが予想される。今回の例で用いた『１ドル＝100円』から『１ドル＝200円』の変化を円安（減価）と呼ぶ。ドルと円を交換する際に，もともと100円で交換できたものが200円必要になったため，円の価値は下がっている，つまり『円安（減価）』となる。この逆の変化が『円高（増価）』である。

またドルは100円で交換されていたものが200円と交換できるようになったのでドルの価値は上がっており，『ドル高』である。そのため，一般的には『円安ドル高』といったセットで表現されることが多い。同様にその逆の変化が『円高ドル安』である ［→**Q31，32**］。

図表 ▶ **為替レートについて（円安ドル高）**

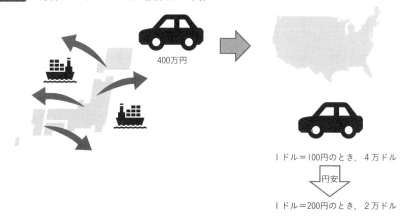

400万円

１ドル＝100円のとき，４万ドル

円安

１ドル＝200円のとき，２万ドル

参考文献 ▷　上野泰也（2018）『No.１エコノミストが書いた世界一わかりやすい為替の本』かんき出版。

（井尻裕之）

均衡為替レートはどのように決定するのか？

〈均衡為替レート〉

為替レートの需要曲線

為替レートは，それぞれの通貨に対する需要と供給の関係によって決定される。ここでは日本円とアメリカドルの需要と供給の関係について図表を示した。図表では縦軸が1ドルに対する円の価値を示している。つまり『1ドル＝○○円』である。一方で横軸はドルの需要量や供給量を示している。

ドルに対する需要について，例えば日本からアメリカへ旅行し，アメリカで支払いを行う場合や日本がアメリカから輸入を行った場合，ともに支払いを行う際にはドルが必要となる。そのため，保有している円をドルと交換するので，ドルに対する需要が増すことになる。

また一般的に円高ドル安の場合，相対的に円の価値は高い。そのため，例えば100円に対して交換できるドルが多いので，ドルに対する需要が高くなる。同様に円安ドル高の場合，相対的に円の価値が低い。そのため，例えば100円に対して交換できるドルが少ないので，ドルに対する需要は低くなる。以上より，需要曲線は右下がりの形状をとることになる。

為替レートの供給曲線

ドルに対する供給についても，例えばアメリカから日本へ旅行し，日本で支払いを行う場合やアメリカが日本から輸入を行った場合，ともに支払いを行う際には円が必要となる。そのため，保有しているドルを円と交換するので，ドルに対する供給が増すことになる。

また一般的に円高ドル安の場合，相対的にドルの価値は低い。そのため，例えば1ドルに対して交換できる円は少ないので，ドルの供給は低くなる。同様に円安ドル高の場合，相対的にドルの価値は高い。そのため，例えば1ドルに

対して交換できる円は多いので，ドルの供給は高くなる。以上より，供給曲線は右上がりの形状をとることになる。

均衡為替レートの決定

　為替レートex₁であったとき，ドルの需要が供給を大きく上回っている。このとき，ドルの超過需要が発生している。ドルの供給が需要に見合っていない場合，ドルへの需要と供給が一致する均衡為替レートのex*に変動相場制では自然と調整される。また，為替レートex₂であったとき，ドルの供給が需要を大きく上回っている。このとき，ドルの超過供給が発生している。この場合も同様に均衡為替レートのex*に自然と調整される ［→Q30, 32］。

図表 均衡為替レートの決定

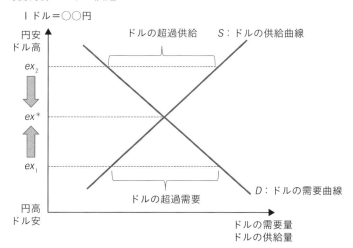

出所：福田慎一・照山博司（2016）『マクロ経済学・入門 第5版』

参考文献 福田慎一・照山博司（2016）『マクロ経済学・入門 第5版』有斐閣。

（井尻裕之）

為替レートの名目と実質の違いは？

〈名目為替レートと実質為替レート〉

名目為替レートと実質為替レートの違い

　Q30にて為替レートについて取り上げた。この為替レートが名目為替レートである。一方で，実質為替レートは名目為替レートに対して2国間の物価水準の差を考慮に入れた指標である。例えば，まず日本とアメリカの2国間での実質為替レートについて**図表**を用いて考えてみる。ある日本企業がパソコンの仕入れを検討しているとする（簡潔化のため，輸送費等の追加的費用についてここでは考慮しない）。このとき，日本製のパソコンは10万円で販売されており，アメリカ製のパソコンは950ドルで販売されているとする。企業にとって両国のパソコンの品質が同一であるなら，当然安い方から購入することが考えられる。そのため，円建ての名目為替レートが1ドル＝100円であった場合にドルを円に換算すると，アメリカ製のパソコンは9.5万円であるため，企業はアメリカ製のパソコンを選択することになるだろう。

　そしてパソコンに対する実質為替レートを求めてみると，名目為替レート×アメリカ製パソコン価格÷日本製パソコン価格となる。実際に計算してみると，パソコンに対する実質為替レート＝100円×950ドル÷10万円＝0.95となる（実質為替レートは指数化されているため，単位は付かない）。これは，アメリカ製のパソコン1台が日本製のパソコン0.95台に相当することを表している。

　今回の例では簡潔化のため，パソコンという1つの財の相対価格を用いて実質為替レートを求めてみたが，実際には2国間の物価指数を用いて実質為替レートは求められる。そのため，計算式は実質為替レート＝名目為替レート×外国物価指数÷国内物価指数となる。

物価変動が起こった場合

　次に名目為替レートが変化せずに物価の変動が起きた場合を考える。仮にアメリカで10％の物価上昇が起こり，アメリカ製パソコンのドル額面価格が上昇したとする。実際にアメリカで10％の物価上昇が起きた場合は，アメリカ製パソコンは1,045ドル（日本円で10.45万円）となり，日本製パソコン（10万円）と比べると割高となる。そのため名目為替レートに変化はなくとも，相対価格を元に企業は日本製のパソコンを仕入れることになるだろう。

　以上のことから実質為替レートは他国における物価変動を考慮し，算出されるため，特に貿易における輸出や輸入に大きな影響を与えることは明らかである〔→Q30, 31〕。

図表 実質為替レートについて

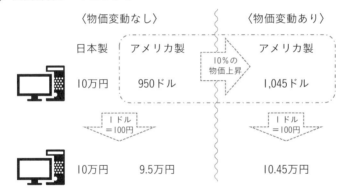

参考文献 N・グレゴリー・マンキュー著，足立英之・石川城太・小川英治・地主敏樹・中馬宏之・柳川隆訳（2019）『マンキュー経済学Ⅱマクロ編（第4版）』東洋経済新報社。
ジョセフ・E・スティグリッツ，カール・E・ウォルシュ著，薮下史郎・秋山太郎・蟻川靖浩訳（2014）『スティグリッツ マクロ経済学（第4版）（スティグリッツ経済学シリーズ）』東洋経済新報社。

（井尻裕之）

同じ財であれば異なった国でも
同じ価値で評価されるのか？
〈一物一価の法則〉

一物一価の法則とは

　世界には同質の財が異なった国で販売されていることがある。それらの財の価格には国際的にどのような関係があるだろうか？　一物一価の法則とは，同質の財が異なった国で売られていたとしても，同じ通貨で価値を測った場合には，同じ価格となることを示している。ここで，ハンバーガーを例にして一物一価の法則について考えてみよう。今，為替レートが１ドル120円であるとする。このとき，日本でハンバーガーが360円で売られている場合，一物一価の法則が成立しているのであれば，アメリカではこのハンバーガーは３ドルで販売されていることになる。同様に，為替レートが１ドル120円であるときに，ある時計がアメリカにおいて200ドルで販売されている場合，同質の時計であれば日本において24,000円で販売されることとなる。

一物一価の法則と裁定取引

　一物一価の法則の成立には裁定取引というものが深く関わっている。以下では裁定取引がどのようなものかを例を使って説明する。今，１ドル120円であるとする。ある時計が日本では24,000円，アメリカでは100ドルで販売されているとする。この時，アメリカでは時計が割安で販売されていることになる。なぜなら，アメリカで販売されている時計を円で評価すると12,000円であるからである。このような状況では，**図表**で示しているように，アメリカで時計を購入して日本で販売することで利益を得ることができる。このように価格差を狙って利益を獲得する取引のことを裁定取引という。裁定取引が続くとアメリカでの時計の価格は上昇する一方で，日本では販売量の増加により時計の価格は低下することとなる。こうした調整は，同じ通貨で時計の価格を測った場合

に一致するまで続くことになる。結果的に，一物一価の法則が成立する。しかし，この裁定取引により一物一価の法則が成立するためには，輸送費や税金などがかからないことが前提となっていることに注意してほしい。

　これに加えて，一物一価の法則は必ずしも全ての財に成り立つとは限らない。上の例でも説明した時計などといった輸出入のできる貿易財であれば一物一価の法則は成り立つと考えられている。しかし，美容院で髪を切るといったサービスなどは国際的に取引することは難しく，このような非貿易財については異なった国で同じ価格が成り立つということは難しいとされている［→**Q34**］。

図表 裁定取引のイメージ

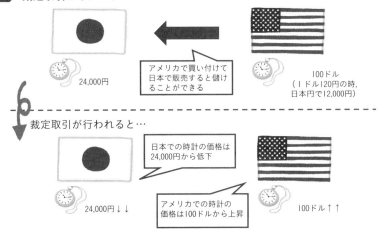

参考文献 永易淳・江阪太郎・吉田裕司（2015）『はじめて学ぶ国際金融論』有斐閣。
P.R.クルーグマン・M.オブストフェルド・M.J.メリッツ著，山形浩生・守岡桜訳（2017）『クルーグマン国際経済学 理論と政策〔原書第10版〕下・金融編』丸善出版。

（星野聡志）

PART **II**

国際経済理論

87

Q34

各国の物価から為替レートの動きを説明できるのか？

〈購買力平価〉

購買力平価とは

　一物一価の法則では，１つの財に着目してそれらの財が，異なった国において販売されていたとしても，同じ通貨で測った時には同じ価格となることを説明した。これに対して，購買力平価は物価水準に着目し，為替レートがどのように決まるのかを説明するものである。

　経済には数多くの財が存在しており，それぞれに価格がつけられている。物価水準を簡単に説明すると，数多く存在する財の価格を平均化して捉えたものであると考えることができる。一般的に，物価水準が低い時には財は安く，多く購入することができるので通貨の購買力は高くなる。一方で，物価水準が高い時には，通貨の購買力は低くなる。購買力平価では，２つの異なった国における通貨の購買力が等しくなるように為替レートが決まることを示している。

　例えば，日本とアメリカの２つの国を想定した場合に，アメリカに対して日本の物価水準が低いものとする。この時，ドルよりも円の方が購買力は高く，安く手に入る日本の財への需要は高まると考えられる。したがって，円を使った財の購入が進むことから円の需要は高まる一方で，ドルを使った購入は低下することからドルの需要は減少するであろう。つまり，このような状況では円高ドル安が生じる。これに対して，アメリカにおいて日本よりも物価水準が低い場合には，これとは対照的に円安ドル高が生じると考えられる。

　上記の購買力平価は絶対的購買力平価と呼ばれるが，現実の世界では財の移動に輸送費や税金がかかるなど，必ずしも成立するわけではない。購買力平価の考え方には，相対的購買力平価というものもある。相対的購買力平価とは，物価水準の変化率であるインフレ率と為替レートの変動との関係を示す。この考え方では，たとえ輸送費などが生じたとしても時間を通しても一定であれば，

各国のインフレ率の差から為替レートの動きを説明することが可能となる。

購買力平価の現実

図表 為替レートの推移と購買力平価

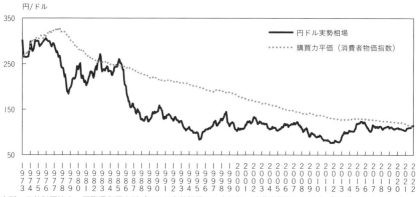

出所：公益財団法人　国際通貨研究所（円ドル実勢相場：日本銀行，消費者物価：総務省（日本），U.S. Department of Labor（アメリカ））

　図表には現実の為替レートの推移（実線）と購買力平価に基づいて計算された為替レートの動き（点線）が示されている。図から分かるように短期的には購買力平価により示される為替レートは，現実の為替レートの動きを十分に説明できているとはいえない。しかし，長期的に見てみると現実の為替レートの動きについて，その傾向を捉えることができていることが分かる［→**Q33**］。

参考文献 永易淳・江阪太郎・吉田裕司（2015）『はじめて学ぶ国際金融論』有斐閣。
藤井英次（2013）『コア・テキスト国際金融論（第2版）』新世社。

（星野聡志）

外国為替レートの変動と為替相場制度はどのように関係しているのか？

〈固定相場制度と変動相場制度〉

外国為替レートと為替相場

　日々の新聞やニュースで日本の円と米国のドルの交換レートが報道されている。この交換レートは外国為替レート（以下，為替レート）と呼ばれており，外国為替市場において決定される。具体的には，為替レートは基本的には外国為替市場における市場参加者の需要と供給の動向によって変化する。また，為替レートの変動が各国に与える影響も異なる。例えば，米国や日本のような先進国と途上国とでは為替レートの変動に対する考え方は異なるといえる。特に，発展途上国においては為替レートの変動は望ましくないだろう。したがって，現実において為替レートがどのように決定されるかは，各国が採用している為替相場制度に依存することになる。

変動相場制度と固定相場制度

　まず，米国のドルと日本の円については，私たちが毎日新聞やニュースなどを通じてその数字を観測するが，その数字は日々変動している。この為替レートの変動は，外国為替市場の需要と供給によって決定されていると考えられる。このような制度を変動相場制度という。一方で，あらかじめ一定の水準，あるいは，一定の幅に為替レートが維持されるように，政府や中央銀行のような政策当局が外国為替取引を管理するという制度も存在する。この制度を固定相場制度という。固定相場制度とは異なり，変動相場制度のもとでは，政府・中央銀行は基本的には外国為替市場における参加者の自律的な取引を見守ることになる。

　それでは，自国と外国の通貨の交換比率である為替レートの変動自体は望ましいものなのか。標準的な経済学では，市場において価格や情報などに歪みの

ない状態では，市場のメカニズムを最大限活用することで効率的な資源配分が達成され，社会において望ましいと考えられている。したがって，その意味では変動相場制度は経済学的な観点からも正当化される制度といえる。しかし，上述のように各国において経済事情が異なっているため，必ずしも市場メカニズムに任せる為替相場制度が自国にとって望ましいとはいえない場合も存在する。例えば，金融市場が未発達な途上国において，自国内の金融取引だけでは成長につなげられない状況にあるとしよう。その場合，外国から資金を調達する必要があるが，その資金が為替レートの価格変動リスクにさらされることは望ましくない。それでは，固定相場制度を採用する通貨当局（政府・中央銀行）は，どのようにして為替レートの変動を抑制するのだろうか。

様々な固定相場制度

　固定相場制度といってもさまざまな制度が各国において採用されている。具体的には，固定相場制度を採用する通貨当局が為替レートの変動をどの程度容認するかによって外国為替市場への介入方針が変わるだろう。例えば，極端に為替レートの変動を嫌う国では，為替レートの変動を厳しく規制しようとする。そのような固定相場制度としては，極端なものではドル化，次いで，カレンシーボード制度が挙げられる。さらに，固定相場制度と変動相場制度の中間程度を目指すという制度設計も考えられる。まとめると，為替レートの変動は市場のメカニズムに任せることが経済学では望ましいが，実際には，さまざまな為替相場制度を各国が採用しながら世界経済が動いているのである ［→Q36, 37］。

参考文献　佐藤綾野・中田勇人（2021）『国際金融論15講』新世社。
　　　　　藤井英次（2013）『コア・テキスト国際金融論』（第2版）新世社。

（井田大輔）

Q 36

為替レートの変化に通貨当局はどのように対応するのか？

〈為替介入〉

為替レートの変動と私たちの暮らし

　為替レートは輸出や輸入などを通じて私たちの日々の暮らしに影響を与えている。日本のような先進国であれば，為替レートは市場のメカニズムに基本的に委ねられて変動することになる。一方，固定相場制度の採用国では，為替レートの変動を各採用国が考える適切な水準に収めるための市場介入が行われている。また，変動相場制度の採用国であっても，自国の為替レートが急激に変化する状況は望ましくなく，必要に応じて為替介入を行うことになるだろう。例えば，日本においても，急激な円高や円安は私たちの暮らしに大きな影響を与えるため，そのような状況に陥らないように政府・日本銀行は必要に応じて為替介入を実施すると考えられる。

為替相場制度と為替介入

　上述のように，政府・中央銀行などの通貨当局は外国為替市場の動向によっては市場に介入する。このように為替レートの動向に影響を与える政策は為替介入と呼ばれている。一般的に，為替介入の是非については，各国がどのような為替相場制度を採用しているかに依存する。固定相場制度のもとでは，あらかじめ定められた為替レートの水準を適切に維持するために為替介入が行われる。変動相場制度を採用する国では，過度の為替レートの変動が発生した際には，その乱高下を避けるための介入が正当化される。

　それでは，為替介入は具体的にどのようなルートを通じて私たちの暮らしに影響をもたらすのか。この点について標準的な金融の知識を用いて考えてみよう。為替介入によって通貨当局が外貨資産を購入した場合，中央銀行から貨幣が市中に供給される。その貨幣の変化に対して，為替レートの安定を過度に重

要視すると，国内における貨幣の拡大が物価や資産価格の過度な上昇に結び付く可能性がある。そのような可能性を防ぐために，中央銀行は，為替介入と反対方向に公開市場操作と呼ばれる市中の貨幣を吸収する操作を行い，貨幣が変化しないようにする。この一連の操作は不胎化介入と呼ばれる。為替介入に伴う貨幣の変化を相殺しない場合は非不胎化介入と呼ばれる。上述のように固定相場制度のもとでは，為替レートを適切に維持する必要があり，その場合には不胎化介入が行われることになる。

為替介入の効果と意義

　為替介入の効果については次のようなものが指摘されている。まず，不胎化政策であれば，貨幣の変化は伴わない。その場合でも，外国為替市場の動向に対する通貨当局の意思は，民間主体の将来の為替レートに対する予想に働きかけることが可能な場合がある。これを為替介入の（不胎化介入の）シグナリング効果と呼ぶ。また，不胎化介入であっても，為替介入は民間部門の外貨を売買することによって実施されるため，民間部門の資産構成が変化しうる。具体的には，為替介入によって，民間部門が保有する外貨建て資産と邦貨建て資産の構成比率が変化し，この変化は資産収益率の変化に反映されていく。この資産収益率の変化に伴って為替レートも変化していく。この効果はポートフォリオ・バランス効果と呼ばれている。為替レートが過度に望ましい水準から乖離する場合には，為替介入はマクロ経済安定化のための有力な手段になるかもしれない〔→Q35，37〕。

参考文献 　佐藤綾野・中田勇人（2021）『国際金融論15講』新世社。
　　　　　　藤井英次（2013）『コア・テキスト国際金融論』（第2版）新世社。

（井田大輔）

Q37

外貨準備にはどのような意味があるのか？

〈外貨準備〉

外貨準備と為替介入

　外貨準備は通貨当局（政府や中央銀行）の管理下にある利用可能な対外資産の増減を意味し，国際収支統計における金融収支の構成要素となっている。為替レートがその国の望ましい水準から大きく乖離した場合には，外国為替市場に通貨当局は為替介入をすることになるが，為替介入によって生じた外貨資産の売買はこの外貨準備増減という項目に反映される。

　例えば，日本において為替レートが円高・ドル安に過剰に反応した場合を考えてみる。この場合，通貨当局は，円高是正のために円を売ってドルを買う政策対応を行う。その結果，外貨準備は増加する。外貨準備の増加は，中央銀行の資産として外貨が積みあがることを意味する。逆に，過度な円安が生じている場合には，円を買ってドルを売ることになるので，中央銀行の資産から外貨準備が減少する。このように外貨準備は為替レートの変動に対する為替介入を行ううえで重要な役割を果たしている。

　右の図表は日本の外貨準備の推移を表したものであるが，基本的には毎年外貨準備が増加している傾向が見て取れる。特に，2003年から2004年と2011年から2012年にかけて外貨準備が大きく増加しており，巨額の為替介入が行われたことが確認できる。

図表 日本の外貨準備残高（単位：10億米ドル）

出所：財務省ホームページより筆者作成

外貨準備の役割

　外貨準備が潤沢な通貨当局であれば，急激な通貨安に対して外貨を売ることでこの問題に対応できる。しかし，資本市場が未発達な発展途上国においては，外貨準備が日本のように潤沢でない場合が多い。また，そのような国では固定相場制度が採用されている場合も多く，為替レートの維持のために適切な為替市場への介入が必要となる。ここで，海外投資家が外貨準備の脆弱な固定相場制採用国の通貨に対して投機攻撃を仕掛けたとする。当該国の政策当局は固定相場制維持のために為替介入を続けるが，外貨準備はいずれ枯渇し，その結果通貨危機へと発展する。外貨準備は国際収支統計の一つの項目に過ぎないが，外貨準備を保有することは各国のマクロ経済の安定にとって重要なものであることがわかる［→Q35，36，100］。

参考文献 公益財団法人国際通貨研究所ホームページ（https://www.iima.or.jp）。
藤井英次（2013）『コア・テキスト国際金融論』（第2版）新世社。

（井田大輔）

マンデル＝フレミング・モデルで財政政策の効果はどうなるのか？
〈財政政策の効果：変動相場制度〉

モデルを構成する方程式

　マンデル＝フレミング・モデルは，閉鎖経済のIS−LM分析（財政・金融政策の効果を分析するためのツール）を開放経済に拡張したものである。モデルを構成する式は以下の３本に集約される。

$$Y = C(Y) + I(i) + G + EX(Y^*, e) - IM(Y, e) \qquad (A)$$

$$M = L(Y, i) \qquad (B)$$

$$i = i^* \qquad (C)$$

　Yは自国所得，Cは消費，Iは投資，iは自国金利，Gは政府支出，EXは輸出，Y^*は外国所得，eは為替レート，IMは輸入，Mは貨幣供給残高，Lは貨幣需要残高，i^*は外国金利を示す。

　（A）式は，財市場均衡曲線（IS曲線）である。左辺が総供給を示し右辺が総需要を示す。消費は自国所得Yが伸びると増加し，投資は自国金利iが低下すると増加する。さらに，輸出は外国所得Y^*の増大と為替レートの減価（$e\uparrow$）により増加し，輸入は自国所得Yの増大と為替レートの増価（$e\downarrow$）により増加する。（B）式は，物価を１とした貨幣市場均衡曲線（LM曲線）である。右辺の貨幣需要残高Lは自国所得Yの増大と自国金利iの低下により増加する。（C）式は，静学的期待を仮定したカバーなし金利平価式である。形状やシフトについては以下の通りである。（A）式は，縦軸に金利i，横軸に所得Yを取った図で，右下がりの曲線で示される。そして，政府支出Gが増加すると右シフトする。他方で，（B）式は右上がりの曲線で示される。そして，貨幣供給残高Mが増加すると右シフトする。（C）式は水平な直線で示される。

拡張的財政政策の効果

　ここで拡張的財政政策（Gの増加）の効果を考える。財政当局が政府支出Gを増加させた場合，IS曲線が右シフトする。このとき，図のE_1点で示されるように，一時的に自国金利iが外国金利i^*を上回る。このことが生じると，外国から自国への資本流入を引き起こし，自国通貨買い・外国通貨売りの外国為替取引が生じる。その結果，為替レートが増価する。為替レートが増価すると，純輸出（$EX-IM$）が低下する。それゆえ，IS曲線が左シフトする。

図表 拡張的財政政策の効果

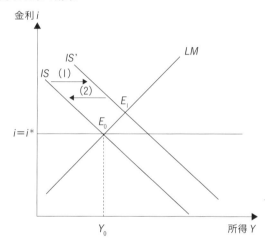

　この左シフトは，両国の金利が一致するE_0点に到達するまで続く。ゆえに，拡張的財政政策は景気に効果を持たない結果を得る［→**Q39，44**］。

PART
II

国際経済理論

参考文献 　小川英治・岡野衛士（2016）『国際金融』東洋経済新報社。
橋本優子・小川英治・熊本方雄（2019）『国際金融論をつかむ　新版』有斐閣。

（道和孝治郎）

マンデル＝フレミング・モデルで 財政･金融政策の効果はどうなるのか？ 〈財政・金融政策の効果：固定相場制度〉

モデルを構成する方程式

変動相場制のケースと同様，本モデルは以下の（Ａ）式（IS曲線）・（Ｂ）式（LM曲線）・（Ｃ）式（カバーなし金利平価式）の３本で示される。形状についても同じで，縦軸に金利i，横軸に所得Yを取った図の下で，（Ａ）式は右下がりの曲線，（Ｂ）式は右上がりの曲線，（Ｃ）式は水平な直線として示される。

$$Y = C(Y) + I(i) + G + EX(Y^*, \ e) - IM(Y, \ e) \qquad (A)$$

$$M = L(Y, \ i) \qquad (B)$$

$$i = i^* \qquad (C)$$

固定相場制のケースが変動相場制のケースと違うところは，為替レート経路が存在しない点である。つまり，マクロ経済政策により為替レートが変動しないように，金融当局が政策と同時に為替介入を行うところがポイントとなる。例えば，為替レートに増価圧力が高まれば自国通貨売り・外国通貨買いを行う。そういった行動を通じて，金融当局は為替レートを一定の水準に維持する。

拡張的財政政策と拡張的金融政策の効果

この金融当局の行動を踏まえたうえで，まず拡張的財政政策（Gの増加）の効果を考える。財政当局が政府支出Gを増加させた場合，IS曲線が右シフトする。このとき，図のE_1点で示されるように，一時的に自国金利iが外国金利i^*を上回る。このことが生じると，外国から自国への資本流入を引き起こし，為替レートに増価圧力が生じる。ここで為替レートを維持するために，自国通貨売り・外国通貨買いの為替介入が行われる。この介入が行われると，市場に出回る貨幣供給残高Mが増加する。貨幣供給残高Mの増加は，LM曲線を右シフトさせる。この右シフトは，自国金利iと外国金利i^*が一致するE_2点まで続く。

ゆえに，拡張的財政政策は所得Yを増大させ，景気に効果を持つ結果を得る。

図表 拡張的財政政策の効果

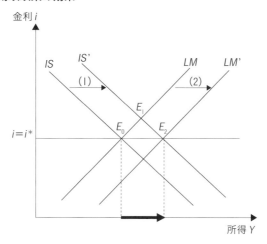

次に，拡張的金融政策（Mの増加）の効果を考える。金融当局が貨幣供給残高Mを増加させた場合，LM曲線が右シフトする。このとき，一時的に自国金利iが外国金利i*を下回る。このことが生じると，自国から外国への資本流出を引き起こし，為替レートに減価圧力が生じる。ここで為替レートを維持するために，自国通貨買い・外国通貨売りの為替介入が行われる。この介入が行われると市場に出回る貨幣供給残高Mが減少するので，LM曲線が左シフトする。この左シフトは，両国の金利が一致する地点まで続く。ゆえに，拡張的金融政策は景気に効果を持たない結果を得る［→Q38，44］。

参考文献 小川英治・岡野衛士（2016）『国際金融』東洋経済新報社。
橋本優子・小川英治・熊本方雄（2019）『国際金融論をつかむ　新版』有斐閣。

（道和孝治郎）

Q 40

国際通貨制度とはどのような制度か？

〈国際通貨制度〉

国際通貨制度とIMFによる外国為替制度の分類

　国際通貨制度とは，国際経済取引の決済に関する通貨当局間の公式・非公式の取り決め，ルール，慣行を表している。これまでの国際通貨制度を振り返ると，自国通貨をある外国通貨に対して一定の相場で固定する制度である固定相場制，為替相場の決定を市場に委ねる制度である変動相場制のいずれかの形態を取っている。

　IMFは表のように外国為替制度を分類している。①〜③が固定相場制に属する。①は，自国通貨を放棄する代わりに，他国通貨が法定通貨として流通している制度である。②は，自国通貨が外貨建て資産を裏付けに発行され，自国通貨が特定の外貨と一定のレートで交換できることを保証する制度である。③は，為替相場の変動幅を少なくとも6カ月間で上下±1％以内（マージンでは2％）にとどめている制度である。④〜⑦は固定相場制と変動相場制との中間的な為替相場制度に属する。④は，為替相場の変動幅が少なくとも6カ月間2％のマージン以内にあり，結果として安定していることが確証されているものが分類されている。⑤は，経済指標の変化に応じて固定された率で為替相場が少しずつ調整される制度である。⑥は，為替相場の変動幅を少なくとも6カ月間トレンドに対して2％のマージン内にとどめているものが分類されている。⑦は，為替相場の変動可能な範囲をあらかじめ決めた上で，その範囲内で為替相場の変動を許容する制度である。⑧はどの分類にも入らない為替相場制度である。⑨・⑩は変動相場制に属する。⑨は，特定水準の為替相場をターゲットにしない為替介入によって為替相場の過度の変動を抑える制度である。⑩は，通貨当局が外国為替市場に直接介入するのは例外的な場合に限られている制度である。

図表 IMFによる外国為替制度の分類

①	独自の法定通貨が放棄された為替相場制度
②	カレンシーボード制
③	固定相場制
④	固定まではいかないが，為替相場を安定化する制度
⑤	クローリングペッグ制
⑥	クローリングに近いペッグ制
⑦	広いバンドを持つ固定相場制
⑧	その他の管理通貨制
⑨	変動相場制
⑩	自由な変動相場制

出所：IMF（2018）*Annual Report on Exchange Arrangements and Exchange Restrictions.*

PART
II

国際経済理論

固定相場制・変動相場制のメリットとデメリット

　固定相場制のメリットとは，為替変動リスクが存在しないことである。固定相場制のデメリットとは，自由な資本移動を前提とする場合，通貨当局は為替平価を維持する義務があるために，独立した金融政策を採用することができなくなることである。一方，変動相場制のメリットとは，自由な資本移動を前提とする場合，為替相場の決定は市場に委ねられているため，通貨当局は独立した金融政策を採用できることである。変動相場制のデメリットとは，為替変動リスクが存在することである ［→**Q41，44**]。

参考文献　佐々木百合（2017）『国際金融論入門』新世社。
　　　　　　藤田誠一・小川英治編（2008）『国際金融理論』有斐閣。

（前田直哉）

Q41 国際通貨制度はどのように推移したのか？

〈国際通貨制度の推移〉

国際通貨制度の推移

　これまでの国際通貨制度を振り返ると，第一次世界大戦前の国際金本位制，第二次世界大戦後のブレトンウッズ体制といった固定相場制を経て，現在の変動相場制へと推移した。国際通貨制度を運営している主体は基軸通貨国と周辺国であるが，国際金本位制，ブレトンウッズ体制，変動相場制いずれの運営にも重要な役割を果たしてきたのは基軸通貨国である。

国際金本位制，ブレトンウッズ体制，変動相場制

　金本位制とは，自国の貨幣単位を一定重量の金と法律で結び付ける制度である。世界で最初に金本位制を採用したのはイギリスであり，1870年代にはフランス，ドイツ，アメリカといった当時の主要先進国が金本位制を採用するに至り，国際金本位制が成立した。国際金本位制は典型的な固定相場制であった。というのは，為替相場は各通貨の金含有量を比較することによって算出された交換比率である金平価に金の輸送にかかる費用である金現送費を加減した幅の中で変動し，その変動幅は通常，金平価の上下それぞれ１パーセント以下であったからである。国際金本位制期に基軸通貨国として機能していたのはイギリスであった。国際金本位制が長期間持続した要因としては，イギリスが金融政策をもっぱら金平価維持のために振り向けることを可能としていたので，基軸通貨ポンドに対する信認は維持され，ポンド危機も生じなかったことに求められる。

　1945年に発効された国際通貨基金（IMF）と国際復興開発銀行（IBRD）に関する協定，いわゆるブレトンウッズ協定に基づいて構築された固定相場制がブレトンウッズ体制である。アメリカ以外の加盟国は自国通貨のIMF平価を金

またはドルで表示し，為替相場がIMF平価から±１％以上乖離しないように外国為替市場に介入する義務を負った。アメリカは1934年金準備法によって公的ドル残高を１オンス＝35ドルの公定価格で金と交換することに応じていたため，IMF協定の平価維持の義務を果たしているものと見なされ，外国為替市場への介入義務は免除された。なお，このブレトンウッズ体制期に，イギリスが基軸通貨国の地位から降りて，アメリカが基軸通貨国の地位を確立した。

アメリカが金・ドル交換性維持と整合するマクロ経済政策を採る限りにおいて，基軸通貨ドルに対する信認は維持されていた。しかし，1960年代に入って，アメリカは完全雇用の達成とベトナム戦争の遂行を優先し，金・ドル交換性維持と整合しない需要喚起政策を継続的に採用したため，ドル危機が頻発するようになった。結局，1971年８月のニクソン・ショック（金・ドル交換性停止を含む新経済政策）によって，ブレトンウッズ体制は崩壊した。

1973年３月までに先進主要各国は変動相場制に移行した。当初，変動相場制に期待されたのは，①経常収支は為替相場の変動によって自動的に均衡する，②投機の安定化効果が働き，為替相場は安定化する，③為替相場の経常収支調整効果と投機の安定化効果が円滑に働くのであれば，対外準備の保有が節約され，ドルとそれ以外の通貨との間の非対称性は消滅するという効果であった。しかし，①～③のような効果は限定的にしか働かなかったため，ドルは基軸通貨としてやはり必要とされた。1980年代以降，国際通貨の多様化が生じていたものの，外国為替市場の銀行間取引ではドルが独占的に使用されている。変動相場制の実態はドル体制であり，アメリカがインフレ政策を採らない限りにおいて，基軸通貨ドルに対する信認は維持されている［→Q40, 44］。

参考文献　　高浜光信・高屋定美編著（2021）『国際金融論のエッセンス』文眞堂。
上川孝夫・藤田誠一編著（2012）『現代国際金融論［第４版］』有斐閣。

（前田直哉）

Q42

通貨圏はどのように決まるか？

〈最適通貨圏〉

同じ通貨を使うメリットとデメリット

　ある通貨を使用すべき地域がその通貨を発行する国の地理的範囲と一致するとは限らない。使用する通貨が異なると，取引のたびに通貨の交換費用がかかるうえに，為替による価格変動のリスクも伴う。取引には，最終財の商品だけでなく，原材料などの中間財，労働者，金融資本取引も含まれる。それゆえ経済の相互依存度の高い地域が同じ通貨を使用すれば，あらゆる取引の為替費用・変動リスクをなくすことができる。その結果，より安定的で安価な仕入れや生産拠点の変更，直接投資の増加，金融投資利潤が高い地域への資金移動の加速化などにより，域内取引の活性化や効率化が期待できる。こうした個々の取引のメリットは，域内全体で発生し，同じ通貨を用いる地域が拡大するほど大きくなる。共通通貨によるミクロ経済的な市場取引のメリットが，経済取引の活発化する局面で波及し，マクロ経済的なメリットとなるのである。

　その一方で，ある国が他の国や地域で発行された通貨を用いる場合，どのようなデメリットがあるだろうか。通貨統合は，独自通貨の発行の放棄を意味する。したがって，その国には通貨発行・取引をコントロールする中央銀行も存在しない。これにより，その国独自で金融を緩和して景気対策を行うことが不可能となる。さらに為替による景気調整機能も期待できない。変動相場制であれば，その国が不景気になっても，自国通貨安を通じて輸出の価格競争力が高まり，景気回復がもたらされる。しかし，独自の通貨を持たない場合，こうした景気回復機能は働かない。これらが共通通貨を採用することのデメリットである。こちらはマクロ経済的な景気調整機能の放棄によってミクロ経済取引の活性化が抑制されることを意味している。共通通貨圏の景気が悪化すると，このデメリットの影響は大きくなってしまう。

通貨圏と政策統合

　最適な通貨圏を考える場合，共通通貨を用いるメリットとデメリットを比較することになるが，その観点は経済面だけではない。独自の金融政策が実施できないことから，同じ通貨圏の各国の景気対策は財政政策に頼ることになる。仮に財源となる公債発行残高が膨らんだ場合，その地域のインフレ率が上昇する恐れがあるため，緊縮財政か増税を実施する必要が出てくる。財政は主に各国の決定事項であり，国内の政党間の調整にはさまざまな機会費用がかかる。また，金融危機などの大きな景気後退局面では，景気対策の財源として公債を追加発行することが難しく，労働者の移動による雇用調整や域内価格差による景気回復の調整もスムーズにはいかない。このような状況下では，ある国の景気対策費を他の国の税金によって捻出せざるをえない場合がある。こうした共通通貨圏内の調整は，各国間の政治的対立の原因となりうる。

　一つの通貨圏を維持するには，各国の財政の一部を統合し不景気に立ち向かうことが不可欠である。これは共通通貨圏を構成するうえで，域内市場の統合だけでなく，失業増や物価上昇となった場合の政策協調も各国間において必要であることを意味している。政策協調のあり方は，究極的には各地域の個人が持つ共通経済圏への考えを集約したものである。ある通貨の使用地域と発行国の範囲が同じケースが多いのは，こうした政策の協調が通貨圏決定の重要な要素であることを物語っている［→Q43］。

参考文献　　ポール・ド・グローブ著，金俊昊訳（1995）『通貨統合の経済学』文眞堂。
木村秀史（2016）『発展途上国の通貨統合』蒼天社出版。

（上ノ山賢一）

Q43

ユーロ圏は維持できるか？

〈ユーロ〉

世界金融危機の欧州への影響

　共通通貨ユーロのあり方を考えるには，2008年以降の世界金融危機の経緯を辿るとよい。理由はユーロ圏経済が最も危険な状態となったからである。世界的な信用不安は，国債価格の暴落であるソブリン危機を南欧諸国にもたらした。特にギリシャでは2009年から2010年にかけて巨額の財政赤字の隠蔽が発覚したことでユーロ離脱の可能性も囁かれた。共通通貨の採用国は独自に金利を下げて景気を刺激する金融政策を実施することができない。その結果，各国の景気対策は自ずと財政政策が中心となり，南欧諸国では国債発行額が増えていた。ギリシャ国債価格の暴落は，他の南欧地域の国債価格に連鎖し，スペインやポルトガル，イタリアなどに波及した。

域内金利の一元化と経済危機の連鎖の関係

　南欧諸国の債券を購入していたのは主にドイツの銀行であった。通常，経済リスクや成長率を踏まえて，経済後発国の金利水準は先進国と比べ高くなる。それゆえ欧州中央銀行が各国の金利水準を一元化して調整する域内政策金利は，相対的に競争力のあるドイツにとって高く，南欧諸国にとっては低くなる。2005年までのドイツは経済が伸び悩んでおり，欧州中央銀行は牽引役のドイツ経済を支えるために域内政策金利を下げていた。その結果，南欧諸国にとって借入金利は一層低い状況であった。域内の金融緩和により景気回復を遂げたドイツは高い金利となる南欧諸国の債券を購入し，南欧諸国は低い金利となる資金を借り入れ，無秩序に民間支出と財政赤字を拡大させた。ユーロ圏の金融自体が南欧諸国の経常収支赤字や債務残高を積み上げ，債務危機が欧州全体に波及する素地を作り出していたのである。

金融危機後の国債価格の暴落によって資金が引き上げられた南欧諸国は，財政出動による景気刺激策が取れず，短期的な景気回復は見込めなかった。最終的に2012年に欧州中央銀行が債務危機国の新規国債について無制限購入措置を出したことで危機は沈静化していった。財政規律を守っている国の税金で財政規律を守れない国の債務補償を約束することになり，ドイツから反対の声も出た。しかしながら，共通通貨圏の恩恵を受けながら，金融危機に対応できなくなるような貸借関係を作り出していた国にその責任がないとはいえないだろう。

ユーロの安定に必要なこと

　ある国がユーロを離脱し変動レート制に移行した場合，為替変動を通じて景気回復をめざすことは可能である。しかし，中央銀行の再設立や通貨の再発行，公債の高い利払い負担，為替コストなどにより，内外の経済活動は大きく抑制される。ユーロ圏内に留まれば独自の経済政策は制限され続けるが，取引コストや為替リスクは回避できる。さらに経済危機の際にユーロ圏としての財政支援が約束されていれば，圏内に留まるメリットは一層大きくなる。ただし，域内経済格差を理由とした支援は，成長や制度改革に向けた各国の努力のインセンティブを削ぐことにつながりかねないため，危機時に限定させるべきである。

　世界金融危機は，圏内の競争力の低い国が成長への改革努力と財政規律を遵守すること，危機的状況では圏内経済全体で支援することの重要性を知らしめた。実際に金融危機後の改革によってこれらの点を踏まえた規律と支援の両方の制度化が進んだが，こうした不断の緊張と危機時の緩和のバランスによって，ユーロ圏経済は一層の深化を遂げるはずである ［→Q42］。

PART
II
国際経済理論

参考文献　田中素香 (2010)『ユーロ－危機の中の統一通貨』岩波書店。
田中素香 (2016)『ユーロ危機とギリシャ反乱』岩波書店。

（上ノ山賢一）

Q 44

「国際金融のトリレンマ」とは？
〈固定為替相場制度，裁量的な金融政策，自由な資本移動〉

様々な為替相場制度

　Q40およびQ41において，国際通貨制度についての説明があったが，金本位制度やブレトンウッズ体制を経て，現在では，各国でさまざまな為替相場制度が採用されている。為替相場制度は，大きく三つの種類に分けることができる。「固定為替相場制度」（カレンシーボード制度など），「中間的な為替相場制度」（クローリングペッグ制度など），「変動為替相場制度」である。「中間的な為替相場制度」とは，一定の範囲内で為替レートの変動を許容する制度である。

国際金融のトリレンマ

　為替相場制度の選択に当たっては，悩ましい政策問題が存在する。それは，「国際金融のトリレンマ」と呼ばれる問題である。具体的には，固定為替相場制度，裁量的な金融政策（その国独自の金融政策が行えるということ），および自由な資本移動の三つを同時に達成することはできないということである。これはつまり，これら三つのうち二つは達成できるが，一つは諦めなければならないということを意味している。例えば，国境を越える自由な資本取引を認めたうえで，裁量的な金融政策を行いたい国があるとすれば，その国は，固定為替相場制度を採用することはできないということになる（つまり，変動為替相場制度を採用するしかない）。現在の日本はこのパターンに当てはまる。

　ところで，上記の三つのうちの一つを「諦めなければならない」ということであるから，三つの政策・制度は，それぞれが何らかの意味で望ましいということを意味している。変動為替相場制度のもとでは，為替レートは，外国為替市場における通貨の需給によって変動するため，為替リスクが存在する。もし固定為替相場制度を採用すれば，（中央銀行が適切に為替介入を行うことで）

為替レートは法定レートに固定されることになる。つまり，固定為替相場制度を採用することで，企業や個人は，（固定した通貨との間での）為替レート変動による損失を気にすることなく，外国と安定的に貿易取引や資本取引を行うことができるのである。また，ある国の中央銀行が裁量的な金融政策を行うことができるということは，その国の景気が悪化している時や物価の継続的な下落が見られる時には金融緩和政策を行い，景気が過熱している時や物価が継続的に上昇している時には金融引締政策を行うことによって，景気や物価の安定を図ることができるということを意味する。さらに，ある国において，国際的な資本取引に規制がかけられていなければ（つまり，資本移動が自由であれば），その国の企業や金融機関は，国内から資金を調達するだけでなく，外国からも必要な資金を調達することができる。そうした資金が，適切に投資されることにより，その国の経済成長を促進する可能性がある。一方で，資本移動が自由であれば，国内の資金余剰主体は国内だけでなく外国にも投資をすることができる。

　それではなぜ上記の三つの政策・制度を同時に達成することができないのであろうか。Q38とQ39の「マンデル＝フレミング・モデル」の説明を思い出してほしい。資本移動が自由な状況において，固定為替相場制度のもとでは，金融政策は無効であった。固定為替相場制度においては，自国金利の低下（上昇）による資本の流出（流入）によって為替介入が行われるため，金融政策の効果が損なわれてしまうのである。もし，固定為替相場制度のもとで，独自の金融政策を行うのであれば，何らかの形で，国際的な資本取引を規制する必要がある［→Q38，39，40，41］。

| 参考文献 | 谷内満（2015）『国際金融と経済』成文堂。 |

白井早由里（2002）『入門 現代の国際金融―検証 経済危機と為替制度』東洋経済新報社。

（高久賢也）

PART II

国際経済理論

Q18

1. 国際経済に関する諸現象を理解する際に，理論的枠組みをマスターしておくべき理由を説明しなさい。

2. 国際経済を理解する上で，最低限学んでおくべき理論にはどのようなものがあるか，説明しなさい。

Q19

　次の⑴と⑵のそれぞれの対外取引について，59頁の図表（右図）の「貸方」「借方」どちらに記載されるか答えなさい。

⑴　居住者が非居住者に1万ドルの自動車を輸出して1万ドルの銀行預金を手に入れた場合

⑵　居住者が非居住者から社債を100万ドル購入する場合

Q20

1. 第1次所得収支は主に投資収益から構成されており，その投資収益は直接投資収益，証券投資収益，その他投資収益から構成されている。日本の国際収支統計を用いて，それぞれ3つの投資収支の時系列の推移を折れ線グラフで表しなさい。

2. 近年，アジア諸国からの訪日外国人旅行者数が急増しているが，どの国・地域からが多いか。新型コロナウイルス感染拡大前の2019年のデータを用いて円グラフで表しなさい。

Q21

1. 国際間で資本は，どのように動くか。正しいのは，次の⑻⑼のどちらか答えなさい。

⒜　金利の高い国から低い国に動く

⒝　金利の低い国から高い国に動く

2. A国とB国の違いは，どのような要因で生じると考えられるか説明しなさい。

Q22

1. 次の記述について，○か×か答えなさい。

⒜　資金供給が豊富な国は，（資本移動がない場合）均衡利子率は高い

⒝　資金需要が豊富な国は，（資本移動がない場合）均衡利子率は高い

2. 最初，A国とB国の間で，既に金利が一致している状況にあるとする。今，A国で資金需要が低下したとしよう。この変化によって，どういった国際資本移動が生じるか説明しなさい。

Q23

1. 次の記述について，正しいのはどちらか，答えなさい。

⒜　米国の金利が上昇すると円高方向に円ドルレートが動く

(b) 米国の金利が低下すると円高方向に円ドルレートが動く

2. 日本の金利が上昇した場合，円ドルレートはどのように変わるか，本文中の図を用いて説明しなさい。

Q24

1. 弾力性アプローチとは何か，分かりやすく説明しなさい。

2. マーシャル・ラーナー条件とは何か，国際経済学のテキストを用いて調べなさい。

Q25

1. 各期の輸出額，輸入額，経常収支額が図表2の通りになるか，自分で計算して確かめなさい。

2. 「昭和53年度 経済白書」第3章第3節を読み，円高になった場合のJカーブ効果について，実例を交えて説明しなさい。

Q26

1. 交易条件とは何か，分かりやすく説明しなさい。

2. ドイツの交易条件（1990-2020）を計測し，日本の交易条件の動きと比較しなさい。

Q27

1. アブソープション・アプローチによれば，景気が悪く，なおかつ財政拡大政策による政府支出の増加も見込めないときには，経常収支はどうなると予想されるか答えなさい。

2. 政府による国内供給強化政策が奏功し，内需拡大を上回るペースで国内生産が増加した場合，経常収支はどう変化すると考えられるか説明しなさい。

Q28

1. 民間貯蓄額が国内投資額とほぼ等しく，かつ，財政収支が黒字であるとき，経常収支はどうなっているか説明しなさい。

2. ある国では今後貯蓄率が低下していくと予測されている。このとき，国内投資額が一定，かつ財政収支が均衡し続けるとすれば，経常収支は今後どうなっていくと予測されるか説明しなさい。

Q29

1. 2012年頃から2019年にかけて，訪日外国人数が増加を続けているが，このことは経常収支の推移にどのような影響を与えていると考えられるか説明しなさい。

2. 1970年代に2度発生した石油危機について調べ，石油危機が日本の経常収支に与えた影響について考察しなさい。

Q30

1. 近年の為替レートを確認し，10年前や5年前の為替レートと比較し，現在は円安ドル高か，もしくは円高ドル安か答えなさい。

2．上記の問題で，EUの『ユーロ』や中国の『元』はドルに対してどうである
か説明しなさい。

Q31

1．縦軸が為替レート（ex）を示し，横軸がドルの供給量・需要量（q：兆ドル）
を示している。このとき，需要曲線が$ex=-q+125$，供給曲線が$ex=2q+110$
であったとき，均衡為替レートはいくらか求めなさい。

2．さらに，為替レートが115円のとき超過需要もしくは超過供給のどちらが発
生しているか，また超過分も求めなさい。

Q32

1．84頁の内容を踏まえて，10％の物価上昇があった場合，パソコンの相対価
格を用いた実質為替レートを求めなさい。

2．実質為替レートのほかに，実効為替レートも新聞やニュース等で目にする機
会が多いだろう。実効為替レートはどのようなものか調べなさい。

Q33

1．貿易財と非貿易財には，具体的にどのような財が当てはまるのか考えなさい。

2．一物一価の法則が成り立つかどうかを調べるために，どのような指標が使わ
れるか調べなさい。

Q34

1．89頁の図表に示される購買力平価に基づいた為替レートの推移から，日本
とアメリカの購買力はどのように変化しているか説明しなさい。

2．企業物価指数による円ドルレートのデータを探し，実勢相場と比較しなさい。

Q35

1．固定相場制度と変動相場制度のメリット・デメリットを説明しなさい。

2．先進国が変動相場制度を採用している理由について考えなさい。

Q36

1．為替介入は通常のマクロ経済政策とどのように異なるか考えなさい。

2．為替介入の意義は先進国と途上国によって異なるが，それはなぜなのか考え
なさい。

Q37

1．マクロ経済における外貨準備の役割について論じなさい。

2．通貨アタックが実際に生じたアジア通貨危機について，外貨準備がどのよう
に変化したか調べなさい。

Q38

1．変動相場制の下での緊縮的財政政策の効果について，図を用いて論理的に説
明しなさい。

2．変動相場制の下での拡張的金融政策の効果について，図を用いて論理的に説明しなさい。

Q39

1．固定相場制の下での緊縮的財政政策の効果について，図を用いて論理的に説明しなさい。

2．固定相場制の下での緊縮的金融政策の効果について，図を用いて論理的に説明しなさい。

Q40

固定相場制，変動相場制にはそれぞれどのような形態があるか。それらについて説明しなさい。

Q41

国際金本位制，ブレトンウッズ体制，変動相場制はそれぞれどのような制度か。それらについて説明しなさい。

Q42

1．共通通貨の採用と固定相場制の違いについて，為替政策の観点から説明しなさい。

2．東南アジア諸国と日本の間では貿易取引が盛んであるが，東南アジア諸国が日本円を法定通貨として用いる可能性は低いと考えられる。それはなぜか説明しなさい。

Q43

1．仮に北海道の経済が悪化し経済危機に陥ったとしても，北海道が日本円を離脱し，独立した通貨を発行することで景気回復を目指す可能性は非常に低いと考えられるがそれはなぜか説明しなさい。

2．ユーロ圏の競争力が低い国の存在によってドイツなどが得られる経済的な利点として，金利以外にどのような点があるか説明しなさい。

Q44

1．「国際金融のトリレンマ」について説明しなさい。

2．「マンデル＝フレミング・モデル」を用いて，自由な資本移動のもとで固定為替相場制度を採用した場合に，裁量的な金融政策を行うことができないことを説明しなさい。

PART III
国際経済のフロンティア

●映画の窓から見た国際経済③

🎥 日米，米中，2つの貿易摩擦 ——30年という時間が隔てた異なる対立構図

●この章で扱うテーマ

日米，米中，2つの貿易摩擦
──30年という時間が隔てた異なる対立構図

- 『ガン・ホー』"Gung Ho"（1986年）
- 『アメリカン・ファクトリー』"American Factory"（2019年）

　1980年代の10年は，日米貿易摩擦の時代であった。鉄鋼，カラーテレビ，そして半導体の各分野において，日米は対立したが，何といっても一番激しい対立となったのは，自動車の分野であった。米国が怒った理由は大きく2つある。1つ目は，日本人が滅私奉公的な勤労姿勢から極端な生産性を実現し，廉価で高性能な製品を「集中豪雨のように輸出」するのは不公正だという感覚である。更に，日本の業界が監督官庁の指導を受け，場合によっては補助金を受けて産業を発展させている点も批判された。つまり，日本の文化や社会が批判されたのである。2つ目は，にもかかわらず日本は米国から製品の輸入を渋っているし，アメリカが得意としている金融やサービスの分野でも規制などの「非関税障壁」を設けて，アメリカの進出を拒んでいる，これは許せないというものだ。

　そんな中で，アメリカでは「リヴィジョニズム（修正主義）」という考え方が台頭していた。つまり，日本というのは異質，つまり価値観が異なる相手であり，自由貿易という理想は通用しないというのである。とにかく日本の姿勢，つまり働きすぎと輸出のしすぎを徹底的に批判しようというのであった。21世紀の今日から見れば，全く想像もつかないことだが，そのぐらい日本の製造業は強かったのである。こうした状況に対して，当時の通産省と業界は，「輸出台数の自主規制」を行い，同時に「現地生産の拡大」を進めた。

　そんな世相を反映した映画が『ガン・ホー』（1986年）である。監督は，後にハリウッドの巨匠となっていくロン・ハワード。主演はマイケル・キートンで，後には『バットマン』などの演技で有名になるが，この頃はほぼ無名であった。物語は，極めてよく練られたもので，衰退しつつあったアメリカの田舎町が，日本企業の自動車工場を受け入れたものの，激しい文化摩擦のためにトラブル続きとなるというストーリーだ。日本企業の幹部には，当時は人気ベテラン俳優だった山村聰が起用され，キートンの真剣な演技と共に「文化摩擦＝カルチャーギャップ」がこれでもかと描かれている。

『ガン・ホー』より

　有名なシーンは，工場の開所式にあたって「レッドカーペット」を敷いたところ，日本人は「絨毯は土足ではダメ」だと靴を脱いでしまったなどという，「日本文化を研究し尽くした」ネタの数々だ。特に，「異様なまでに勤勉」であり「異常なまでに正確さを求める」日本人の姿については「これでもか」という描写が連続する。ハワードの演出姿勢は基本的に公平であり，またストーリー自体も最終的には和解へ向けて動いてゆくということで，40年近い年月を経た現在でも「当時の記録」として興味深い内容となっている。

　当時は，貿易摩擦を避けて雇用を提供し，併せて企業としては為替リスクを避けるためだった現地生産だったが，現在はむしろ現地生産が主流となってしまった。日系の自動車メーカーの場合に，国内生産比率は20％を切っているのが現状であり，現在はGDPの一部が空洞化して国外流出している。トヨタやホンダを筆頭とした日本の自動車産業が，巨大な北米市場で大規模な現地生産化に踏み切り，そして成功させたことは，アメリカ社会と日系企業という当事者間では「ウィン・ウィン」の結果をもたらした。それも極めて大規模かつ安定的な結果としてである。だが，

そこから取り残された日本の国内経済は，長期にわたる低迷に喘いでいる。空洞化がここまで自国経済を蝕んでいる中で，今でも日本の多くのビジネス関係者，政財界の指導者は，日本経済とは日本発の多国籍企業の連結決算の合計だと思っている。その数値が日本のGDPと大きく乖離しているという点を問題視する議論は少ない。

　ところで，現在のアメリカにとって貿易摩擦の相手は中国である。『ガン・ホー』が日米通商摩擦を象徴する映画であるならば，米中の通商摩擦を描いた作品としては，『アメリカン・ファクトリー』を挙げない訳にはいかない。この『アメリカン・ファクトリー』は，スティーヴン・ボグナーとジュリア・ライカートの共同監督による，2019年の作品であり，Netflixが配給，制作はオバマ夫妻が経営に関与しているハイアー・グラウンド・プロダクションズである。

　日米摩擦を描いた『ガン・ホー』は良く練られたフィクションだが，この『アメリカン・ファクトリー』はほぼ実話に基づくドキュメンタリー仕立てになっている。アメリカの企業が中国企業によって買収されて，中国の経営陣が乗り込んでくる。だが，『ガン・ホー』のようにアメリカ流の常識と，中国の常識が対立して文化摩

『アメリカン・ファクトリー』より

擦を起こすのではなく，中国の経営陣は徹底的に合理的であり，冷徹なまでに生産性を要求してくる。これに対してアメリカのブルーカラー労働者は，労働者の権利を盾に対抗するのである。

その結果として，いったんはアメリカの法律と制度を味方にした労働者側が勝利したかに見えるが，最後には職種の多くがロボットによって自動化され，雇用は失われていく。何とも苦い結末であり，21世紀における製造業と雇用のあり方について，本質的な問題提起になっているともいえる。20世紀の『ガン・ホー』が描き出した貿易摩擦は，文化の相違が本質であり，映画のシーンにあるように一緒に酒を飲んでカラオケで歌うことにより緩和できる性質のものでもあった。だが『アメリカン・ファクトリー』の描き出す問題は，遥かに複雑で深刻だ。21世紀において，とりわけ先進国において工場労働というものが成立するのかどうか，その問題を突きつけてくるともいって良い。そう考えると，このタイトルには恐ろしささえ感じる。

もう１つ残る問題は，米中の経済摩擦だ。前述したように，映画『ガン・ホー』が描き出した日米の自動車摩擦は最終的には，大規模な現地生産化という解決策を見た。けれども米中の貿易摩擦については，その出口が見えていない。なぜならば，日米の摩擦とは紛争（コンフリクト）の構造が全く違うからだ。1980年代の日米の経済摩擦において，アメリカは確かに強硬であったが，対立の本質という意味では，あくまで自由経済における勝ち負けの問題に過ぎなかった。アメリカは，日本に対して「異質論」を突きつけて「構造改革」を迫ったが，軍事的に対立していたわけでもないし，そもそもバブルの絶頂期においても日本には軍事的野心は全くなかった。一方で，米中の摩擦というのは軍事的な対立を含んでいるだけに厄介だ。

特にコンピュータをめぐる，サーバーセキュリティの問題では，米中は見えない部分で激しい暗闘を続けている。更にいえば，米中の争いはコンピュータ分野だけでなく，EV（電気自動車）やAV（自動運転車）など基幹産業における究極の覇権争いに及んでいるし，高速炉の実用化など原子力を含むエネルギー戦略における競争も含まれる。つまり，対立の質は遥かに根深い。

そう考えると，『アメリカン・ファクトリー』の問題提起はまた別の意味を持ってくる。かつての日米摩擦は「過度に勤勉である文化は異質で不公平」だという，ある種「のんきな対立」であったが，米中の摩擦は高度に突き詰めたレベルでの技術と経済の覇権争いだからだ。映画ではこうした点は具体的には描かれていないが，そのような不気味さ，恐ろしさの予兆は伝わってくる。　　　　　（冷泉彰彦）

PART III

国際経済のフロンティア

Q45

国際経済における最先端の課題をどう学ぶのか？

〈先端経済学の学び方〉

　PARTⅢでは，激変する国際経済が抱える，フロンティア（最先端）の課題を，多様なアプローチから読み解いていく。取り扱うトピックの多くは，21世紀に入って顕在化した「現在進行形」の問題群である。そのため理解の仕方や提示される処方箋はこの限りではない。しかし，研究の到達点やその課題を理解することなくして，将来を展望することはできないだろう。

　はじめに福祉国家と新自由主義政策を取り上げる。欧米諸国では，市場経済の失敗を是正するために福祉国家の建設が進んだ。Q46と47では福祉国家の国際比較を通じて，各国で実践された社会福祉制度の質的多様性を類型化し，その特徴を浮き彫りにする。1970年代に入ると，財政負担に耐えかねて福祉国家は再編に迫られた。ここで台頭したのが民営化や規制緩和，減税を進めて自由な市場競争を求める新自由主義政策である。Q48では，新自由主義政策による国際貿易や資本移動の自由化の功罪を問う。

　こうした社会経済政策の変化は，各産業の戦略にも軌道修正を迫った。Q49の自動車業界では，これまで格安の人件費を求めて生産拠点を国外に移転してきたものの，人件費の高騰や品質トラブルなどを受けて，国内回帰の動きも目立っている。近年では電気自動車など次世代自動車が台頭し，新規・異業種からの新規参入も本格化した。業界再編の動きは世界の化学工業も同じである。Q50では化学工業が医薬品やバイオ産業などの新たなコア事業を求めつつ，「物言う株主」と対峙しながら事業ポートフォリオの再構築を進める過程をダウ＝デュポンの成立を事例に解説する。Q51では，積極的な海外展開に取り組む日本の中小企業を取り上げる。90年代以降，中国への本格的な直接投資が増大したものの，近年では人件費や法制度，外交上の理由からASEAN各国への進出も目立つ。経営資源が不足しがちな中小企業にとっては，不確実性

の高いグローバル化を生き抜くためには政府や金融機関からの支援も重要となる。ICT産業の発展は，デジタル・エコノミー時代を招来したが，同時にかつてない経済格差を作り出した。時代の龍児となったのは，GAFAの一角，アマゾンである。しかしアマゾンの第2本社をニューヨーク市に建設する計画は頓挫した。アマゾンは，なぜ「歓迎されない巨大企業」となったのか。**Q52**では，第2本社問題（HQ2問題）から資本主義経済の矛盾に対するローカルな抗議運動を学ぶ。

　米中のデジタル覇権争いも本格化している。自由なデータ流通の国際枠組みを追求する米国に対して，中国はデータの国内保存義務を域内企業・個人に課すなど，鋭く対立している。**Q53**では，米中双方の体制のあり方にかかわる「データ」をめぐる対立を取り上げる。多国籍企業の利益の源泉が知的財産などの無形資産にシフトしてきたことで，既存ルールでは対処できない問題も噴出した。**Q54**では，データ情報を武器とする新しい独占に規制当局はどのように対峙するのか，反トラスト法の役割からGAFA規制の可能性を考える。国際課税のルールも経済のデジタル化を踏まえたものに変化しつつある。**Q55**では「市場国」への課税権を含めて，「100年ぶりの国際課税改革」とも呼ばれるデジタル課税の行方を展望する。さらに利用者が拡大する電子マネーは，既存の紙幣にとって代わる存在になるのかを**Q56**では問うている。

　最後に，気候変動に対する国際社会の対応を取り上げる。温室効果ガスの削減は世界共通の課題であるが，市場メカニズムを通じて排出量を削減しようとするカーボンプライシング（CP）が期待されている。**Q57**ではCP制度の国際的な取り組みを紹介しつつ，炭素税と排出量取引について理解を深める。**Q58**では，パリ協定に注目する。環境保全と経済成長との両立は容易ではないが，異常気象や農業・生態系への影響は甚大であり，温暖化対策は急務である。

PART
III

国際経済のフロンティア

（下斗米秀之）

福祉国家とは何か？

〈福祉国家の理論〉

福祉国家とは

　福祉国家は，市場経済の欠陥を是正するために政府がこれに積極的に介入し，また生存権に基づく社会保障の諸制度を確立し，それを通じて政府が国民生活により積極的に介入する現代国家のあり方を指す。福祉国家（Welfare State）という言葉は第二次世界大戦後に普及したもので，戦争国家（Warfare State）との対比において，政治的・社会的自由と民主主義を基本的前提として，国民の福祉の増進を目指す国家を意味するものとして用いられるようになった。

福祉国家の確立・発展

　福祉国家としての萌芽は，1880年代のドイツ・ビスマルクのもとでの社会保険制度の創設にみることができる。その後20世紀に入る前に，デンマーク，ニュージーランド，オーストラリアで老齢年金制度が開始された。イギリスでは救貧法と地域でのチャリティによる救貧システムが機能不全を起こしており，貧困の原因が個人の努力不足による「個人貧」ではなく，社会的に生み出される「社会貧」であることが実証的な貧困調査（ブースやラウントリーによる）で明らかとされ，1910年代までには労働者保護制度や，疾病・失業を対象とした国民保険制度が作られていった。そして1929年に始まる世界大恐慌は，アメリカにおいてはニューディール政策によって経済・社会に対する連邦政府の介入の道を開き，アメリカ型の福祉国家体制を確立することとなった。福祉国家の発展は，経済的な不安定状態，不確実性，市場の失敗，家族の瓦解，不潔な住居など，20世紀の初めに欧米諸国が直面した資本主義的経済体制のもとでの労働問題，生活問題に対する国家による社会的な介入の拡充といえる。

　第二次世界大戦後を見据えたイギリスにおける社会保障制度の点検を託され

たベヴァリッジは,「社会保険および関連サービス」(1942年。いわゆるベヴァリッジ報告)において,工業化,都市化,急速な人口増加がもたらした混乱を「近代の社会的リスク」と名付け,治安の悪化や衛生環境の悪化のリスク,雇用不安と大規模失業,そして生活困窮者の広がりは,貧困層だけでなく,富裕層を含めた社会のあらゆる層に影響を与えるものととらえた。そして,「5つの巨悪」すなわち「欠乏」「疾病」「無知」「不潔」「無為」に対し,所得保障としての社会保障だけでなく,保健医療,教育,住宅,雇用政策などを組み合わせる必要があり,とくに経済政策による完全雇用の維持,国民保健サービス制度,児童手当制度の確立による福祉国家体制の必要性を提示した。また,最低生活を保障するナショナル・ミニマム原則,すべての国民を対象とする一般性の原則などを掲げた。ベヴァリッジ報告で示された社会保険を中核とした社会保障体系は,第二次世界大戦後のイギリスにおける福祉国家体制の基礎となり,他の先進諸国にも影響を与え,福祉国家は発展・普及していった。

「福祉国家の危機」

　福祉国家は戦後経済成長に支えられて人々の生活基盤としての機能を発展させてきたが,1970年後半以降,低成長経済への移行により増大する財政負担に耐えかねて,福祉国家は危機に陥ると指摘されるようになった。実際,先進各国では良好な経済条件が失われたことで,それぞれの政治・経済・社会条件のもと,福祉国家を多様な形で改革していくことになった [→Q47, 48]。

参考文献 ＞ デイヴィッド・ガーランド著,小田透訳(2016＝2021)『福祉国家—救貧法の時代からポスト工業社会へ』白水社。
ウィリアム・ベヴァリッジ著,森田慎二郎ほか訳(1942＝2014)『ベヴァリッジ報告—社会保険および関連サービス』法律文化社。

（長谷川千春）

福祉国家の多様性はどう整理できるか？

〈福祉国家の国際比較〉

福祉国家の「収斂理論」から「福祉レジーム論」へ

　福祉国家の国際比較研究では，国家の社会支出の規模を比較し，経済発展の程度と人口構成，制度の経年数との相関関係を実証的に明らかにすることで，その発展段階により各国の違いを説明するものが主流であった（ウィレンスキー等）。しかし，このような「収斂理論」に対し，1990年代以降は，産業化や近代化が進展したとしても，各国により福祉国家の内実は異なるとして，福祉国家の質的多様性を類型的に把握しようとする「福祉レジーム論」が主流となっている。

福祉レジーム論による多様性の把握

　福祉レジーム論とは，福祉の生産・供給が国家，市場，家庭との間でどのように振り分けられているかをとらえようとする類型論である。福祉国家は共通した基本的な社会保障諸制度を持っているが，それらの制度が普遍主義か選別主義か，受給条件や制限の有無やその内容，給付水準やサービスの質，財源調達のあり方等は，各国によって（また時代によって）異なっている。

　エスピン-アンデルセンは福祉国家を類型化するうえで，第1に脱商品化の度合い，第2に社会階層化あるいは連帯に着目する。脱商品化とは，国民が労働市場への参加の有無に関わらず社会的に認められた一定水準の生活を維持できるか，というその程度を指し，年金，医療，失業保険制度の仕組みの各側面を指標化して，社会保障の充実度をみる。社会階層化とは，社会政策や社会保障制度によって，どのような種類の階層化あるいは連帯が促進されるかを表すもので，職業的地位や公務員特権の有無や程度，資力調査付き給付の割合や民間部門の比重，公的給付の平等性等を指標化した。これにより3つの福祉レ

ジーム（社会民主主義レジーム，保守主義レジーム，自由主義レジーム）に類型化した。後に，ジェンダー研究者からの批判を受けて，脱家族化という指標を導入し，それも3つの類型が見出せるとした。脱家族化は，社会政策や市場を通じて，家族が福祉の生産・供給から解放されている程度を指し，家族サービスへの公的支出，デイ・ケアやホーム・ヘルパーの普及率等をみる。

図表 3つの福祉レジームの特徴

	社会民主主義	保守主義	自由主義
家族の役割	周辺的	**中心的**	周辺的
市場の役割	周辺的	周辺的	**中心的**
国家の役割	**中心的**	補完的	周辺的
脱商品化の程度	最大限	大（稼得者にとって）	最小限
社会階層化の形態	普遍主義	職域優位	選別主義
典型例	スウェーデン	ドイツ・イタリア	アメリカ

出所：エスピン–アンデルセン（2000）表5.4をもとに加筆修正。

　図表は3つの福祉レジームの特徴をまとめたものである。社会民主主義レジームの国は普遍主義的な制度や手厚い給付が行われており，国家を軸とする福祉関係が支配的である。保守主義の福祉レジームの国は，職業上の地位に対応したリスクの共同負担（連帯）の制度を主軸とし，家族が福祉を提供できない場合にのみ国家が介入するという意味で，稼得者中心の中レベルでの脱商品化である。自由主義レジームの国は，税制上の優遇措置や経済的インセンティブによる民間支給を優先する一方，社会支出のうち資力調査を条件とする社会扶助の割合が高い［→Q46，48］。

参考文献　G. エスピン–アンデルセン著，岡澤憲芙・宮本太郎監訳（1990＝2001）『福祉資本主義の三つの世界―比較福祉国家の理論と動態』ミネルヴァ書房。
　　　　　　　G. エスピン–アンデルセン著，渡辺雅男・渡辺景子訳（1999＝2000）『ポスト工業経済の社会的基礎―市場・福祉国家・家族の政治経済学』桜井書店。

（長谷川千春）

Q48

新自由主義経済政策とは何か？

〈新自由主義経済政策〉

　1970年代の高成長から低成長への移行を契機として，先進諸国で新自由主義政権が登場したといわれる。第二次世界大戦後の高度成長期にはJ.M.ケインズの理論を背景に「大きな国家」が経済に介入するとともに，資本家と労働者の間で一定の協調体制が形成されていた。しかし，このような関係は，ブレトンウッズ体制の解体と2度のオイルショックが低成長をもたらしたことで変質した。低成長の元凶として福祉国家や労働組合があげられ，自由な市場競争が効率化と繁栄をもたらすという言説が広く支持を得た。こうして1979年にイギリスで保守党サッチャー政権が，81年にアメリカで共和党レーガン政権が誕生し，規制緩和や公営事業の民営化，減税，社会保障の削減，労働組合の弱体化などの政策が展開された。国際的にも，多国間の通商条約や国際機関の活動によってグローバルな資本移動の自由化が進んだ。政策の内容は国や時代ごとに多様だが，概して，国や自治体の事業を市場化しながら，いわゆる「自己責任」を基調とする市場競争の拡大を推進してきた。

　このような自由市場を重視する思想は資本主義初期から存在するが，1970年代を転機に再登場した背景には，オーストリアのF.ハイエクらの自由主義思想やシカゴ学派M.フリードマンらの経済理論が，共産主義・計画経済に反対する主張を展開していたことがある。高度成長期に下火だった自由市場至上主義は福祉国家の「行き詰まり」を契機に再来し，新自由主義政権を後押しした。

　他方で，先進諸国よりも先に，途上国でも新自由主義政権が誕生していた。チリでは，選挙で成立したアジェンデの社会主義政権に対して軍事的クーデターを起こしたピノチェトが，1974年に新政権を樹立した。この新政権は，シカゴ学派の理論を導入して民営化や貿易自由化を進めた。このように，新自由主義経済政策が展開された経緯は各国で多様であり，抑圧を伴うこともあった。

では，このように多様な経緯をもつ新自由主義経済政策が規制緩和や民営化を行う目的は何か。新自由主義は「小さな国家」を標榜するが，同時に「強い国家」も追求している。資産や知的財産の所有権保護・拡大といった市場経済システムの整備は国家の役割だからである。他方で，社会保障の縮小を伴う市場競争の拡大は労働者からも一定の支持を得ており，新自由主義を拝金主義として単純化した論難はできない。錯綜する思想・政策群を一括するのは困難に見える。

　この難問への回答は多様だが，ここではD.ハーヴェイの主張を見てみよう。ハーヴェイによれば，新自由主義と呼ばれる思想・政策群の核心は，資本家側の利得と力を取り戻すために国家の市場への関わり方を変容させる「政治的プロジェクト」であり，それに労働者側も「同意」したのは，市場の規制が，自由や公正を尊重する価値観の「共通の敵」とされたためだと指摘した。論者によって幅はあるが，新自由主義の核心として，国家を通じて資本家側の権力を回復する点や，人々の判断軸を市場の側に引き寄せる点などが議論されている。

　果たして，新自由主義経済政策は効率化と繁栄をもたらしたのか。規制緩和や民営化などの政策が市場競争の拡大を促した一方で，労働環境の悪化や格差の拡大，金融危機の頻発などを懸念する指摘もある。すべてが新自由主義の責任かは議論の余地があるが，少なくともその正当性は揺らいでいる［→**Q46, 47，ア（2019）Q52，歴（2023）Q27**］。

参考文献　D.ハーヴェイ著，渡辺治監訳（2007）『新自由主義—その歴史的展開と現在』作品社。
W.シュトレーク著，鈴木直訳（2016）『時間かせぎの資本主義—いつまで危機を先送りできるか』みすず書房。

（大賀健介）

自動車産業とはどのようなものか？

〈自動車産業〉

これまでの自動車産業

　かつて1962年にダニエル・ベルが「脱工業化社会」の到来を予言し，今後の資本主義社会は工業からサービス業に重心が移ると主張した。しかしながら21世紀初頭の今日でも，やはり製造業の重要さは変わらない。

　ここでは代表的製造業である自動車産業を例にとり考察してみる。とりわけ我が国の雇用の側面を見てみるなら，2019年度全就業人口6,724万人のうち，自動車関連就業人口だけで542万人，全体の8.1％を占める。かつて第二次世界大戦後の一時期，自動車産業が「1割産業」といわれ，国内雇用の約1割を賄うとのエピソードが存在した。このころから比較するとやや下落してはいるものの，それでも我が国の雇用を支える一大産業であり続けている。このように自動車関連産業に伴う巨大雇用波及効果は，ドイツをはじめいくつかの先進国にも共通する顕著な傾向である。

　自動車産業をはじめとする製造業が持つ社会に対するインパクトは，雇用面にとどまらない。アメリカでは2012年に「雇用と競争力に関する大統領諮問委員会（議長・GE会長ジェフリー・イメルト）」がまとめた報告書『再生へのロードマップ：将来への投資・競争力・勝つための方策』によると，製造業は以下の4点で重要であるとまとめられている。すなわち，①技術革新を促し，②社会における中間層を支え，③マクロ経済の安定に寄与し，④その国の安全保障を強化する，とされている。

　また自動車1台を構成する部品点数は，約3万点にも及び，広い産業の裾野を持つといわれる。トヨタ，GM，フォルクスワーゲンなどの完成品メーカーを頂点にし，それらメーカーにユニットや部品を供給する1次サプライヤ，1次サプライヤに供給する2次サプライヤ，2次サプライヤに供給する3次サプ

ライヤという具合に供給連鎖が続き，中小・零細企業に至るまで莫大な関連企業を擁する。日本ではこれら企業グループごとにまとまった系列取引慣行，あるいは完成品メーカーを中心に周囲をサプライヤが取り巻く，いわゆる企業城下町という言葉も存在してきた。

自動車産業の未来

　さらに2000年代以降，地球温暖化の兆候が顕著になると，ガソリンや軽油などの化石燃料に依存しないEV（Electric Vehicle：電気自動車）化の可能性を探る動きが高まった。今後EVが最も有力な次世代自動車であるといわれる一方，充電インフラの整備，バッテリー性能向上，またいまだ進まぬ電源構成の転換が依然大きな課題といわれている。

　このほかにも電気と内燃機関を組み合わせたHV（Hybrid Vehicle：ハイブリッド自動車），そのなかでもプラグから給電が可能なPHV（Plug-in Hybrid Vehicle：プラグインハイブリッド自動車）やFCV（Fuel Cell Vehicle：燃料電池自動車）など，どの動力方式が優勢になるか，技術的課題，各国の政治的・地政学的思惑などが絡み合い，確実な予測は現在のところ困難である。

　さらに次世代自動車におけるCASE化（Connected, Autonomous, Shared, and Electric：コネクティッド，自動化，シェアリング，電動化）という新技術も急速に進展しつつある。こうした新技術開発で強みを発揮してきたテスラ（Tesla），グーグル（Google），アップル（Apple）やソニーなど，旧来の完成品メーカー以外の新規・異業種から，自動車産業への新規参入にも目が離せないところである［→ア（2019）Q15，16，81］。

参考文献　　石田光男・篠原健一（2010）『GMの経験』中央経済社。
篠原健一（2014）『アメリカ自動車産業―競争力復活をもたらした現場改革』中央公論新社。

　　　　　　　　　　　　　　　　　　　　　　　　　　　（篠原健一）

ダウ＝デュポン合併は何だったのか？

〈化学産業〉

　第二次世界大戦後の世界化学工業は，アメリカで成立した石油化学工業を軸に飛躍的な発展を遂げた。西欧，日本でも，石炭から石油へのエネルギー革命とともに，石油化学工業化が進んだ。それを主導したのは，アメリカ企業——デュポンをはじめとする総合化学企業と化学事業に進出した石油メジャーであり，ドイツ等の西欧企業と日本企業がそれに続いた。しかし，新興国・産油国も石油化学工業に進出し，成熟化・コモディティ化が進んだことにより，収益の低下に直面した欧米化学企業を中心に，新たなコア事業を求めて，M&A&D（合併・併合・事業分割）を通じての事業ポートフォリオの再構築が進んだ。新たなコア事業として高収益が期待される医薬品産業とバイオ産業が有力視されたこともあり，それは，石油産業におけるスーパーメジャーの形成，医薬品産業におけるメガファーマの形成，アグリビジネスにおける「バイオメジャー」の形成等，関連産業におけるM&Aと深く関わりながら展開された。

　世界化学工業のランキングの変化は，新興国・産油国企業の台頭とともに，このような事業再構築，M&Aの中で名前の消えた企業，化学工業以外への事業展開により化学売上高で順位を下げた企業もあることを示している。21世紀に総合化学企業として残ったアメリカ企業は，デュポンとダウ・ケミカルだけであった。2017年に，そのデュポンとダウ・ケミカルが合併し，世界最大の化学企業が成立した。しかし，それは翌々年に，素材科学（ダウ），特殊化学品（デュポン），農業関連（コルテバ）の３社に分割された。

　この合併・分割の背景には，上述の世界化学工業の再編成があるが，「物言う株主」からの圧力も看過できない。それを，デュポンの事例で見てみよう。

　デュポンは，創業からの第３世紀を迎えるに際して，人口増加や地球環境問題等のメガトレンドの分析により，食糧増産，脱化石燃料，生命の保護を長期

図表 世界化学企業ランキング（C&EN）

1989年		百万ドル	化学売上げ比率%	2018年		百万ドル	化学売上げ比率%	2019年	
順位	企業名	売上高	比率	順位	企業名	売上高	比率	順位	企業名
1	BASF（独）	17,122	60.4	1	ダウ・デュポン（米）	85,977	100.0	1	BASF（独）
2	ICI（英）	16,970	78.6	2	BASF（独）	74,066	100.0	2	Sinopec（中）
3	ヘキスト（独）	16,400	67.2	3	Sinopec（中）	69,210	16.2	3	ダウ（米）
4	デュポン（米）	15,249	42.9	4	SABIC（サウジ）	42,120	93.4	4	SABIC（サウジ）
5	バイエル（独）	14,810	64.3	5	INEOS（英）	36,970	100.0	5	INEOS（英）
6	ダウ・ケミカル（米）	14,179	80.6	6	フォルモサ（台）	36,891	63.9	6	フォルモサ（台）
7	シェル（英・蘭）	11,921	11.2	7	エクソン・モービル（米）	32,443	11.6	7	エクソン・モービル（米）
8	エニモント（伊）	11,186	100.0	8	LyondellBasell（蘭）	30,783	78.9	8	三菱ケミカル（日）
9	エクソン（米）	10,599	11.1	9	三菱ケミカル（日）	28,747	80.9	9	LyondellBasell（蘭）
10	ローヌ・プーラン（仏）	9,164	80.0	10	LG化学（韓）	25,637	100.0	10	Linde（英）

化学売上には，医薬品等が含まれない。
出所：C&EN, Sep.5, 1990; Jul.29, 2019; Jul.27, 2020.

的な経営課題とし，ナイロン等かつての主力部門の分離・売却を進めていた。新たなコア事業としてのバイオ事業は，長期的経営課題を反映して，農業と素材（バイオプラスチック等）のより広い分野への取り組みを特徴としていた。しかし，このような事業ポートフォリオの再構築を「コングロマリットディスカウント」と批判する「物言う株主」から事業分割を迫られたのである。2015年5月の株主総会での委任状争奪戦を僅差で勝った経営陣はそれを退けたが，その後の株価低迷でCEOが辞任し，新CEOはデュポン史上初の社外からの就任となった。

そこに，以前からデュポンとの合併を画策していたダウ・ケミカルの働きかけがあり，対等合併という形での経営統合が実現した。しかし，この合併は，事業分割を予定したものであった。それは，事業分割を迫る「物言う株主」への対応という一面とともに，対等合併後の事業分割という手続きでの節税対策，反トラスト法下の合併審査対策という側面もあった。それによりダウ・ケミカルはコア事業での寡占的地位の確立を優先したと言えるが，デュポンは主力事業となっていたアグリビジネスを手放すこととなった［→ア（2019）Q14］。

参考文献 田口定雄（2016〜18）「新局面迎えたグローバル化学再編(1)〜⑳」『化学経済』。
田島慶三（2014）『世界の化学企業—グローバル企業21社の強みを探る』東京化学同人。

(伊藤裕人)

PART
III
国際経済のフロンティア

Q51

日本の中小企業は経済のグローバル化にどのように対応しているのか？
〈中小企業と国際経済〉

グローバル化の担い手は大企業だけではない

　日本にある360万弱の企業の約99.7％は中小企業だが，このうち海外子会社の保有などの直接投資を行う中小企業は全体の１％未満に過ぎない（大企業では全体の約３割）。しかし，中小企業の上位１割の規模である従業者50名以上，かつ資本金3,000万円以上に限れば，14％強が海外直接投資を行っている。

中小企業の海外展開の歩み

　第二次世界大戦直後，中小企業の製造する繊維や雑貨は輸出の主力であった。高度経済成長期以降は，部品の製造により自動車や家電の輸出を支えた。

　1985年のプラザ合意の後は，冷戦終結やWTO設立にも後押しされ，中小企業の海外直接投資が本格化した。とくに，人件費が安く当時は通貨がドルに連動した東南アジアは，日本やアメリカへ輸出するための生産拠点に適していた。

　1992年には中華人民共和国が社会主義市場経済を導入，中小企業の中国進出が本格化した。当初は，沿岸部の輸出加工区（保税地域）で日本から持ち込んだ部品などを安価な労働力により製品に加工し日本やアメリカへ輸出した。中国のWTO加盟（2000年）の後は，中国国内への展開を含めて投資が拡大した。

　また，1994年に発効したNAFTA（現USMCA）は，一定割合の部品の域内生産を優遇条件とする原産地規制を導入した。そこで，自動車部品製造などの一部有力中小企業は，NAFTA域内で生産を開始，取引先を拡大し成長した。

　中小企業の海外直接投資は，リーマンショックで一時停滞したが再び活発になった。しかし，中国への投資が人件費の上昇やカントリーリスクへの懸念から減少する一方，ベトナムを含むASEAN各国などへ投資先が多角化している。

図表 設立年別に見た，中小企業の海外子会社の国・地域構成の推移

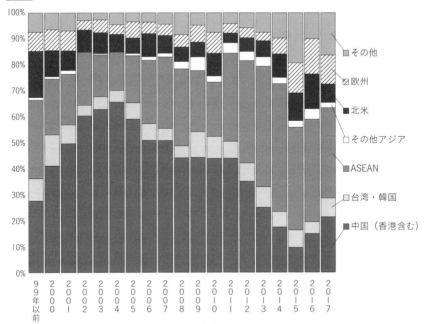

出所：中小企業庁編『中小企業白書 2019』ほかより作成。

経営資源の不足に伴う課題と支援の重要性

　中小企業の海外事業の多くは，1〜2名の担当者，あるいは経営者1人により運営され，人材不足は深刻である。また，新型コロナウイルスの感染拡大は，中小企業の割合が高い宿泊や飲食などのインバウンド需要を消滅させた。中小企業は，グローバル化への対応に意欲をもちながらも，経営資源の不足に直面する場合が少なくない。政府や金融機関などの支援も重要といえよう。

参考文献　渡辺幸男・小川正博・黒瀬直宏・向山雅夫（2022）『21世紀中小企業論［第4版］—多様性と可能性を探る』有斐閣。
　中小企業庁編『中小企業白書』各年版。

（浅野敬一）

アマゾンはなぜ「排除」されたのか？

〈巨大企業への不満〉

「アマゾンを排除せよ」

　ジェフ・ベゾス率いる世界最大の小売企業アマゾン・ドット・コム（以下，アマゾン）の本社はアメリカ西海岸の大都市シアトルのダウンタウンに位置する。そのアマゾンが「歓迎されない巨大企業」としてアメリカのメディアを騒がせたのは2018年秋以降である。事業拡大を受けてアマゾンは「第2本社」を新規建設することを決定した。全米238都市から熱烈なオファーを受けるなか，最有力候補地の一つに選んだのが巨大都市ニューヨーク市である。アマゾン誘致に最も熱心であったニューヨーク市のビル・デブラシオ市長とアンドリュー・クオモ州知事は，ニューヨーク市クィーンズ地区の大規模再開発エリアをアマゾンに提示し，税制優遇措置を用意することも約束した。アマゾンと地元自治体との交渉も順調に進み，ニューヨーク市に内定というニュースが報じられると，地元住民がアマゾン誘致に猛反対し，アマゾン排撃運動が一気に高まったのである。

　アマゾン誘致反対の最大の理由は，年収20万ドルを超える高額報酬を受け取るアマゾン社員をターゲットとする高級マンション等の再開発が進めば，そこに暮らす多くの低所得層に退去圧力が強まり，家賃相場は上昇し，公共交通機関は混雑するなど住環境が悪化することへの懸念であった。巨大企業に税制優遇措置を与えるという不公平な政策も反対理由の一つであった。

　「アマゾンを排除せよ」。プラカードを掲げるデモ行進の姿は，便利で豊かなアメリカ社会に内在する不都合な現実を浮き彫りにした。

オカシオ・コルテス議員とローカルパワー

　一方，アマゾン誘致の推進派はニューヨーク市に新たに2万5千人の雇用が

生みだされるという経済効果を評価した。その一人であるクオモ知事は不評の税制優遇措置の妥当性について，「優遇措置による一時的な税収減は否定しないが，しかし10年後にはその10倍の税収増が地元政府にもたらされる」と弁明した。

　ところが，ある女性政治家の「参戦」によって反対派が一気に勢力を増した。地元ニューヨーク市を選挙区とする民主党の連邦下院議員アレクサンドリア・オカシオ・コルテスが反対派に参戦したのである。ニューヨーク市ブロンクス地区の生まれ，プエルトリコ系ヒスパニックの両親をもつ彼女は，2018年の中間選挙でニューヨーク州第14選挙区から民主党候補として出馬し，史上最年少の28歳で下院議員に当選して，全米の注目を集めていた。マイノリティの貧困家庭に育ちながら「アメリカン・ドリーム」を手にした彼女は「誘致計画は地元コミュニティに格差拡大をもたらす。私はこれ以上低所得層が排除される姿を見過ごすわけにはいかない」と述べ，同じ民主党に属す市長や知事など推進派を酷評してみせた。

　結局アマゾンは，2019年2月15日，ニューヨーク市の第2本社建設計画を断念した。地元の低所得層がグローバル巨大企業に勝利した瞬間であった。ニューヨーク市でのアマゾン排撃運動は，アメリカ経済の低層部から突き上げる，資本主義経済の矛盾に抗議するローカルパワーにほかならない。

　その後，アマゾンは首都ワシントン近郊のバージニア州アーリントン郡に第2本社建設を決定した。2025年に完成予定である〔→**Q54**，ア（2019）**Q37**，**79**〕。

参考文献　渋谷博史・塙武郎編著（2010）『アメリカ・モデルとグローバル化Ⅱ─「小さな政府」と民間活用』昭和堂。
　　　　　　渋谷博史・樋口均・塙武郎編著（2013）『アメリカ経済とグローバル化』学文社。

（塙　武郎）

Q53

なぜ米中はビッグデータをめぐって対立しているのか？
〈越境フローとローカライゼーション〉

「米中第1段階合意」が触れていないもの

　ビッグデータをめぐる問題で米中両国が鋭く対立している。その理由を考えるうえで，まず，トランプ政権期のアメリカが中国と妥結した「米中第1段階合意」（2020年1月15日）が「触れていないもの」に注目したい。

　米中関係の緊張は2018年末のファーウェイ副会長逮捕が最初のピークだったが，2019年1月以降は楽観論が台頭していた。しかし，同年5月5日にトランプ大統領がツイッターで突如対中追加関税の発動を示唆，市場に強い衝撃を与えた。また，同年5月8日も演説で「中国側が合意をぶちこわした」と非難した。

　いったん楽観論が台頭していたにもかかわらず，突然緊張が高まった（ようにみえる）のはなぜなのか。朝日新聞社の取材によれば，「米国が14億人のビッグデータを活用しようとIT領域にも切り込んだことで，〔筆者：2019年4月末の交渉は〕暗礁に乗り上げた」からである。すなわち，アメリカはサイバーセキュリティ法の見直しを要求したが「中国は突っぱねた」という。

　この事実が示唆することはきわめて重要である。ドイツの政治学者，セバスチャン・ハイルマンがいうように，サイバーセキュリティと「体制維持」は，現代の中国共産党と中国政府にとって切り離せない関係になっている（デジタル・レーニン主義）。これが意味するのは，集権的統治の再強化をめざす習近平政権にとって，データの活用は体制を維持するうえで不可欠になっているということである。「情報技術に支えられた権威主義」が伝統的な権威主義的統治を刷新し，たんに情報の統制・監視をおこなうのみならず，一般市民を特定の情報に誘導することを促す。サイバーセキュリティ法が「重要データ」の国内保存を義務付けている以上，さらにはアメリカとの摩擦激化を覚悟してでも

データローカライゼーションの見直しを拒否している以上，データ問題が体制問題に直結するものと位置付けられていると考えられる。

産業アップグレードとデータローカライゼーション

ただ，データの国内保存の義務付けは政治的重要性をもっているだけではない。産業アップグレードにとってもデータの活用は重要な意味をもつ。周知のように，データローカライゼーションを拒否するGoogleらは中国域内において一部または全部のサービスを提供できない。その結果，これらのサービスは中国企業が提供している。データ越境を規制し，8億人のユーザーが生み出す膨大なデータを国内事業者に独占させることは，「中国版GAFA」であるBATHをはじめとした中国の巨大IT企業の育成を助けるのである。

データ収集の経済的インセンティブは，「規模に関して収穫逓増」をもたらすだけでなく「範囲に関して収穫逓増」をもたらす可能性が高いこと，独占レントを獲得できることにあるが，この分野ですでに圧倒的に先行しているGAFAにBATHが対抗するためには，8億人が生み出す膨大なデータを国内事業者に独占させることが近道である。さらに，BATHはGAFAと比較してデータ活用の裁量が非常に広い。この点でBATHは明確な「立地特殊優位」を有しているといえよう。

以上のように，中国にとって知的財産権や技術移転は一定の妥協ができても，データローカライゼーションは妥協できない。この問題が構造問題であること，すなわち米中双方の体制のあり方をめぐる問題であることがうかがえる［→Q 60，61，62，歴（2023）Q15］。

参考文献　森原康仁（2022）「自由な越境移転か，ローカライゼーションか――『データ』をめぐる米中の角逐」中本悟・松村博行編『米中経済摩擦の政治経済学――大国間の対立と国際秩序』晃洋書房，所収。

（森原康仁）

Q54

アメリカ反トラスト法は，GAFAを規制できるのか？
〈反トラスト政策とGAFA〉

反トラスト３法の制定

19世紀末のアメリカで登場した巨大企業は，経済発展のみならず，独占という負の影響も社会にもたらした。巨大企業が最初に登場した鉄道産業における独占に対しては，州際通商法（1887年）が制定され，同法にもとづき設置された州際通商委員会が，鉄道企業を監視・監督・規制した。これに続き製造業では，石油精製業のスタンダード・オイル社が発案したトラストと呼ばれる手法が用いられ，その他の多くの企業でも採用された。トラストの中心となる企業がその関連企業に強い支配力を行使するトラストの仕組みが問題になると，連邦レベルで最初の反トラスト法となる通称シャーマン法が1890年に制定された。

しかし，企業はトラストを持株会社に転換するなど法の抜け道を探ったので，独占の問題は無くなるどころか，形を変えて続いた。そのため，シャーマン法を補完するクレイトン法と連邦取引委員会法が1914年に追加的に制定され，これをもってアメリカにおける反トラスト３法がそろうことになった。

新しいタイプの独占規制

第二次世界大戦後しばらくの間は，ハーバード学派の影響のもと，高い集中度や参入障壁が存在する市場構造の解消が重要視され，独占を生み出すような合併の多くが違法とされた。しかしやがて，合併そのものではなく，合併が独占を促しているか否かを問題にするという，トラスト規制政策をめぐる議論が起きた。代わって登場したシカゴ学派は，競争のある状態を経て形成された市場構造を問題とせず，合併の結果生じた影響について評価することを重視した。

1960年代になると，同業のみならず他業種をも傘下に加える新しいタイプの合併，すなわちコングロマリット（複合企業）が登場した。この対応を迫られ

た規制当局は，既存の反トラスト法の運用によって対処した。反トラスト法違反となる合併の基準をあらかじめガイドラインとして提示することで，独占を未然に防ぐよう企業側に促したのである。1976年にはハート・スコット・ロディノ法が制定され，一定の基準を超える合併については規制当局である司法省と連邦取引委員会に事前に届け出ることが義務付けられた。

規制の強化か革新か

そして新たに，いわゆるGAFAと呼ばれる，グーグル，アップル，フェイスブック（現メタ），アマゾンといった企業による独占が問題となる。

GAFAのビジネスモデルのひとつに，自社のサービスの一部を無料で提供し，そこから課金サービスへとつなげることで収益を図るというものがある。利用者は無料サービスを受けることができるので，消費者の利益を損ねるという反トラスト法に記された違法行為を犯しているわけでない点が問題となったが，2019年当時，アメリカでは，第4次産業革命の牽引役となるGAFAに対する規制の議論は低調であった。

その後，アメリカでもGAFAによる競争制限行為が看過できなくなると状況は変化した。19世紀の鉄道会社らによる独占になぞらえ，プラットフォーム事業者とみなされたデジタル事業者大手を対象に，規制当局による調査が始められた。2021年に連邦取引委員会の委員長に就任したリナ・カーン氏は，自身の論文でかつてのような構造規制が必要との議論を提起し，プラットフォームと商取引は分離すべきであると提言している。

今後，巨大IT企業への規制は強化されるだろう。それと同時に，既存企業をしのぐような革新的技術やサービスを携えた新規企業の登場が，現在の独占を過去のものとしてしまうことが期待される［→Q52，ア（2019）Q37］。

参考文献　水野里香（2017）「第7章 変化する市場への対応―反トラスト政策の変遷」『現代アメリカ経済史―「問題大国」の出現』有斐閣。

（水野里香）

経済のデジタル化に国際課税は対応できるか？

〈デジタル課税〉

ネクサス・ルールと独立企業原則

　現在の国際課税ルールのルーツは1920年代の国際連盟の時代にまでさかのぼる。その重要なルールの一つが「PEなければ課税なし」である。ある多国籍企業がある国で何らかの利益を上げたとしても，その国との間に一定のつながり（ネクサス）がなければ課税されない。ネクサスは，支店等の物理的拠点，すなわち恒久的施設（permanent establishment：PE）の有無によって判断されるため，その国にPEを有しない限り，外国企業はその国で課税されない。もう一つの重要なルールが，独立企業原則（arm's length principle：ALP）である。ある多国籍企業への課税がその国に認められた場合，課税対象となる利益を確定させる必要があるが，その際に各関連企業ないしPEをあたかも独立企業であるかのように認識するのがALPである。これは多国籍企業によるグループ内取引を通じた利益移転を防止するものであると同時に，各国間の課税権の配分ルールとなっている。

経済のデジタル化によって変化を迫られる国際課税ルール

　しかしこれらの国際課税ルールは，労働力と有形資産が多国籍企業の利益獲得に貢献する中心的な要素であった時代の産物といえる。現代の多国籍企業の利益の源泉は知的財産等の無形資産にシフトしてきている。こうした無形資産は国外に移転させることが容易であるうえ，適切な比較対象がなく独立企業間価格の算定が困難なものも多い。さらにはデジタル化によって，GAFAのような物理的拠点をもつことを前提としないビジネス・モデルも出てきた。例えば，グーグルの広告枠の価値を高めているのはグーグルのサービスを利用する大量のユーザーから蓄積したデータであるが，現行の国際課税ルールではPEがな

い限りユーザーの所在国にグーグルの稼得した利益に対する課税権はない。こうした，源泉地国でも居住地国でもない，ユーザーの所在国のような「市場国」への課税権の配分が問題となっている。

デジタル課税――独自課税の動きと国際協調による解決

市場国に課税権がないもとで，世界的なデジタル企業に対する課税を行いたい国々は，自国市場でのデジタル企業の売上高に課税するデジタル・サービス税（DST）を独自に導入していった。米国はこうした各国のDST導入の動きに対し，米デジタル企業を狙い撃ちにしたものであると批判し，中には米仏間のように政治問題にまで発展するケースもあった。

こうした中で，OECD/G20は経済のデジタル化を踏まえた新たな国際課税ルール作りについての議論を本格化させ，2021年10月，OECD/G20 BEPS包摂的枠組み（IF）は2つの柱からなる解決策について合意した。デジタル課税に関わるのは2つの柱のうち，第1の柱（Pillar 1）と呼ばれる解決策である。これは，多国籍企業の残余利益（超過利潤）の一部を物理的拠点の有無にかかわらず市場国が課税できる利益として売上基準で配分するという仕組みが中心となっている。対象となるのは当面ごく一部の巨大企業であるが，デジタル企業に限定されるわけではない。

第1の柱の実施に至るまでにはまだ多くの困難が予想されるが，PEやALPといった従来の考え方とは異なる要素を含むため，「100年ぶりの国際課税改革」とも称される。また，合意には各国のDSTの廃止も含まれている。[→**Q** 85]。

参考文献 森信茂樹（2019）『デジタル経済と税――AI時代の富をめぐる攻防』日本経済新聞出版社。
諸富徹（2020）『グローバル・タックス――国境を超える課税権力』岩波書店。

（篠田　剛）

Q56 デジタル通貨は紙幣に取って代わるのか？

〈暗号資産〉

　近年，ビットコインなど暗号資産が注目されている。単なる投機対象としてではなく，今後貨幣・通貨・決済に占める位置は無視しえなくなるであろう。デジタル通貨をめぐっては，JPMコイン等の民間銀行，フェイスブック（現メタ）などの企業，中央銀行デジタル通貨（CBDC）の三つ巴の戦いとなっている（中島［2020, 145-146］）。

　2019年6月18日，フェイスブックは「リブラ白書」を発表した。リブラとビットコインは，仮想通貨であること，ブロックチェーンを使っていること，独自の通貨単位を持っていること，高い匿名性を持っていることという共通点を持つ。他方，リブラはビットコインと違い中央の管理者があること，発行主体があること，発行量と同額の裏付け資産を持ち通貨価値を他通貨とペッグしているため価値が安定していること，需要に応じた発行があること，クローズド型のブロックチェーンであること，といった点で特徴がある。リブラは，これまで銀行口座を持てなかった金融弱者を助けると弱者救済を前面に押し出したが，通貨当局の厳しい反応にあった。2019年10月17-18日，ワシントンG20財務大臣・中央銀行総裁会議は，リブラを念頭に置いて，「デジタル通貨は一連の深刻なリスクを生じさせる」と述べた。通貨当局の敵対的態度が，むしろリブラの通貨としての「よくできた仕組み」を物語っている。フェイスブック・ユーザーは27億人（世界人口77億人）であり，フェイスブックがSNS機能に付加サービスとしてリブラによる支払い機能を追加したら，潜在ユーザーの数は巨大になる。他方，通貨当局としては，マネーロンダリングや利用者保護への懸念に加え，民間企業による通貨主権の侵害への反発も強かった。基本利害としてはリブラ発足により従来各国中央銀行が得ていた「シニョレッジ（通貨発行益）」がフェイスブックにシフトすることが挙げられるだろう。G20の

現金残高6兆3,000億ドルの10％がリブラにシフトしたとするとリブラの発行額（リブラ・リザーブの規模）6,300億ドルとなり，1％で運用したとして毎年63億ドルがリブラ協会に入る計算になる。リブラとデジタル人民元に危機感を抱き，2020年1月以降，欧日中央銀行とBISは，中央銀行デジタル通貨の具体化を進めている。CBDCは，紙幣のデジタル化との不整合の解消，民間デジタル通貨への対抗，技術的な進歩への対応等が現金の流通コストの削減のために必要であるとの認識である。

　デジタル通貨が決済に広く使われるようになると，人々は預金を取り崩してデジタル通貨を購入し，決済に用いるため，デジタル通貨は預金に戻らずに流通を続ける。そのため，銀行預金が減少し，リブラが発行されると信用創造ができなくなる（野口［2021, 101］）。中国政府もリブラに危機感をもち，デジタル人民元を進めている。リブラは，国際間の自由な送金が可能で，価値が安定しているため，不動産など資産の私有が認められていない中国の富裕層が資産を海外で保有するためにリブラを使用する危険性がある。中国国内の決済は，現在，アリペイなどが国内電子決済で生じた小口資金をMMFで運用し，その収益でアリペイの加盟店向け手数料はほぼゼロである。反面，銀行預金がMMFに流出することに伝統的銀行は危機感を持っているが，デジタル人民元は，伝統銀行の収益機会となりうる。銀行ベースのデジタル通貨，リブラ，CBDC（6中銀+BIS），デジタル人民元といった，デジタル通貨の覇権争いは，国境を超えた，政府・中央銀行・銀行・IT企業間で当分続くであろう。リブラは，最近，メンバー脱落の動き，ディエムへの改称など動きが早いが，SNSユーザー数，エコノマイズされつつあるメタバースでの存在感，VR/ARデバイスでの優位性などメタの動向には注目が必要である。

参考文献　中島真志（2020）『仮想通貨vs.中央銀行─「デジタル通貨」の次なる覇者』新潮社。
　　　　　野口悠紀雄（2021）『CBDC中央銀行デジタル通貨の衝撃』新潮社。

（坂出　健）

Q57 温室効果ガスの排出に価格をつけるのはなぜ？
〈カーボンプライシングと国際経済〉

　人類の生存基盤を揺るがす気候変動への対応が，国際社会の最重要課題となっている。気候変動の主因は，温室効果ガス（GHG）としての二酸化炭素（CO_2）である。しかし，GHGの排出は消費者・生産者を問わず世界的に普遍的に行われており，個々の経済主体の排出量を直接的に規制することは困難である。そこで，GHG排出に起因するコスト（農作物の被害，洪水や海面上昇による財産損失など）を推定し，そのコストをガソリンなどの市場価格に上乗せすることで，市場メカニズムを通じて排出量の削減を達成する政策スキームであるカーボンプライシング（CP）に期待が集まっている。

　CPは，政府によるものと民間・自主的なものとに大別され，明示的・暗示的なものなどその中身はさまざまである。ここでは，政府による明示的なCPとして，炭素税と排出量取引を取り上げる。炭素税は，エネルギーや電力の利用とそれに伴うGHGの排出に対して，その排出量に応じた課税を通じて炭素に価格付けする仕組みである。その問題点としては，政府が設定する税率の適切さへの疑問や，税負担が逆進性を持つ可能性などが指摘されている。炭素税の考え方は，イギリスの経済学者であるA・C・ピグーの『厚生経済学』に源流を持つ。「市場の失敗」と課税による外部性の内部化をめぐる現代的な政策課題である。一方，排出量取引は排出主体（主に企業）ごとに政府が排出量の上限を決め，上限を超える企業と下回る企業との間で，排出の可能枠を取引する仕組みである。この場合の炭素価格は，排出権の需要と供給で決定される。排出量取引にも，排出量上限の設定方法や，排出権価格の不安定性などといった問題点が指摘されている。排出量取引は，1991年にノーベル経済学賞を受賞したR・コースの議論に源流を持つ。

　世界銀行によると，2021年に炭素税と排出量取引制度からなるCP制度の導

入を決めたのは64カ国・地域を数える。2021年には，世界のGHG排出量の21.5％が，現在運用中のCP制度によってカバーされるようになった（2020年は世界の排出量の15.1％）。この増加は，2021年の中国の国内排出量取引制度の開始によるところが大きく，同制度により中国は世界最大の炭素市場を有することになった。なお，日本は地球温暖化対策税を導入しているものの本格的な炭素税とはいい難く，排出量取引についても東京都と埼玉県で独自の制度を運営するにとどまっており，世界的なCPの展開からは後れを取っている。

　2019年にOECDが発表した排出権価格，炭素税，エネルギー税を合計した「実効炭素価格」のデータを見ると，スイスが最も高く１トンあたり123ユーロであり，欧州諸国は平均して高い。一方，日本は30ユーロ，米国は14ユーロ，中国は６ユーロと低くなっている。このように国家間で実効炭素価格に違いがある場合，炭素価格の差分を輸入品に課税して事業者に負担させる仕組みが，「炭素国境調整措置」である。この措置は，炭素価格が相対的に低い国への生産拠点の流出（「炭素リーケージ」）の防止や，世界全体のGHG排出量が増加することを防ぐことを目的として，EUそしてアメリカで具体的に議論されている。とりわけEUでは，2030年のGHG削減目標である1990年比で最低55％削減に向けた政策パッケージ（Fit for 55）の一環として，制度の具体的な規則案が発表される段階に至っている。こうした環境保全目的で導入される貿易措置が，削減目標の達成に貢献できるのか，大国の単なる産業保護で終わるのか，WTOなど既存の自由貿易体制の無差別原則と両立しうるのかなど，国際経済学の新たなイシューとして注目される［→Q58，ア（2019）Q41，95］。

参考文献　小林光・岩田一政・日本経済研究センター編著（2021）『カーボンニュートラルの経済学　2050年への戦略と予測』日本経済新聞出版。
淡路剛久ほか編（2005）『リーディングス環境第１巻　自然と人間』有斐閣。

（山川俊和）

Q58

気候変動対策の国際枠組みはなぜ，どのように変遷してきたのか？

〈京都議定書からパリ協定へ〉

　気候変動とは，産業革命以降の人類の経済活動に伴う温室効果ガス（GHG）の排出によって気候系という人類の共有財産が破壊されてしまう，地球規模での汚染問題である。GHGの排出を削減・抑制し，気候系の破壊を未然に防ぐことが対策の基本だが，既に起きている気候変動の被害に適応するための政策も重要な課題となる。気候変動に関する科学的知見を提供するのが，気候変動に関する政府間パネル（IPCC）である。2021年8月にIPCCの第6次評価報告書が発表された。そこでは，人間活動が地球温暖化を生じさせていることに疑いの余地はなく，この数十年で温室効果ガスの大幅な排出削減がなければ産業革命期からの世界の気温上昇幅は今世紀中に1.5度あるいは2度を超えると指摘されている。そして，気温上昇幅が大きいほど，異常気象や農業・生態系への被害など気候変動に関連するリスクは深刻化し，地球の生態系に多くの不可逆的な変化がもたらされると，警告の度合いを強めている。

　国連気候変動枠組条約（UNFCCC）は気候変動対策の国際枠組みを規定する条約（1992年採択・94年発効）であり，気候変動枠組条約締約国会議（COP）で具体的な交渉が行われてきた。UNFCCCのもとで各国のGHGの削減目標やその手法を定めたのが，1997年の京都でのCOP3にて採択された「京都議定書」（2005年発効）である。気候変動という「市場の失敗」への対応として，国際社会がGHG排出削減・抑制の政策と措置を採用したことは，環境保全の観点から世界経済の制御を制度化したという意味で人類史的な出来事である。京都議定書では，主に先進国からなる附属書Ⅰ国に法的拘束力のある削減目標を設定した「第1約束期間」（2008年～2012年）の後，「第2約束期間」（2013年～2020年）が設定された。しかし，日本はじめ主要排出国が参加しないなど制度の有効性に乏しく，並行してポスト京都議定書の枠組みが模索されてきた。そ

の成果が，2015年のパリでのCOP21で採択された「パリ協定」（2016年発効）
である。

　パリ協定は，世界の平均気温の上昇を，2度より十分低く保ち1.5度未満に
することが目標に定められている。IPCCによれば，1.5度未満に気温上昇を抑
えるには，CO_2の排出量を2030年までに2010年比で約45％削減，2050年頃まで
に実質ゼロにする必要がある。それゆえ，パリ協定では，カーボンニュートラ
ル（温室効果ガスが排出される量と森林などによる吸収量が同じになる状態）
の達成が謳われている。京都議定書では，こうした達成すべき環境目標の設定
がなく，また排出削減義務を嫌がり離脱した米国や発展途上国の排出大国であ
る中国やインドが削減義務を負っていなかった。それゆえ，より多くの国，特
に主要排出国の参加を確保するかが課題であった。

　パリ協定では，各国に削減義務が割り当てられるのではなく，先進国と途上
国の区別を問わずすべての国が，「国が決定する貢献」（NDC）を提示し，そ
の目標に向けて行動する仕組みを採用している。そして各国が5年ごとの削減
目標提出・更新義務を負う。また，5年ごとに各国の目標とその進捗について
検証することになっており（「グローバル・ストックテイク」），2021年11月か
ら第1回が実施されている。日本も2050年カーボンニュートラルを宣言し，
NDCを改訂している。この他にも，適応政策の充実，途上国支援スキームの
拡充，市場メカニズムの活用などが議題である。しかし，パリ協定採択時に謳
われた「2020年までに毎年1,000億ドル」の途上国支援目標は未達成である
など課題も残る。[→Q57，ア（2019）Q41，95]。

参考文献 ＞ 山川俊和（2010）「国際環境政策」石田修ほか編『現代世界経済をとらえる Ver.5』東
洋経済新報社。
山川俊和（2023）「プラットフォーム資本主義の環境的基盤 ――カーボンニュートラ
ルとエネルギー問題」水嶋一憲ほか編『プラットフォーム資本主義を解読する ――
スマートフォンからみえてくる現代社会』ナカニシヤ出版。

（山川俊和）

Q46
1. 福祉国家という社会体制が先進諸国で，いつ，どのように確立したのか説明しなさい。
2. 先進諸国においてなぜ福祉国家が確立したのか説明しなさい。

Q47
1. 社会民主主義レジーム，保守主義レジーム，自由主義レジームの典型とされる国々の具体的な社会保障制度を調べて，類型的にその特徴を説明しなさい。
2. 日本は，福祉レジーム論による３類型に当てはまるだろうか。日本の社会保障制度の特徴から説明しなさい。

Q48
1. 新自由主義と呼ばれる経済政策が1970年代以降に登場した理由と意義は何か，説明しなさい。
2. 新自由主義経済政策における国家の役割を説明しなさい。

Q49
1. 他産業に比較して，自動車産業の特徴には何が挙げられるか？
2. これからの自動車産業が抱える課題は何か説明しなさい。

Q50
1. 「物言う株主」が影響力を増した背景について論じなさい。
2. 西欧と日本での「エネルギー革命」と，石油化学工業の成立との関連について論じなさい。

Q51
1. 日本の中小企業基本法が定める中小企業の範囲を説明しなさい。
2. 中小企業による直接投資や直接輸出の事例を調査し，どのような成果を得ているのか，成果を得られた要因は何か，それぞれ説明しなさい。

Q52
1. 各国における経済格差は「ジニ係数」という統計数値により，国際比較が可能である。ジニ係数の見方と，アメリカ，日本，欧州諸国におけるその数値を説明しなさい。
2. アマゾン・ドット・コムのような巨大グローバル企業では近年，労働組合結成の動きがみられるが，その最新の状況について説明しなさい。

Q53
1. 中国の「サイバーセキュリティ法」の概要をインターネットで調べて説明しなさい。

2．個人データ・非個人データの越境移転をめぐる規制措置について，アメリカ，日本，EU，中国それぞれの現状を整理，比較して説明しなさい。

Q54

1．アメリカで問題となった独占は，これまでどのように変化してきたか説明しなさい。

2．巨大IT企業のもたらす独占は，今後どうなると考えられるか説明しなさい。

Q55

1．経済のデジタル化によって生じた国際課税をめぐる課題について説明しなさい。

2．国際合意された第1の柱（Pillar 1）と呼ばれる解決策の特徴について説明しなさい。

Q56

1．紙幣とデジタル通貨の相違点を説明しなさい。

2．中央銀行デジタル通貨について説明しなさい。

Q57

1．炭素税と排出量取引を比較しメリット・デメリットを理解したうえで，日本にどのようなカーボンプライシングの制度が必要か説明しなさい。

2．EUが導入しようとしている炭素国境調整措置の制度を調べ，国際貿易や多国籍企業の活動に与える影響について説明しなさい。

Q58

1．京都議定書とパリ協定を比較してそれぞれの特徴そしてメリット・デメリットを理解したうえで，あるべき気候変動対策の国際枠組みについて説明しなさい。

2．「カーボンニュートラル」に対する各国の政策の違いを調べ，その特徴と問題点を説明しなさい。

PART IV
エリア別に見た国際経済

◉**映画の窓から見た国際経済④**

🎥 アメリカにおける「環境問題」の論点 ──民事訴訟による解決と温暖化対策

◉**この章で扱うテーマ**

アメリカにおける「環境問題」の論点
──民事訴訟による解決と温暖化対策

🎞 『不都合な真実』"An Inconvenient Truth"(2006年)
🎞 『エリン・ブロコビッチ』"Erin Brockovich"(2000年)

　アメリカにおける環境問題の議論は，様々変遷を経てきた。1960年代には，レイチェル・カーソンの著書『沈黙の春』（1962年出版）によって，農薬や生態系の問題が告発されたし，1979年には映画『チャイナ・シンドローム』が原子力発電所の危険性を訴えると，偶然とはいえ公開のわずか12日後にスリーマイル島の事故が発生して，過剰な危機感が煽られたということもある。

　そのアメリカでも，現在は，温暖化理論をベースとした排出ガス削減問題が，喫緊の課題になっている。この問題について，世論の関心を大きく喚起することになったのは，何といってもドキュメンタリー映画の『不都合な真実』（2006年）であろう。デイビス・グッゲンハイムというTVドラマの監督が演出している純然たる商業作品だが，全編がアル・ゴア元副大統領（民主党）の語りで構成されている。

　100分近い内容はゴアが過去に何千回と繰り返したという「スライドショー」を紹介しながら，それに個人的な感慨を混ぜていくという手法が取られている。では，政治臭がプンプンの映画かというと，これがなかなかどうして嫌味のない仕上がりになっている。主張は極めてシンプルで，京都議定書の批准を説き，温暖化の理論をアニメと実写を通じて丹念に訴えかける内容だ。

　一方で，アメリカに対する警鐘は辛辣なものだった。「アメリカ車の燃費効率は最悪で，（当時の）中国の政府基準も達成していない」とか「産業界保護のためと称して電気自動車構想を一旦葬った結果，GMやフォードは大赤字に転落してハイブリッドを得意とするトヨタとホンダに完全に負けた」とグラフを示して反省を迫っていた。電気自動車（EV）の普及が加速している現代から見れば，完全に歴史に属する内容だが，アメリカがここまで環境に取り組むようになったのには，この映画の功績は無視できないであろう。

　だが，アメリカは一気に温暖化理論に基づく排出ガス抑制に取り組んだのかというと，全くそうではない。この映画が公開された2006年は，共和党のブッシュ政権の時代であり，アメリカは京都議定書から離脱していた。その後，2009年から

『不都合な真実』より

のオバマ政権時代には排出ガス削減の国際的枠組みに復帰したものの，2017年に就任したトランプ大統領は，再びパリ協定を離脱した。

　共和党など保守派は，どうして環境問題に消極的なのかというと，一つには化石燃料をビジネスとする大企業との癒着があるとされている。確かに，ブッシュ一族は，テキサスのオイルマネーと近かったし，トランプは，炭鉱労働者の「時代に取り残された者の恨み」を巧妙に政治利用していた。

　だが，アメリカの保守思想の中にある「環境意識」というのは，自分さえ便利な生活ができれば環境などどうでも良いという発想法かというと，そうではない。そこにあるのは北アメリカの風土が生んだ自然観である。アメリカの大平原は入植した開拓者には豊かな自然の恵みだったかもしれないが，余りにも広大なその空間においては人間はどうしようもなく，小さく孤独だ。

　加えて，この大陸性の気候は激しく変化する。猛暑，竜巻，豪雪などがそれで，多くの開拓者にとって，自然は穏やかに自分を包みこんでくれるものでもなければ，人間の知恵と力でコントロールできるものでもない。そうした自然への畏怖は，い

つしかアメリカの保守心情の核に根付いていったのである。人間にとって自然は恐れの対象である。人の力ではどうにもならないのが自然であって，そのような自然と闘って自分の身を守らなくてはならないのが人間である。

　そうした前提からは「たかが人間の努力で温暖化がコントロールできるわけがない」という感覚が出てくる。また「地球全体の気温上昇は，間氷期と氷河期を繰り返してきた地球の自然な変動の範囲」だといわれると納得してしまう。特に，テキサスなどで油田が発見された喜びから，石油などの化石燃料は「神の恩恵だ」という不思議な信仰も伴っている。神に選ばれた人間は，自然を征服することが許されており，石油の恵みはその証拠だというのだ。そこには，人間が自制をして環境を守るという発想はない。

　もう一つ，アメリカの環境問題を考える中で必要なのは，公害問題の解決法である。日本の場合は，1960年代末から大気汚染や水質汚染の問題が深刻化したが，解決には時間を要した。企業や政府からは，環境よりも経済を優先するという価値観からの言動が目立った。これに対して，野党を中心とした公害反対運動が激しく対立して，公害問題が政治的な対立になってしまったのだった。

『エリン・ブロコビッチ』より

　アメリカの場合は，環境汚染の問題が政治対立になることは少なかった。そこには制度の違いがある。日本の場合は，公害被害者は企業と同時に国を訴える。つまり公害を許した監督官庁の責任を追及するということになり，相手は国になるので時間がかかる。また，どんなに被害が顕著でも，「因果関係の科学的な立証」ができないと，補償金が出ないなど被害者に不利な状況もあった。

　一方で，アメリカの場合は民事訴訟が問題解決に機能していた。つまり，被害者が加害企業を訴えて，そこで勝訴すると巨額の懲罰賠償金が得られるという仕組みだ。そうした判例が確立すると，企業の側は，仮に民事訴訟で敗訴すると壊滅的なダメージを被るので，誠実に環境対策投資をする。制度がそうした好循環を後押ししている。

　例えば，アメリカで工場を含めた企業を買収したとする。その場合には，その工場が環境問題を抱えていないかが，企業買収の重大なチェックポイントになる。また，工場が仮に操業を停止していて，過去の操業の結果として例えば地質の汚染をしていたような場合でも，買収した新しいオーナーが賠償責任を負うのである。

　つまり，企業を買収する場合はそうしたリスクを精査して，場合によっては責任を引き受ける覚悟で行えという制度である。つまり「民事法廷が，問題の解決と防止に機能している」のだ。その様子を活写したのが，当時人気絶頂であった女優のジュリア・ロバーツが主演した映画『エリン・ブロコビッチ』（2000年，スティーブン・ソダーバーグ監督）であろう。これは題名にもなっている実在の女性の伝記映画であり，弁護士資格のない法務助手として，巨大企業の水質汚染事件と戦って勝訴した女性の物語である。

　時に現場に足繁く通って証拠を押さえ，時には激しい舌戦を繰り広げて最終的には，自分の信念を貫き通す女性を演じたロバーツは，この役でオスカーの主演女優賞を受賞することとなった。突き放してみれば，単に仕事熱心で上昇志向の強い，そして庶民性から来るバイタリティー溢れる女性が活躍するドラマに過ぎないが，公害問題に取り組む司法制度の事例として見ると，また別の面で興味深い。

　このように民事法廷に懲罰賠償制度を加えることで，問題解決能力を持たせるという制度は，アメリカにおける公害防止に大きな効果を挙げた。だが，この方式は相手が地球環境というスケールになると，枠組みとしては使えない。このように民事法制を使って公害問題を解決してきたこと，そして世論の半分を占める保守派が，自然への畏怖から温暖化理論に納得していないという実情が，アメリカにおける環境問題の議論を複雑にしている。　　　　　　　　　　　　（冷泉彰彦）

EU（欧州連合）
イギリスがEUから離脱。移民労
働者の排斥，ゼノフォビア（外
国人嫌い）などが経済統合を大
きく揺るがしている。

グアテマラ
貧困問題，民族対立，教育や
医療の行政サービスの未整備
が大きな課題。

ブラジル
南米最大の工業国。地下資源も豊
富でありながら，外国資本に依存
した経済成長モデルからどう脱却
するかが課題。

ナイジェリア
アフリカ最大の原油生産国。外国
資本依存型の経済から内発的発展
への移行，環境破壊，児童労働が
大きな課題。

ロシア

2022年2月，ロシアがウクライナに
侵攻。ウクライナ国内の親ロシア派
4州を一方的に併合。食料・エネル
ギー価格の上昇をもたらしている。

中国

世界第2位の経済大国。アメリ
カとの貿易対立を深める一方，
「一帯一路」構想で太平洋アジ
ア経済圏の拡大を目指す。

中東

米軍がオバマ政権期にイラクから，
バイデン政権期にアフガンから撤
退。以後イスラム国やタリバンが
台頭，中東政治は不安定化してい
る。

インド

人口急増，デジタル化の推進を背景
に急速な経済成長を遂げる新興国。
アメリカ，日本とインド太平洋構想
を構成する。

Q 59

外国事情をリアルに学ぶ視座

〈エリア別学習のすすめ〉

　このPARTⅣでは，現代の国際経済を構成する主要エリア別に経済イシューを具体的に取り上げ，その内情や課題の本質について解説する。

　国際経済を学ぶうえで，個別の外国事情や経済イシューをピックアップし，それを手掛かりとして国際経済の全体構造の理解にむすびつけることは容易なことではない。しかし学習の初期段階として，ほんの一部の個別情報から国際経済という総体パズルを解き明かそうとする問題意識は必要であり，むしろ自分の興味関心にもとづいて特定の外国事情を集中的に学ぶことは有意義である。

　PARTⅣの構成は，次の通りである。第1は，中国やインドに代表される成長著しい「アジア」エリアである。超大国アメリカに次ぐ世界ナンバー2の経済大国の座を獲得した中国について，トランプ政権以降の米中貿易摩擦，人民元の問題，成長要因としての貯蓄や投資の構造変化や不動産投資の内情，そして「一帯一路」構想について議論される。また2030年にその中国を上回る15億の人口が予測される新興国インドについて，豊富な労働力に加えてデジタル化による急速な経済成長の可能性が議論される。

　第2は，イギリスのEU離脱（Brexit）を背景に「離脱と結束」のはざまで揺らぎをみせる「EU」エリアである。Brexitの要因，Brexit後の変化，そしてEU圏での移民労働者の動向が論点の中心となる。特にイギリスは1973年にEU（当時はEC）に加盟後，1980年代にはサッチャー政権下でEU懐疑論が沸き上がり，国民投票を経て2021年1月1日のEU完全離脱に至るまでの歴史的経緯が整理される。またEU離脱過程でのゼノフォビア（外国人嫌い）とそれを扇動するポピュリズムが移民排撃の政治的要素として解説される。

　第3は「ロシア」エリアである。2022年2月24日，プーチン大統領はウクライナ侵攻を開始した。この「ロシア」エリアでは，ロシア，ウクライナ両者の

経済イシューが論じられるが，特に後者では世界最大輸送機「ムリーヤ」（ウクライナ語で「夢」を意味する）を製造するアントーノウ社の厳しい経営事情が論じられる。政府主導の産業政策を後ろ盾としてきたウクライナの「夢」の復権とロシア・ウクライナ戦争の早期終結を国際社会は求めている。

第4は「中南米」エリアである。新興国ブラジルの成長過程と，それと対照をなす中米グアテマラの貧困問題が論点となる。1960年代以降ブラジルの経済成長は海外の投資家によって実現し，その後オイルショックによる投資効率の低下，政府の債務拡大，軍事政権の政情不安を経て，1990年代以降は「ワシントン・コンセンサス」による自由化政策で成長が加速したと論じられる。ただし外資依存からの脱却が今後の課題であるとも指摘される。一方グアテマラは現在も国民の大半が貧困状態にあり，政府による再分配政策，教育，医療など基本的な公共サービスの未整備，民族間の経済格差が課題とされる。

そして第5の「アフリカ」エリアでは，原油のナイジェリア，プラチナの南アフリカ共和国，コバルトやタンタルのコンゴ民主共和国といったアフリカを代表する資源大国に注目する。2000年以降GDPが急拡大する一方で，飢餓や貧困から脱却できず，また先進国の経済援助に依存して工業化を目指しながらも開発独裁，環境破壊，児童労働などの構造的な経済イシューを抱えている現実が指摘される。今後，地域固有の文化や民族コミュニティの経済的自律を糧とする多様な「内発的発展」がアフリカの課題であると論じられる。

翻って，「国際経済」という総体パズルを読み解く際，日本人にとって外国語，つまり言語の壁は実に高いものである。パソコンの翻訳ソフトで外国語を翻訳しても，その無機質な翻訳文と断片的なインターネット情報で外国の歴史や内情を解き明かすことは困難であろう。このPART Ⅳがそうした困難を少しでも取り払い，国際経済をリアルに学ぶ視座を得る一助となれば幸甚の至りである。

PART
Ⅳ

エリア別に見た国際経済

（塙　武郎）

Q 60 対中関与政策はどのようにして競争政策に転換したのか？

〈米中貿易摩擦〉

冷戦後のアメリカの対中政策は経済的関係を優先する関与政策を採用していた。中国は1978年に改革開放を開始して市場経済や外資を漸進的に導入しつつ，政治的には共産党一党独裁を維持した。アメリカでは軍や人権団体が中国の軍拡や人権状況などを問題視したが，中国の経済成長に期待する産業界は良好な対中関係を求めた。1994年にクリントン政権は軍事・経済・価値観にまたがる多面的な米中関係を管理するため，経済関係の拡大によって中国の市場経済化と政治的民主化を促す関与政策を採用した。その最大の成果とされるのが2001年の中国の世界貿易機関（WTO）加盟であった。

ところが，WTO加盟後は拡大する対中貿易赤字を背景に米中貿易摩擦が頻発した。アメリカは人民元の対ドルレートが中国当局の介入によって人為的に低く抑えられていることが赤字の主要因だとして，その切り上げを中国に求めた。また，中国企業がアメリカ企業の知的所有権を侵害して安価な模造品を製造しているとして知的所有権の厳格な履行も要求した。これらの要求は主に議会を通して表明されていたが，次第にその勢いを強めたため当時のブッシュ政権も無視できなくなり，2006年9月に米中戦略的経済対話（SED）を設置して米中間での協議を定例化した。SEDは財務長官が主宰し，人民元問題などの短期的課題とともに経済構造改革などの長期的課題も取り上げ，中国の経済改革を促す場だとされた。こうしたハイレベルの対話枠組みはオバマ政権にも引き継がれ，国務長官も参加する米中安全保障・経済対話（S&ED）として拡充された。しかし，ハイレベル対話による成果は乏しく，特に知的所有権，強制的技術移転，国有企業への補助金問題などの構造問題における中国の対応は不十分なものだった。

これまでの関与政策に終止符を打ったのがトランプ政権である。トランプは，

中国からの輸入品に苦しむ産業や地域の人々の不満に目をつけ，グローバル化によってアメリカ人の雇用が犠牲になってきたと主張して通商政策の大胆な転換を提起した。2017年12月にトランプ政権は関与政策から競争政策への転換を発表し，翌年6月に中国製品に制裁関税を課し，貿易赤字問題と構造問題での対応を求めた。中国政府も報復関税で応じ，両国は貿易交渉と新たな関税の賦課を断続的に進めていった。また，アメリカ政府は中国のハイテク企業に対抗するため先端技術の流出を防止する規制を強化した。米中両国は2019年12月に第一段階合意を妥結させ，中国は①今後2年間で2,000億ドルのアメリカ製品・サービスを購入，②知的財産の保護・実行の強化，③強制的技術移転の禁止，④金融サービスの規制緩和を，アメリカは関税の一部を撤廃することで合意した。

　しかし，合意直後に発生したコロナ禍によって米中関係は劇的に悪化した。双方が感染拡大の責任を相手に転嫁する中で，争点は経済問題にとどまらず，軍事・外交や価値観の領域にまで拡大した。2021年に民主党のバイデン政権への政権交代が実現したが，同政権は対中関税を維持して合意の遵守を求め，ハイテク規制を強化し，新疆ウイグル自治区の人権問題を非難して自治区からの輸入を禁止した。コロナ禍によって安価な中国製品への需要が拡大し，米中貿易は拡大する傾向さえ見られるが，ハイテク分野や人権問題を争点とする部分的なデカップリングも徐々に進行しつつある［→Q61，62，95，ア（2019）Q96，97］。

参考文献　藤木剛康（2017）『ポスト冷戦期アメリカの通商政策——自由貿易論と公正貿易論をめぐる対立』ミネルヴァ書房。
　　　　　河﨑信樹，河音琢郎，藤木剛康（2021）『現代アメリカ政治経済入門』ミネルヴァ書房。

（藤木剛康）

PART IV

エリア別に見た国際経済

人民元問題はどのように管理されたか？

〈人民元問題〉

　米中経済関係は中国のWTO加盟後に急激に拡大し，不均衡な経済的相互依存関係が成立した。中国は輸出で得たドルで米国債を購入して人民元の対ドル為替レートを低く抑え，アメリカは中国からのドルで貿易赤字を補填し，低金利による好景気を持続させた。米中間の経済的一体性を強調する「チャイメリカ」論が流行する一方で，アメリカ議会では巨額の貿易赤字を問題視し，赤字削減のために人民元の切り上げなどを求める対中制裁法案が活発に提出されるようになった。

　人民元問題の主要アクターは，議会と行政府，とくに通貨問題を管轄する財務省である。議員は支持層である輸入産業の要求に応じて中国製品の流入を減らそうとする。ただし，貿易問題と通貨問題は別々の委員会が担当しており政策調整は困難だった。財務省は年に2回，議会に外国の為替政策に関する報告を提出し，不公正な為替介入によって巨額の対米貿易黒字を得ている国を「為替操作国」に指定するかどうかを判断し，政府は操作国に指定された国と協議を行い，その是正を求めなければならない。アメリカ国内での人民元問題は，貿易赤字解消のために人民元切り上げを求める議会と貿易摩擦問題の激化を回避しようとする行政府との間で展開された。

　議会からの圧力を背景に，アメリカ政府は中国政府に対して人民元問題への対応を求めたが，中国の対応は表面的なものにとどまった。中国は2005年7月にドルベッグ制に代えて，複数通貨のバスケットを参考とする管理フロート制に移行したと発表した。それ以降，人民元の対ドルレートは緩やかに増価したが，**図表**に示すように，事実上の為替管理は継続された。他方，アメリカ政府は議会の圧力にもかかわらず，中国を為替操作国に指定しなかった。こうした態度の背景には，貿易赤字を問題視する国内の製造業や労働組合と，中国との

経済関係の維持を求める多国籍企業や金融・サービス業との間で経済界の声が
まとまらず，また，議会でも委員会間での主導権争いによって対中制裁法案が
まとまらなかったことがある。さらに，当時の政権は中国との良好な関係の維
持を優先する関与政策を採用していた。こうして，米中間の不均衡な経済関係
は事実上，放置されていたのである [→Q60，62，95，ア（2019）Q96，97]。

図表 2005〜2010年における人民元の対ドルレート

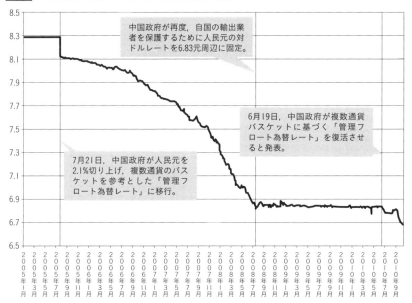

中国政府が再度，自国の輸出業
者を保護するために人民元の対
ドルレートを6.83元周辺に固定。

6月19日，中国政府が複数通貨
バスケットに基づく「管理フ
ロート為替レート」を復活させ
ると発表。

7月21日，中国政府が人民元を
2.1%切り上げ，複数通貨のバス
ケットを参考とした「管理フ
ロート為替レート」に移行。

出所：藤木（2017）

参考文献 大橋英夫（2020）『チャイナ・ショックの経済学―米中貿易戦争の検証』勁草書房。
藤木剛康（2017）『ポスト冷戦期アメリカの通商政策―自由貿易論と公正貿易論をめ
ぐる対立』ミネルヴァ書房。

（藤木剛康）

Q 62

なぜ米中が対立しているのか？

〈産業・貿易・経済規模〉

米中対立の経緯と現状

　近年では，経済大国同士の米中対立が激化し，国際情勢を特徴づける１つの焦点となっている。とくに「米国第一主義」を掲げたトランプ前大統領が通商政策を始めとする対中政策を大幅に軌道修正し，中国からのほとんどの輸入品に追加関税を課すなどといった米中の貿易摩擦が世界貿易に影響を及ぼした。

　また2021年に発足したバイデン政権は，中国を「唯一の競争相手」と位置づけて，トランプ政権下で実施された対中強硬策を継続しつつ，中国との対立をいっそう激化させている。たとえば，米国は安全保障，通商・サプライチェーン，経済安全保障，人権問題などにおいて，対立分野を広げている。

米中対立の背景

　なぜ米中対立が起きているのだろうか。中国経済の視点に立ってこれまでの米中経済関係の変化を３つ側面から捉えてみたい。１つ目は産業面の競争力の変化である。1990年代以降米国の製造業の海外移転や貧富の格差の拡大や社会的不安定などによって，米国経済の国際競争力の優位性が弱まってきた。他方，2000年代以降の中国では製造業のアップグレードが見られている。たとえば，５ＧやAI領域，自動運転やエコシステムの構築，特許出願件数や自然科学分野の論文数などにおいて，米国への追い上げを見せている。このような競争力の変化は米国経済の将来にとってさらなる競争力の低下を招く可能性がある。

　２つ目は貿易面の力関係の変化である。中国は2007年に米国を追い抜き，2017年から世界第１位の輸出国となった。2019年において，モノの面で最大貿易相手国が中国という国は64カ国なのに対し，米国は38カ国にとどまっており，米国は中国に輸出市場のシェアを奪われつつある。

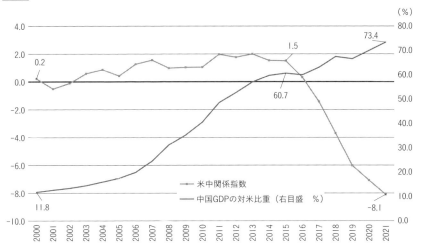

図表 中国GDPの対米比重及び米中関係指数の変化

注）指数は両国の関係を敵対，普通及び友好という分類で数値化した。
出所：清華大学国際関係研究院，世界銀行より筆者作成。

　3つ目は経済規模の急接近である。**図表**で示しているように，2000年以降中国の経済規模（GDP）は急拡大し，2015年には米国のそれに比べて60％を超えた。その時点から，米中関係の指数も急速に悪化していることがわかる。世界の超大国米国にとって，中国経済の台頭あるいは近い将来のキャッチアップは経済覇権にとって大きな脅威であると感じている。

　今後米中対立はいっそう本格化していくだろう。しかし軍事的・政治的対立があっても，世界経済のデカップリング（分断）を避けるべきである［→**Q** 60，61，95，ア（2019）Q96，歴（2023）Q14，15］。

参考文献　野口悠紀雄（2021）『入門 米中経済戦争』ダイヤモンド社。

（唐　成）

PART
IV

エリア別に見た国際経済

Q 63

中国経済はどのような成長課題を抱えているのか？

〈高齢化・債務・貯蓄率〉

高度成長の終焉とその背景

　2000年以降の中国経済は，２つの転換点を経験するというドラマティックな展開を見せている。１つ目は高度経済成長の「最盛期」を迎えたことである。経済成長率は2003年から2007年にかけては，前年比２桁の「驚異的な」伸びを示し，2010年には世界第２位の経済規模となるなど，「経済大国」として，世界の檜舞台に登場したことを印象づけた。２つ目はその高度成長の終焉である。2012年に連続12年にもわたって続いた８％以上の経済成長率が７％台へ低下し，いまや４〜５％台にとどまっており，高度成長は終わりを告げたといえる。

　高度成長の終焉の背景には，以下のような経済構造の変化が影響を及ぼしている。１つ目は少子高齢化である。生産年齢人口は2011年の9.47億人をピークに減少局面に入っており，2022年に出生数は連続２年減少となり，65歳以上の人口は２億人を超え，高齢化率は2001年の7.1％から2022年の14.9％となった。このため，高齢化を経済面で支えるためにも持続的な経済成長が求められる。

　２つ目はサービス経済化である。2012年にGDPにおける第三次産業の比重が第二次産業を超え，2022年には52.8％に達している。したがって，経済成長の視点から，サービス産業の生産性をいかに向上させていくかや，イノベーションの促進により経済成長をけん引することが重要な政策課題といえる。

経済構造の重要な課題

　経済構造の視点から，中国経済は２つの課題への取り組みが重要である。１つ目は過剰債務問題である。これまでは企業・政府・家計の過剰債務問題は必ずしも大きな焦点とはならなかったが，高度成長の終焉からしだいに表面化し，いずれかの破綻が金融システム全体に波及リスクを顕現化させかねない。たと

えば，2010年以降住宅価格の急騰に伴い，家計債務も急拡大し続けている。もし住宅市場が崩壊すれば，金融と実体経済に甚大なダメージが生じかねない。

図表 中国の家計債務及び日米中の家計貯蓄率の推移

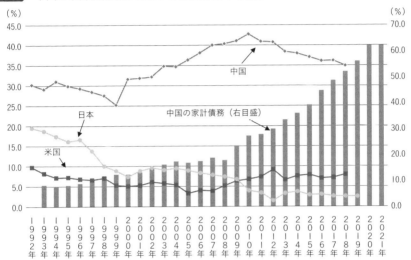

注）家計貯蓄率は対可処分所得比で，家計債務は対GDP比率，右目盛である。
出所：唐成（2021）『家計・企業の金融行動から見た中国経済』有斐閣。

2つ目の課題は家計の高貯蓄率問題である。米中対立が激化していくなかで，家計消費の増加に伴う内需拡大は安定した経済成長には不可欠な条件である。しかし，中国の家計貯蓄率は依然として国際的に比較しても高い（**図表**）。したがって，貯蓄から消費へと家計行動をシフトさせるためには，社会保障制度の充実や格差の是正，金融の市場化改革などの処方箋の確立が求められている。

参考文献 唐成（2021）『家計・企業の金融行動から見た中国経済』（有斐閣）。

（唐　成）

Q 64

Brexit（ブレグジット）はなぜ起きたのか？

〈Brexitの国内要因〉

　イギリスは2016年6月23日にBrexit（ブレグジット）についての国民投票を行ない，その結果，離脱51.9％，残留48.1％の結果を受けてEUから離脱することになった。EUからの離脱はあまり前例のない事態であり，拡大を続けてきたEUにとって初めての縮小，悪くすればEU解体の危機も叫ばれるほどであった。BrexitとはBritainとExitを合成した言葉で，経済優先か移民優先かが争点であった。

　それではなぜBrexitをめぐって国民投票が行なわれるようになったのか。イギリスは1973年にEU（当時はEC）に加入し，1975年に加入についての国民投票を実施した。その時は圧倒的多数で加入賛成が勝利した。その後1980年代はサッチャー政権のもとで，EUの単一市場制度を活用して，また自由な市場主義を標榜して，イギリス経済の活性化が進んだ。

　しかし，1988年頃からサッチャー首相はEUに懐疑的な態度を取り始めた。EUが社会保障政策などをめぐってさまざまな規制を押し付けてくるのは，イギリスの国家主権の侵害に他ならないというのである。その後，首相が同じ保守党の親EUのメイジャーに変わり，マーストリヒト条約（EUの一層の統合を進める協定）が承認された。1997年にブレアの労働党に政権が変わると，親EU政策がさらに進み，EU組織を強化するアムステルダム条約が承認された。

　EUでは2004年に10の新規加盟国が誕生したが，ブレア政権は経済の好調を土台に7年間の移行期間を活用せず，移民を規制しない政策を採った。その結果，2004年以降，ポーランドなどから大量の移民がイギリスに押し寄せ，ポーランド移民は90年代の数万人から，2013年には85万人に達し，イギリスではポーランド語が英語に次ぐ言語と揶揄されるほどであった。

　このような移民は社会保険料を納めずに，ただで医療を受けているという批

判が離脱支持派から高まった。イギリスでは，NHS（国民健康保険制度）の
お陰で国民は無料で医療を受けられる。Brexitの国民投票では，毎週3.5億ポン
ドもの資金がEUに拠出され，EUから離脱すればその金をNHSに回せるとの誇
張もまかり通った（実際は1.5億から2億ポンド）。一方で残留支持派は，EU
から脱退すれば経済活動が低下し貧しくなると訴えた（恐怖シナリオ）。

　投票では，高年齢，低学歴の者が離脱を支持し，若者，高学歴の者が残留を
支持した。しかし高齢者の投票率が高く，逆に若者は低投票率であったために
約4％の僅差で離脱が勝利を収めた。残留派であったキャメロン首相は敗北の
後，ただちに首相を退き，同じ保守党のメイ首相がBrexitの実現に取り掛かっ
た。投票前には保守党国会議員の大勢は消極的残留派であり，強固な離脱派保
守党議員は80人程度であった。また労働党のほとんどは残留派であったが，強
い信念を持っていたわけではなく，国民投票の結果を尊重して，保守党，労働
党の国会議員の大方は離脱支持に回った。

　EUとの交渉は，単一市場の維持（モノ，サービス，金融），人の自由移動
（移民）をめぐって難航した。いろいろなオプション（カナダ型＝FTA型など）
があったが，EUは「いいとこ取り」を許さず，またイギリスは北アイルラン
ド問題を抱えていて，アイリッシュ海に実質的国境線を引くことになるFTA
型も難航した。メイ首相はこの困難を解決できずに辞任し，後任のボリス・
ジョンソンは実質的にアイリッシュ海の国境線を承認する案を元に，モノにつ
いては関税なし，サービスと金融については優遇なしということで決着した。
自由に金融業務を行える金融の単一パスポートも認められなかった。2019年10
月に離脱協定を結んだジョンソンは総選挙に訴え大勝し，2020年1月31日に離
脱が実現した。その後の移行期間を経て，2021年1月1日午前零時に完全離脱
となった［→Q65，66］。

参考文献　鶴岡路人（2020）『EU離脱——イギリスとヨーロッパの地殻変動』筑摩書房。

（安部悦生）

Brexit（ブレグジット）後のイギリスとEUの関係はどうなるか？

〈Brexit後の予測〉

　2021年1月1日，イギリスはEUから完全に離脱した。EU構成国は28から27に減少した。加盟国の減少という事態はEUが初めて経験する事態である。EUで2番目に大きなGDPと人口を擁する国が抜けたので，その影響は大きい。しかし，EUは実際には独仏枢軸によって動かされていて，両国の意向が決定的な重みをもっている。その中でイギリスは，独仏の社会民主主義的な政策と異なり，自由主義的な方向性を有していた。EUの「絶えざる緊密な統合」に反対し，EUをできるだけ経済共同体に留め，政治的・社会的共同体への統合は望んでいなかった。しばしば「厄介なパートナー」ともみなされ，イギリスが抜けたことで却ってEUのいっそうの発展深化がもたらされると期待する向きもある。EUには欧州中央銀行はあるものの，欧州財務省はない。だがBrexitにより財務省が設置されるならば，強力な財政政策への展望も開けるだろう。

　しかし今度は，ハンガリー，ポーランドなどの，「民主主義，人権，法治」の尊重というEU理念とは必ずしも一致しない姿勢，政府を持つ国がEU内部の異端分子として登場してきた。現今のウクライナ問題一つを見ても，EUは完全に一致しているわけではない。またフランスの「国民戦線」（FN），「ドイツのための選択肢」（AfD）などの右翼勢力が強くなり，経済領域だけではなく，人権，社会政策（移民対策）などの面で対立が深刻化している。

　イギリスは離脱したが，「合意なき離脱」ではなくFTAレベルの合意をもって離脱した。金融の「単一パスポート」は認められなかったが，「同等性評価」を獲得できれば，パスポート喪失のマイナスはかなり減殺できる。現時点では同等性を得てはいないが，米欧金融機関のロンドンからフランクフルト，アムステルダム，パリなどの大陸主要都市への大量脱出は起きていない。80万人に

ものぼるロンドンの金融業従事者が大挙して大陸に移るという予想もあったが，そうした事態も起きていない。ロンドンのシティは今のところ安泰である。経済成長の面では，2020年のCovid-19発生以前は，EUからの移民が減少したこともあって，イギリスではトラックドライバーなどが不足し，物流が滞り，スーパーマーケットの店頭にモノが十分供給されないという事態も起きたが，概して経済活動に大きな混乱は起きていなかった。

　そこに発生したのが，Covid-19の影響による2020年3月のロックダウンである。このお陰で，Brexitの純然たる影響がどのようなものであるかは不透明になった。しかし新型コロナによって，イギリスはもとより独仏などの経済成長率もマイナスとなり，当面はイギリスに特段の打撃を与えてはいない。

　他方で，イギリスは軍事などのインテリジェンスで，アメリカと密接に連携しているので（従来からのファイブ・アイズや最近新設されたオーカス），その面でのEUの情報能力は減退した。しかし，ECからEUへの転換を遂げたマーストリヒト条約（1993），社会憲章やユーロ，欧州議会の強化を目指したアムステルダム条約（1999），中東欧への拡大に備えたニース条約（2003）は発効した。欧州憲法条約は挫折（2005）したが，それを実質的に再現したリスボン条約（2009）も発効した。他方，2008年に発生したリーマンショック，2010年のギリシャ債務危機，2015年の難民危機，そして2016年のBrexit，2022年のウクライナ危機と，EUにとって難題は次々に降りかかってきた。しかし一時言われたEU解体の危機は消滅し，むしろBrexitの混乱を見て離脱が容易ではないことがわかった。またポーランドのようなEUから多額の補助金を得ている国にとっては，実利から言っても離脱はありえない。今後も難題は発生するだろうが，EUが崩壊することはなく，また隣人イギリスとの関係に大きな争いも起きないだろう［→**Q64，66**］。

参考文献　鷲江義勝編著（2020）『EU——欧州統合の現在』第4版，創元社。

（安部悦生）

Q66

EUの移民・難民危機は
なぜ起きたか？

〈EU移民〉

移民流入とポピュリズムの台頭

　21世紀に入り，EU諸国への大規模な移民・難民の流入が続いている。アフガニスタン紛争や世界金融危機，「アラブの春」など国際政治経済上の混乱，シェンゲン協定によるEU内の「人の自由移動」の影響を反映したものである。EU加盟国となった旧東欧諸国から，また北アフリカから地中海を渡るルートからの非正規労働者が急増し，EU諸国の社会的緊張を高めている。人の自由な移動はヨーロッパ統合の理念の象徴であった。それではなぜ，人権尊重，多民族共生，異文化共存，反人種主義を共通の価値としてきたEU諸国において，排外主義的なポピュリズム勢力（急進右派）が台頭するようになったのか。

　例えばイギリスでは，既成政党のリベラル化に不満を募らせた，主に労働者階級の「取り残された人々」を支持基盤とするイギリス独立党が躍進した。イギリス国籍を持たない居住者の増加によって，不法移民の国外退去手続きの簡素化や移民の社会・福祉サービス受給権の削減が争点となり，2014年移民法では各種サービスへの移民のアクセス制限が盛り込まれた。財政負担を強いる移民・難民受け入れへの反対は，イギリスのEU離脱の原動力でもあった。ハンガリーやポーランドでは急進右派政権が誕生するなど，影響力を強めている。特にムスリム人口の増加によって，EU諸国の人口動態は着実に変化している。移民・難民の増加は，ヨーロッパ文化の破壊を食い止めようする，ヨーロッパのアイデンティティを保守する力学をEUにもたらしたといえる。

ポピュリズム台頭の政治経済的な背景

　冷戦が終結すると，グローバル化と新自由主義的な競争政策が進められ，先進諸国や多国籍企業は，移民を含めた非正規雇用労働者を拡大させた。これは

安価な労働力や商品を生み出す新興国に対する先進国の生き残り戦略でもあった。非正規労働への転換などの労働者の流動化や格差拡大は，移民というより企業や国家の経済競争の結果である。労働者は労働環境が悪化した原因を企業に訴えるべきところ，ポピュリズムの扇動によって立場の弱い移民や難民に矛先を向けている。本来は賃上げや労働条件の改善で共同するべき労働者層の間で，受入国の労働者による，移民や難民に対するゼノフォビア（外国人嫌い）を生み出し，急進右派勢力が拡大した。

　2015年5月に発表された「人の移動に関する欧州アジェンダ」によれば，EUの方向性は，①非正規移動の動機の軽減，②EU域外との境界の管理，③強靭な共通庇護政策，④合法移民に関する新たな政策を謳っている。従来の寛容な姿勢から一転し，移民問題がヨーロッパの安全保障上の課題であることを印象づけた。確かに移民の増加は，自国の高度な福祉受給などの社会保障費を圧迫し，公共サービスへの負担が問題となる。他方で優れた技能や知識を持ち，低賃金で働く外国人はEU経済を支えている。実際に先進各国の移民政策は，高度な技能を持つ移民の選別的な受け入れが主流である。移民が働くことで税収入が増加し，社会保障に還元されるのであって，福祉国家の制度的持続に貢献する移民の受け入れは，先進国の経済競争力を強化させることになる。

　しかしシリア内戦以降，ギリシャやイタリアなどに流入した難民の収容は深刻な問題となっており，国境を閉鎖する国が現れるなど，EU加盟諸国でも共通の対応がとれていない。さらにロシアのウクライナ侵攻によって多数の難民がEU圏内に押し寄せている。これらが今後，EU諸国に深刻な課題を突き付けることは必至である［→Q64，65］。

PART
IV

エリア別に見た国際経済

参考文献

墓田桂（2020）『EUにおける移民・難民問題―欧州のアイデンティティをめぐる葛藤』日本国際問題研究所グローバルリスク研究会報告書。
羽場久美子編（2021）『移民・難民・マイノリティ―欧州ポピュリズムの根源』彩流社。

（下斗米秀之）

Q67

インドが日本のGDPを凌駕する経済見通しの根拠は？

〈人口ボーナス〉

　世界銀行によれば，インドの2010〜2019年の実質経済成長率の平均は6.9％，2019年の名目GDPは旧宗主国イギリスの名目GDPを抜いて世界第5位の経済大国に躍り出た。今後の予測でも，インドは2030年頃には日本の名目GDPを追い抜き，世界第3位の経済大国になる見通しである。

人口ボーナスと成長会計

　こうした経済予測を可能にしている要因として，インドが2040年頃まで「人口ボーナス期」を享受できることがあげられる。国連の2019年版人口推計によれば，2020年のインドの人口は世界第2位の13.8億人であるが，2030年までに中国を抜いて15億人の世界一の人口国となる。重要なのはその人口構成であり，長年にわたり一人っ子政策を実施してきた中国が少子高齢化へ進むのに対し，インドは総人口に占める生産年齢人口（15〜64歳）の割合が2040年に68.5％のピークを迎えるまで上昇し続ける。

　人口構成が経済成長にどのような影響を与えるかについて，経済成長の要因を労働や資本，技術進歩の各要因に分解する「成長会計」に基づいて説明することができる。「成長会計」の概念は，1957年にロバート・ソロー教授が「技術変化と集計生産関数」というタイトルの論文で，米国の経済成長の源泉を労働の成長，資本蓄積の成長，技術変化（全要素生産性）の成長に分解したことに遡る。

　このモデルに基づけば，豊富な生産年齢人口は，労働投入量の増大を通じて経済成長を促すほか，従属人口（14歳以下，65歳以上）に対する社会保障など扶養負担が低下するため貯蓄・投資が増大し，インドの経済活動を活性化する。さらに，教育の浸透が人的資本の蓄積を通じて生産性の向上をもたらしうる。

こうした人口構成の優位性が「人口ボーナス」と呼ばれ，インドの潜在成長率を高めている所以である。

インドの経済発展パターン

　インドが「人口ボーナス」を十分に享受し，持続的な経済成長を続けるためには，経済・生産活動の中心にある豊富な人口層に適切な就業機会を提供し，教育をさらに普及させることが鍵であるが，現時点では課題も多い。それはインドが1991年の経済自由化以降，サービス主導型の経済発展を遂げてきたことと関連する。

　日本やNIEs，ASEAN4，中国などの東アジアの経済発展プロセスでは，製造業を中心とした工業主導の経済発展を遂げ，一人当たりGDPの上昇とともに，GDPに占める付加価値比率でみた産業構造が農業から工業へシフトし，それに合わせて就業構造も同様に変化した。しかし，インドの経済発展プロセスでは，こうしたペティ＝クラークの法則が確認できない。産業構造では農業からサービス業へシフトする一方，就業構造は就業者の多くが農業に従事している。2019年時点でサービス業の付加価値はGDPの54.3％を占めているが，サービス業は相対的に労働節約的な業種であるため，就業者の43.3％がいまだ農業に留まっている。製造業の振興と雇用創出に向けて，インド政府は2014年以降，「メイク・イン・インディア」プログラムを開始し，ビジネス環境の改善を通じて外国企業の参入を促しているが，社会経済の構造変化は容易ではない［→Q68，69］。

PART

IV

エリア別に見た国際経済

参考文献　チャールズ・I・ジョーンズ著，宮川努ほか訳（2011）『ジョーンズ マクロ経済学I
　　　　　—長期成長編』東洋経済新報社。
　　　　　大泉啓一郎（2007）『老いてゆくアジア—繁栄の構図が変わるとき』中央公論新社。

（二階堂有子）

Q68

デジタル金融サービスはどのように インドの課題を解決しているのか？ 〈フィンテック〉

インド経済はこの数十年間，高い経済成長率を続けているものの，いまだ大きなインフォーマル部門を抱えている。ここではデジタル金融サービス，すなわちFinTech（フィンテック）を活用した，インドの包摂的な経済成長に向けた課題解決の取り組みについて説明する。

社会のデジタル化と金融包摂（Financial Inclusion）への取り組み

2014年以降，インドではデジタル化と金融包摂への取り組みが加速した。まず，デジタル化を通じて国民に容易かつ効率的な行政サービスを提供することを目的に，7月から「デジタル・インディア」が開始された。このプログラムの柱の一つは，国民識別番号「Aadhaar（アーダール）」をデジタル認証インフラとして活用することにある。ヒンディー語で「基礎」や「基盤」を意味する「Aadhaar」は，インド居住者にランダムに割り振られる12桁の固有番号である。インド版マイナンバーという位置づけだが，アーダールは指紋や虹彩といった生体情報を用いることが日本のマイナンバーとは異なる。

次に8月から，すべての世帯に基本的な銀行サービスの提供を目指す「金融包摂に向けた国家ミッション」が開始された。その柱の一つが低所得家計に預入・引出時の手数料無料の基本銀行口座（Jan Dhan）を提供するもので，インド独自の決済ネットワークであるRuPayデビッドカードも付帯し，条件に応じて当座貸越や傷害保険も利用できる。また，インドでは長年にわたり，人口の約6割を占める農村部に銀行サービスを届けることが課題であったが，「リープフロッグ（蛙飛び現象)」という農村部でも携帯電話の保有者が急速に増加していることを活かし，携帯電話を利用した銀行サービスが開始された。

社会保障給付金・補助金の給付をより正確かつ迅速に行う取り組み

　インド政府は，長年にわたり低所得家計への食糧や燃料の価格補助や農村雇用事業を実施しており，これらに膨大な国家予算が振り向けられてきたが，同時に受益者の特定化や支払いの遅れが問題となっていた。そのため2015年以降，保有者が増えてきたJan Dhan・Aadhaar・Mobile（＝JAM Trinity）を活用し，これら三つを紐づけすることで，こうした問題を解決する動きが始まった。

　受益者の特定に関しては，これまで配給カードや選挙IDカードなどの身分証明書が使われてきたが，偽造証明書の使用や役人の不正により，実在しない者に貴重な財政資金が流れていた。そのため，アーダールの指紋・虹彩認証を通じ真の受益者の特定が可能になった。次に，社会保障給付金・補助金が家計へ支給されるまで，多くの政府部局を経なければならず，家計が本当に必要な時に現金を受け取ることができなかったが，政府から受給者のアーダールに紐づけされた銀行口座へ直接送金できる決済システムを活用することで受給までの時間が短縮された。さらに，送金された現金に受給者が容易にアクセスできるように，アーダール認証や携帯電話を通じた銀行サービスを活用した。

　新型コロナウイルスの感染拡大とロックダウンにより，インドのインフォーマル部門は大きな影響を受けた。政府は女性や零細農民などにJAM Trinityを通じた現金給付を行なった。まさに今回のパンデミックは，インドのデジタル金融サービスが課題解決のために有効に機能するかの実験場となったのである〔→Q67，69〕。

PART
Ⅳ

エリア別に見た国際経済

参考文献　二階堂 有子（2021）「デジタル金融サービスを通じた課題解決」堀本武功・村山真弓・三輪博樹編『これからのインド―変貌する現代世界とモディ政権』東京大学出版会。
　　　伊藤 亜聖（2020）『デジタル化する新興国―先進国を超えるか，監視社会の到来か』中央公論新社。

（二階堂有子）

Q69

インドはなぜ保護主義に回帰したのか？

〈インドの保護主義〉

輸入関税率の引上げとRCEPからの離脱

2014年に誕生したナレンドラ・モディ政権は，企業にとってのビジネス環境の改善を図りながら，歴代政権がなしえなかった重要な経済改革に成功している。たとえば，2016年の倒産法制度の整備，2017年の物品サービス税の導入，2020年の労働法制改革であり，いずれの改革もインド経済には不可欠である。

しかしながら，モディ政権は経済改革に逆行するような保護貿易政策も同時に実施している。実際，輸入関税率は2013年の13.5％から2020年の15％へ引き上げられ，11.1％の上昇率を記録している。これは，1991年の経済改革以降，100％を超える水準から関税引下げを一貫して実施してきた貿易自由化政策を反転させるものだ。2013年から2020年には，衣料品で65.4％，糖類・菓子類で41.8％，皮革・履物などで34.3％，玩具や文具を始めとする「その他の製造業」で29.5％もの上昇率が観察される（World Trade Organization [2014; 2021], World Tariff Profiles）。電気機械や輸送機器などのハイテク部門でも関税が高くなったが，モディ政権は，労働集約的なローテクの工業部門を相対的に強く保護している。インド政府による保護主義への回帰を世界に印象付けたのは，地域的な包括的経済連携協定（RCEP）からの離脱である。インドは，日中韓＋ASEAN＋豪新＋インドの合計16カ国で2011年から交渉を開始したRCEPを，交渉妥結目前の2019年後半に突然離脱した。

インドは5年に一度の国政の下院選挙に加えて，いずれかの州では毎年必ず州議会選挙が実施されている。インドの国会は上院と下院から構成されているが，州議会議員が上院議員を選挙するという仕組みになっている。国政に関わる重要な法案は，両院での可決が必要である。上院では与党は過半数を占めていないこともあり，モディ政権は政権運営を行ううえで，RCEPによって被害

を受ける可能性のある農業団体や中小零細企業に配慮した選挙対策をせざるをえない。このことが，インドがRCEPから離脱した政治的な背景である。

「自立したインド」構想

　モディ政権は，2020年に新型コロナ対策に加えて国内産業の振興をも図る経済政策として，総額約32兆円の「自立したインド」構想を公表した。この「自立したインド」構想を，緊急経済対策と簡単に位置づけることができないのは，外資に対しても積極的な参加を認めている生産連動インセンティブ（Production-Linked Incentives: PLI）計画の存在である。総額約2.3兆円の補助金の対象として指定された10部門は，蓄電池（12%）・電子電機（3%）・自動車（39%）・製薬（10%）・通信機器（8%）・繊維（7%）・食料（7%）・太陽電池モジュール（3%）・エアコンとLED（4%）・特殊鋼（4%）である（括弧内は補助金の内訳である）。多くが，ハイテク部門に属している。

　たとえば，携帯電話と特定電子部品のPLI計画は，参加企業に，2019-20年をベース年として計算された追加的な売上額に対してその4%から6%相当額の補助金を5年間にわたって支給する。携帯電話の認定を受けた外資は，韓国企業のサムソンに加えて鴻海を始めとする台湾企業などの5社，地場企業として5社が認定された。特定電子部品では，外資3社，地場3社が認定された。インド政府は，5年間で，上記16社が総額約15.9兆円以上の生産を行い，生産の60%を輸出し，約1,669億円の設備投資と20万人以上の雇用創出をすると予測している。以上のように，PLI計画はハイテク産業を戦略的に保護育成する政策であり，インド経済のグローバル・バリューチェーン（GVC）への参加とそのアップグレードを企図している ［→Q67，68］。

PART
IV

エリア別に見た国際経済

参考文献　佐藤隆広・上野正樹編（2021）『図解インド経済大全』白桃書房。

（佐藤隆広）

なぜブラジルで累積債務問題は起きたのか？

〈累積債務問題〉

ブラジルの奇跡

　国外からの資本流入とその後の急激な資本流出によって生じる経済危機は，この数十年間，世界中で繰り返されてきた。ブレトンウッズ体制崩壊以降に顕在化したこうした危機が最初に生じたのはラテンアメリカ諸国においてであった。いわゆる累積債務問題である。この問題を紐解けば，1960年代に危機の端緒を見出すことができる。

　現在では新興国の一国として挙げられるブラジルであるが，1960年代後半以降にも急激な経済成長を経験し，投資対象として注目されていた（ブラジルの奇跡）。こうした構造はブラジル国内の統治メカニズムとも関連していた。国外からの資本投資による経済成長は，軍事政権の統治を正当化し，国外からの投資を支える諸制度の構築を可能にしたのである。

オイルショック後の国土開発

　強力な権限や政治力を有する州政府の利害関係を反映した国家プロジェクトは，オイルショックの影響下で次第に行き詰まっていくこととなった。そもそもこうした大規模な投資は必ずしも投資効率を優先したものではなく，結果としては政府債務の増大に結びついた（**図表**）。

　このように経済に翳りが見え始めた1970年代後半には深刻な政情不安が生じていた。というのも，当時の政権の有力な支持基盤は民族資本の企業であったが，経済成長の停滞によりその基盤が掘り崩されることとなったのである。

累積債務問題の顕在化とその後

　1982年４月にメキシコが対外債務返済の履行不能に陥ると，ラテンアメリカ

諸国の国際的な信用は低下した。こうした状況下でブラジルにおいては，1985年には軍事政権から民政移管が行われた。その後，1990年代には構造調整として「ワシントン・コンセンサス」と名付けられる一連の自由化政策が採られ，2000年代にはBRICsの一国として注目を浴びることとなる。ただし，依然として外資に頼らざるをえない構造は残されている。

図表 ブラジルの対外債務残高と経済指標の推移

(単位：%)

	対外債務残高 （対GNI比率）	固定資本形成 （対GDP比率）	GDP変化率	物価指数変化率
1971年	15.9	21.3	11.3	10.1
1972年	20.4	21.2	11.9	8.5
1973年	19.2	22.0	14.0	12.7
1974年	21.5	24.3	8.2	26.4
1975年	22.8	25.7	5.2	26.2
1976年	22.5	23.0	10.3	27.6
1977年	24.5	22.0	4.9	25.3
1978年	28.1	23.0	5.0	18.2
1979年	28.2	23.1	6.8	87.6
1980年	31.7	23.1	9.2	70.7
1981年	32.4	23.6	−4.3	45.6
1982年	35.3	21.9	0.8	73.7
1983年	51.7	17.9	−2.9	90.7
1984年	52.9	17.5	5.4	126.4
1985年	49.4	20.3	7.9	158.4

注：物価指数変化率は各年12月時点の月率を年率に変換している。
出所：対外債務残高と固定資本形成はWorld Bank "DataBank"，GDP変化率と物価指数変化率はBanco Central do Brasil "Sistema Gerenciador de Séries Temporais" より作成。

参考文献 セルソ・フルタード著，水野一訳（1971）『ブラジル経済の形成と発展』新世界社。
ラテン・アメリカ政経学会編（2014）『ラテン・アメリカ社会科学ハンドブック』新評論。

（水上啓吾）

PART
IV

エリア別に見た国際経済

どうしてアフリカは一帯一路に参加するのか？

〈一帯一路〉

一帯一路にみるアフリカの行方

　2013年，中国は陸上のシルクロード経済ベルト，および海上の21世紀海上シルクロードを軸とする「一帯一路構想（以下“一帯一路”）」を国家の重要政策に掲げた。一帯一路の目的は，経済連携や平和・安全保障上の協力関係を2国間で構築することにある。

　特にインフラ機能が不十分な途上国に対して，中国は大規模なインフラ建設を進めている。両国間の貿易・投資拡大への期待から，参加国も年々増加しており，2015年初旬では，一帯一路の協力覚書に署名した国はアジアや東欧の十数ヵ国であったが，2022年3月時点ではアフリカ諸国を含む140ヵ国以上が関わる巨大な枠組みに発展している。

　アフリカ諸国にとって，一帯一路はインフラ整備を進める好機であった。中国による多額の融資を受けて，アフリカ東部のジブチでは大規模な港湾が，ケニアでは高速鉄道が建設された。さらに，アフリカの沿岸国では自由貿易区（FTZ）の建設が進展しており，産業の集積や高度化が期待されている。

　一帯一路への参加にはリスクもある。スリランカでは，対中国債務の返済が困難となり，建設された港湾の運営権が中国国有企業へ99年間もリースされることとなった。数十億ドル規模の対中国債務を抱えるジブチやケニアもこの「債務の罠」に陥る恐れを抱えている。だが，中国も新型コロナの影響から経済状態が良好とはいえず，アフリカ諸国の債務不履行はリスクといえる。加えて，アフリカ諸国の中には中国主導の事業に懐疑的な国や反発する人々も存在しており，シエラレオネでは中国資本による新空港建設計画が中止となった。

　更なる発展を求めるアフリカ諸国にとって，中国の資金力は魅力的だが，債務の罠や中国の勢力拡大に対する懸念もある。中国と関係国の双方にとっての

図表 一帯一路構想で想定される陸上および海上ルート

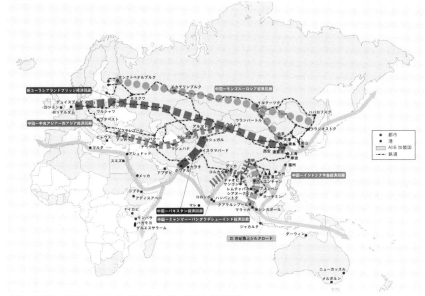

出所：平川均・石川幸一ほか編（2019）『一帯一路の政治経済学』。

Win-Winとは何かを改めて問い直す必要がある ［→**Q62，72**］。

参考文献 平川均・石川幸一ほか編（2019）『一帯一路の政治経済学：中国は新たなフロンティ
アを創出するか』文眞堂。
王義桅著，川村明美訳（2017）『「一帯一路」詳説：習近平主席が提唱する新しい経済
圏構想』日本僑報社。

（佐々木優）

Q72 鉱物・エネルギー資源はアフリカに とってメリットだけなのか？

〈資源依存の功罪〉

資源大陸アフリカと資源依存の弊害

　世界の資源需要は年々高まっており，『エネルギー白書2021』によると，特に世界全体のエネルギー消費に占めるアジア・アフリカ・中南米の割合は1965～2019年で16.4％から52.4％に拡大している。

　石油天然ガス・金属鉱物資源機構の『鉱物資源マテリアルフロー2020』によると，電子機器類の部品やリチウムイオン電池の原料需要が高まっており，2010～2019年でリチウムは2.7倍，タンタルは2.6倍に増加している。

　アフリカ大陸はこれらの資源が豊富に埋蔵されており，資源大陸とも称される。電気自動車の部品に用いられるコバルトの51％がコンゴ民主共和国産である。携帯電子機器のコンデンサーに不可欠なタンタルの鉱石生産量はコンゴ民主共和国が41％，ルワンダが21％，ナイジェリアが12％を占める。南アフリカでは輸出額全体の3～4割が資源であり，2000～2018年で原油輸出額が約4倍，鉱物資源が5倍以上に増加した。タンザニアやボツワナでは天然ガス田やダイヤ鉱脈の発見以降，欧米資本の投資が進み，タンザニアで年平均6.5％，ボツワナで4.2％の経済成長率を達成した。アフリカ有数の産油国ナイジェリアも，2000年代の原油価格上昇を背景に，経済成長率が年平均8％超となった。

　ただし，資源への依存度が高い国では経済成長が停滞する「資源の呪い」という仮説があり，サックスらが過去の事例から実証的に論じている。ナイジェリアは原油産業への依存度が増した結果，国内の製造業の高度化は遅れ，しかも人口の3割が原油の恩恵を受けられず，貧困状態に陥ったままである。コンゴ民主共和国では，零細なコバルト採掘場で10歳前後の子どもを含む大勢の労働者が日当1～2ドルで12時間の労働を強いられている。

　人類は限りある資源によって生活を豊かにしてきたが，資源依存国の政治経

図表 アフリカ各国の資源分布

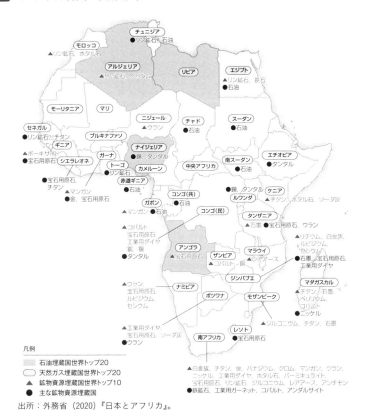

凡例

- 石油埋蔵国世界トップ20
- 天然ガス埋蔵国世界トップ20
- ▲ 鉱物資源埋蔵国世界トップ10
- ● 主な鉱物資源埋蔵国

▲白金族、チタン、金、バナジウム、クロム、マンガン、ウラン、
ニッケル、工業用ダイヤ、ホタル石、バーミキュライト、
宝石用原石、リン鉱石、ジルコニウム、レアアース、アンチモン
●鉄鉱石、工業用ガーネット、コバルト、アンダルサイト

出所：外務省（2020）『日本とアフリカ』。

済構造に歪みをもたらしたことも事実である。資源に起因する歪みの解消が現
代経済に課せられた課題と言える［→Q71］。

参考文献 細井義孝（2014）『成長する資源大陸アフリカを掘り起こせ：鉱業関係者が説く資源
開発のポテンシャルとビジネスチャンス』日刊工業新聞社。
吉田敦（2020）『アフリカ経済の真実：資源開発と紛争の論理』筑摩書房。

（佐々木優）

ラテンアメリカで貧富の格差が大きいのはなぜか？
〈ラテンアメリカの貧困問題〉

ラテンアメリカの貧富の格差の現状

　ラテンアメリカおよびカリブ海地域（以下，ラテンアメリカ地域）は非対称な地域である。高層ビルの立ち並ぶ都市の幹線道路を挟んだすぐ隣に貧困層の居住地が広がり，名門大学で教育を謳歌する若者がいる一方で，十分な教育を受ける機会もなく労働市場に放り出される若者もいる。ある程度開発が進んでいるにもかかわらず，経済的・社会的格差が大きいことがこの地域の特徴である。

何が格差をもたらすのか

　ラテンアメリカ地域における格差の要因はさまざまにある。歴史的に先進国の商品経済に組み込まれた結果，労働力が収奪され，富が偏在してきたこと，地理的制約によりインフラの整備が阻まれたこと，1980年代の経済危機後に導入された新自由主義政策などである。また，教育へのアクセスが不平等であることが学力格差を生み，ひいては所得格差の拡大につながることも指摘されてきた。

　そのなかでも，エスニック集団の違いによって，経済的機会や社会的インフラへのアクセスの不平等があることは，ラテンアメリカ諸国にとって歴史的かつ構造的な問題である。たとえば，グアテマラは，現在でも先住民族の人口比率が比較的高く，山岳地帯には伝統的な民族衣装をまとい，先住民言語を用いて生活する人びとが健在する。また，都市部で生活する先住民族も多く，民族的な多様性は街の風景にもあらわれている。

　ただしグアテマラにおいて先住民族をとりまく環境は決して穏やかなものではない。たとえば，国連ラテンアメリカ・カリブ経済委員会（ECLAC）の

データベースによれば，2014年時点で，グアテマラにおいて極度の貧困状態あるいは貧困状態で生活する人の割合は，非先住民族で38.3％，先住民族で69.7％である。また，国連開発計画（UNDP）がグアテマラで発行している『人間開発報告書』をもとに15歳以上の識字率をみると，非先住民族では86.2％なのに対して，先住民族は67.0％にとどまっている（2014年時点）。このように，先住民族と非先住民族の間には，植民地時代に形成された民族間のヒエラルキーをもとに，独立後も少数者によって政治や経済が独占されてきた結果として，現在でも深刻な格差が存在するのである。

ラテンアメリカ諸国は格差にどう対応してきたか

　地域全体では，2000年代に格差が縮小傾向にあり，ジニ係数は2002年に0.528だったものが，2013年には0.464まで改善している（UNDP, Regional Human Development Report 2021）。この背景には，資源・エネルギーの輸出拡大で得られた収入などを原資として，ラテンアメリカ各国が再分配政策をとったことが挙げられる。代表的なものは，子どもたちの健康診断の受診や学校への出席率を条件として，貧困層へ現金を給付する政策であり，多いときには域内19ヵ国以上で実施され，格差縮小の一因となった。

　また，格差への対応は上からの政策によるものだけではない。1990年代になると，連帯経済と呼ばれる市民的取り組みも登場した。協同組合，ワーカーズコレクティブ，フェアトレード，マイクロクレジットなど連帯経済の形態や目標は一様ではないものの，公正な経済を目指す運動が生まれている。

参考文献 　浜口伸明編（2018）『ラテンアメリカ所得格差論―歴史的起源・グローバル化・社会政策』国際書院。

（真嶋麻子）

世界で食料は足りていない？

〈食料問題〉

変わらない世界の飢餓

　2022年7月に公表された「世界の食料安全保障と栄養の現状」では，世界人口の1割にあたる最大8億2,800万人が飢餓に苦しんでいることが報告された。コロナ禍とウクライナ紛争の影響により，食料の生産，流通，消費に関する活動の停滞や価格急騰もあり，飢餓人口は大幅に増加した。「2030年までに世界の飢餓をゼロに」を目標とするSDGsは達成されない可能性が生じている。

　世界の飢餓人口の55％，すなわち，4.2億人はアジアに居住しており，36％となる2.7億人はアフリカに分布するなど，飢餓人口は途上国に多く集中している。飢餓人口は過去数十年間で着実に減少してきたが，2014年以降は増加し続けている。飢餓人口総数ではアジアがトップだが，アフリカでは，人口の約20％が飢餓で苦しんでおり（アジアは9％），その深刻さが浮かび上がる。

食料は不足している？

　国連食糧農業機関（FAO）によれば，毎年世界では約26億トンの穀物が生産されている。世界の総人口を約78億人とすると，1人あたり年間330kg以上の穀物を食べることができることになる。先進国の日本人が実際に消費している穀物は年間150kg程度であり，すべての人が生きていくだけの食料は十分に生産されているといえる。

　それでも8億もの人々が十分な食料にアクセスできない要因として，人口増加，異常気象・自然災害，紛争などが指摘されているものの，実際には経済的な脆弱性による影響が大きい。飢餓人口の約7割が農村部に居住しており，そのほとんどが小規模生産者である。農産物の生産者であるにもかかわらず，食料にアクセスできない点は矛盾しているようだが，自家消費ではなく市場での

販売を目的として生産するコーヒー，綿花，ゴム，カカオといった換金作物を栽培する場合には，天候不順等による収穫量の低下だけでなく，農産物価格の大幅な変動によって，現金収入の減少に直面しやすい。換金作物の販売で得られた収入によって，生きるための食料作物を購入する場合には，それこそ，食べ物が十分に得られなくなってしまう。他方，まだ食べられる食料の廃棄が日常的に生じているように，日本に住む私たちには経済的な余裕があり，必要以上の食料に囲まれている。飢餓が分配の問題と指摘される由縁（ゆえん）である。

食料援助の効果

　食料援助の総量は変動するが，2020年データで年間420万トンが支援に供される。飢餓人口全員に配分すれば，1人あたり5kg程度しか食料を入手できないことになる。十分な量ではないものの，緊急時に配分される食料援助は人道的な効果を期待されている。しかし，食料援助のための財源が援助国内の食品加工業者，輸出業者，仲介業者のために多く用いられていたり，援助物資が現地有力者に補足されて困窮者に行き渡っていなかったり，食料援助が依存を生み出し現地農業の育成を阻害しているなどの批判にもさらされてきた。食料援助も戦後復興期から現在までの歴史があるため，確かに批判されるような事態も否定できないものの，度重なる改善の動きもあって，現在を迎えている。食料援助の効果は複雑かつ重層的であり，確固たる実証的な証拠は限られていると指摘されている。緊急事態には食料援助は不可欠だが，援助に頼らなくてもいいように，長期的な食料安全保障の確保が求められる［→ Q77］。

参考文献　スーザン・ジョージ著，小南祐一郎・谷口真里子訳（1984）『なぜ世界の半分が飢えるのか—食糧危機の構造』朝日新聞出版。
　　　　　FAO「世界の食料安全保障と栄養の現状」各年版。

（池島祥文）

Q75

なぜアメリカの中東介入は失敗したのか？
〈冷戦後の「新世界秩序」, イスラム主義〉

欧米の植民地主義に翻弄されてきた中東

　中東は歴史的に欧米の植民地主義に翻弄されてきた。第一次世界大戦後にはオスマン帝国が解体され, その支配下にあったアラブ地域の国々が英仏の事実上の植民地となった。第二次世界大戦後には, これらの地域でも民族独立運動が高まり, 英仏の影響力も低下していくが, 今度は米ソの介入が強まった。1979年, ソ連がアフガニスタンに侵攻するとアメリカはこれに対抗するムスリムの民兵・軍事勢力を支援した。また親米国家だったイランでイスラム革命が起きると, 新生イランに圧力をかけるため, アメリカはイランと対立関係にあったイラクを支援することにした。

中東にアメリカ的価値観を浸透させる

　1991年, ソ連邦が崩壊し, アメリカが唯一の超大国になると, アメリカは仮想敵国からソ連を外し, 代わりに中東から極東までの「不安定の弧」地帯で二箇所同時に戦争できる体制（二正面作戦）を築くことを目指した。冷戦後の「新世界秩序」としてこれらの地域にアメリカの影響力を強めようと考えたのである。

　1990年, イラクがクウェートに侵攻すると, アメリカはこれを好機と捉え, 掌を返すようにイラクを叩き（1991年, 湾岸戦争）, その後, 1990年代を通じてイラクに圧力をかけ続けた。2001年9月11日, アメリカで同時多発テロが起きると, 中東への直接介入を目論んでいたブッシュ（子）政権内のネオ・コンサーバティブ（新保守主義勢力）には格好の口実となった。ブッシュ（子）政権は「テロとの戦争」を掲げて, 2001年10月にアフガニスタン戦争, 2003年3月にイラク戦争へと突進し, 両国を直接占領下においた。この両国に対してア

メリカは暫定政権を据え，新憲法を制定し，民主的な選挙を通じて新政府を樹立するようにした。このように民主主義制度を導入し，また国有企業の民営化や貿易自由化を推進すればアメリカ的価値観が根付くだろう考えたのである。ブッシュ（子）大統領にはいずれ自由貿易協定を結ぶ構想もあったとされている。

アメリカによる中東統治の破綻と撤退

しかしながら，それら新政権は安定せず，まもなく内戦に飲み込まれていった。イラクでは新政府樹立後もアメリカが宗派対立や民族差別を温存させたため，新政府と駐留米軍への反発が収まらず，2004年には大規模な戦闘が起きた。アフガニスタンでも2005年からタリバンなどの武装勢力が蜂起する。内線が泥沼化するとアメリカ国内でも厭戦の世論が高まり，2009年，オバマ大統領がイラクからの米軍撤退を表明した。その後，アメリカは「不安定の弧」の二正面作戦から中東を外し，軍事的資源をインド太平洋地域に集中するようになった。アメリカ軍は最終的に2011年12月にイラクから，2021年8月にアフガニスタンから全面撤退した。その後，イラクは2017年までイスラム国の支配下に，アフガニスタンは米軍撤退とほぼ同時にタリバンの支配下におかれた。

こうして中東に対するアメリカの軍事介入は失敗し，近代的価値観への不信を強め，逆にイスラム主義の傾向を強める結果になった。それはアメリカが，一方で中東を分断統治しようと宗派，部族，民族対立など前近代的要素を積極的に温存・活用しつつ，他方で軍事介入によって自由や民主主義を強制的に移植しようとしたことの帰結であった［→歴（2023）Q25］。

PART
IV

エリア別に見た国際経済

参考文献 栗田禎子（2014）『中東革命のゆくえ—現代史のなかの中東・世界・日本』大月書店。ロジャー・オーウェン著，山尾大・溝渕正季訳（2015）『現代中東の国家・権力・政治』明石書店。

（平野　健）

世界経済のルールは誰が形成する？

〈国際機関の役割〉

国際機関の役割

　国際機関は，(1)国際法上の意思の合致に基づき，(2)複数国家から構成され，(3)一定の目的のもとに活動する，(4)常設の組織体を備え，(5)加盟国の意思とは別に組織体独自の意思を有するという特徴がある。多数の国家が加盟することで，国際機関の普遍性が高まる一方で，各国は自国の利益を追求しており，国際機関を媒介に，国家利益と国際利益との調整が図られている。したがって，国際機関は加盟各国が主体となって利害調整を進める場＝フォーラムとして機能するとともに，国際機関自らが任務を遂行する主体＝アクターとしても機能する。フォーラムとしての役割のなかで，各国政策の国際的調整が図られ，たとえば，国際通貨制度や海運・空運・通信網の規格などが整合化されている。アクターとしては，世界銀行による途上国融資，世界保健機関（WHO）による医療支援，国連食糧農業機関（FAO）による農業開発などを遂行しながら，課題解決に取り組んでいる。

　こうした役割を通じて，国際機関は世界の平和と安全を追求している。主権国家間だけでなく企業やNGO・NPOなどの非国家主体との相互調整を促し，世界全体の安定を確保する媒介として国際機関が作用している。この場合，国際機関は国家・非国家主体の相互調整を制御する秩序＝システムとして機能する。

国家・国際機関・資本によるルール形成

　近年，日本では，環太平洋パートナーシップ協定（TPP）や地域的な包括的経済連携協定（RCEP），さらには，日米貿易協定をはじめとする2国間での経済連携協定が締結されている。これらは関税障壁の削減や投資障壁の除外な

どの経済ルールを加盟各国で共通とし，広域的なサプライチェーンの実現・拡大や，通関コストの大幅な低減を目指している。当然ながら，そうした経済ルールのもとで事業を展開するプレーヤーとして，企業，とくに多国籍企業がある。複数国家にまたがる領域での事業はできるだけ同一の制度やルールに基づいて活動できるほうが調整の手間やコストは少なく，実際に，多国籍企業は好ましい事業環境がある国や地域に進出している。

こうした資本に対する個別国家による規制は効力が弱く，ある国が厳しい規制をすれば，規制が緩い別の国に活動拠点を移動させてしまう。環境規制や租税回避規制，食品安全規制などさまざまな分野に対する世界共通の資本規制の難しさは大きな課題である。したがって，多国間で通用する規制が求められるが，主権国家同士の利害対立も根強く，国際機関でその対立がうまく調整される場合もあれば，対立が国際機関を翻弄する場合もある。先進国と途上国の利害調整が難航している世界貿易機関（WTO）を横目に，現在では，上述したような2国間や複数国間での経済連携協定が優勢である。

また，保険・証券，会計基準，労働基準，知的財産といった広範な分野で，現在，企業間競争の結果として形成される国際基準や製品規格のほか，企業が自主的に制定する認証制度が浸透しており，それらがWTO，国際労働機関（ILO），国際標準化機構（ISO），FAO等の国際機関で追認・正当化されている。いまや，国際機関を通じた国際的な領域での調整が世界経済のルール形成に欠かせなくなっている。

参考文献 ▷　池島祥文（2014）『国際機関の政治経済学』京都大学学術出版会。
山田哲也（2018）『国際機構論入門』東京大学出版会。

（池島祥文）

Q 77

第三世界は経済発展できるのか？

〈内発的発展論〉

現代の第三世界

　第三世界とは，資本主義諸国を第一世界，社会主義諸国を第二世界と呼んだ
区別に由来し，どちらの陣営にも属さない国々を意味していた。社会主義諸国
が崩壊した今日においてその区別は妥当しないが，発展途上国と言い換えても
差し支えないだろう。ただし，第三世界のほとんどの国が旧植民地であり，第
二次世界大戦後に独立した国であるという共通した歴史的背景を有している。
そのため工業化が進んでおらず，極度の貧困や政治的混乱を抱えているのがそ
の特徴である。また先進諸国に対して従属的な「周辺（periphery）」に位置づ
けられ，そこに第三世界からの搾取の存在が指摘されている。

第三世界の内発的発展

　第三世界は，特に1980年代以降の「大収束（the great convergence）」を経
て，平均的には経済成長を実現してきた。しかし，そこにはブラジルやインド，
インドネシアやシンガポールのような新興国（BRICsやNIES）が含まれてい
る一方で，いわゆる「後発開発途上国」が多く存在している。つまり第三世界
における所得水準や貧困の状態は一様ではない。

　第三世界の経済発展は先進諸国に比べて後発であるため，先進諸国を中心と
して既に形成されている資本主義経済に包摂されるというプロセスを経ること
となる。そのあり方は，先進諸国への一次産品の輸出に依存する形態であった
り，「後発性の利益（latecomer's advantage）」を活かした工業化の形態であっ
たり，さまざまであった。特に後者の工業化は，単なる多国籍企業の工場立地
から，輸入代替，更には輸出志向への転換という諸段階が確認されている。

　しかしこれらの工業化は，少なくない国で開発独裁・権威主義体制の確立を

引き起こすこととなった。また工業化を含めた経済発展は，必ずしも住民の生活改善に貢献せず，先進諸国や国際機関による開発援助を伴うものを含め，人権侵害や環境破壊をもたらしたことに批判がなされた。このような発展のあり方を批判し，オルタナティブな発展のあり方を提唱したのが1960年代から研究が進められてきた「内発的発展（endogenous development）」論であった。

　上記のような発展のあり方を外来型の開発として類型化して批判をしたのが，鶴見和子や西川潤らが研究した内発的発展論であった［鶴見・川田（1989）］。つまり外来型の開発は西洋的近代化の第三世界への押し付けであり，単線的な発展段階認識に基づくものであったため，それに代わる発展モデルが必要という提起であった。具体的には，途上国側の住民を主体とした地域資源の活用による自律的な発展であり，その国や地域の文化に根差した発展モデルであった。

　ただし内発的発展は，他国や国際機関からの開発援助を拒否するものではなく，むしろその住民の主体的活用による両立の模索が主眼となっている。それは例えば参加型開発やコミュニティビジネスという政策に結実している。またその国や地域の文化に根差すということは，これら開発援助の有効性を高めるだけではなく，その変容まで引き起こす［阪本（2020）］。ここには内発的発展が開発の政策論のみならず，住民のエンパワメントや各種権利へのアクセスを高めるという社会運動論としての側面を有していることを意味する［→Q73］。

PART
IV

エリア別に見た国際経済

参考文献　大林稔・西川潤・阪本公美子編（2014）『新生アフリカの内発的発展―住民自立と支援』昭和堂。

北脇秀敏・金子彰・岡﨑匡史編（2014）『国際開発と内発的発展―フィールドから見たアジアの発展のために』朝倉書店。

阪本公美子（2020）『開発と文化における民衆参加―タンザニアの内発的発展の条件』春風社。

鶴見和子・川田侃（1989）『内発的発展論』東京大学出版会。

（白石智宙）

Q60

1．関与政策の時代，米中貿易摩擦問題はどのように対処されていたのか説明しなさい。

2．アメリカの対中関与政策から競争政策への転換はどのように進んだのか説明しなさい。

Q61

1．「人民元の切り上げ」は，アメリカ国内にどのような経済的影響を及ぼすと考えられるか説明しなさい。

2．米中間の経済的相互依存関係の特徴を説明しなさい。

Q62

1．なぜ米中が対立しているのか，その背景にある米国と中国のそれぞれの視点から説明しなさい。

2．米中の経済対立の中で日本企業がとるべき立場を説明しなさい。

Q63

1．中国経済はどのような課題に直面しているのかを説明しなさい。

2．中国は消費を中核とする内需拡大の経済発展戦略を成功させるには，どのような課題に対処すべきなのかを説明しなさい。

Q64

1．イギリスはなぜEU離脱を行なったのか説明しなさい。

2．結局，離脱の結末はどうなるのか説明しなさい。

Q65

1．EUにとって，イギリスはどのような存在であったか説明しなさい。

2．EUは今後どのような共同体になっていくのか説明しなさい。

Q66

1．EU各国のポピュリスト政党の主な主張や支持基盤，政治的影響力について説明しなさい。

2．新型コロナ感染拡大を受けて，EU諸国が人の移動にどのように対処し，その結果どのような経済的影響があったのか説明しなさい。

Q67

1．GDPの三面等価の原則とは何か。また，GDPを生産面から見た場合，インドはサービス業が最もGDPに貢献しているが，GDPの支出面からインド経済を牽引している部門を説明しなさい。

２．「人口ボーナス期」にあるインドに対し，日本は少子高齢化が加速しているため「人口オーナス期」にあるといわれている。ソローの「成長会計」に基づいて，日本が経済成長を持続させるためにはどのような方策が考えられるか説明しなさい。

Q68

１．フィンテックにはどのようなサービスがあるか説明しなさい。

２．日本など先進国では固定電話が普及した後に携帯電話が普及を始めるという段階的なプロセスがみられたが，近年の途上国では，途中の段階を飛ばして携帯電話が急速に普及した。こうした「リープフロッグ（蛙飛び現象）」を可能にした要因にはどのようなものがあるか説明しなさい。

Q69

１．インドが「地域的な包括的経済連携協定」（RCEP）から離脱した政治的背景を説明しなさい。

２．インドは，現在，高関税政策と補助金政策によって国内産業の保護を企図している。自由貿易と保護貿易政策による経済効果の違いを明記したうえで，インド経済にとって保護貿易政策の妥当性を説明しなさい。

Q70

１．1960年代や70年代にブラジルに資本が流入した要因を説明しなさい。

２．1970年代までのブラジル経済の成長について，その後維持できなくなった理由を説明しなさい。

Q71

１．アフリカ54ヵ国の中で，中国と国交を結んでいない国はどこか？

２．一帯一路とアフリカの関係について，債務の罠が危惧されるケニアとジブチの事例を調べて説明しなさい。

Q72

１．『鉱物資源マテリアルフロー2020』を参考に，アフリカの国が生産量で世界一となる鉱物資源は何か，鉱物名および国名を答えなさい。

２．「資源に依存した経済構造ではどのような問題が起こりうるか」を考えて，自身が"一番の問題"と思うものを説明しなさい。

Q73

１．ラテンアメリカ諸国で貧富の格差が大きいのはなぜか，歴史的・地理的・経済的・社会的要因を説明しなさい。

２．ラテンアメリカ諸国で実施されている貧困対策「条件付き現金給付政策」について調べ，その成果と課題を説明しなさい。

Q74

1. 「ハンガーマップ」（国連WFP）をインターネット上で検索し，飢餓人口の割合が高い国々を３つ取り上げ，それぞれの経済指標や農業生産等を調べ，その飢餓の要因を説明しなさい。
2. 食料が不足していないのに飢餓が起きているため，飢餓は分配の問題と指摘されている。では，食料の行方を踏まえながら，飢餓の経済的要因を説明しなさい。

Q75

1. アメリカがなぜ中東地域に介入しようとするのか，その理由を説明しなさい。
2. 2011年から始まる，いわゆる「アラブの春」について，どういう結果になったのか調べ，なぜそうなったのか説明しなさい。

Q76

1. 国際連合，国際通貨基金，世界貿易機関，これら３機関における加盟国の議決権がどのように配分されているのか調べ，組織の意思決定メカニズムを説明しなさい。
2. 途上国開発に関した事業を展開する国際機関を１つ取り上げ，実施される事業内容や組織運営における国家や資本との関係を説明しなさい。また，その結果，フォーラム，アクター，システムのどのような側面が強い組織であると考えられるか説明しなさい。

Q77

1. 住民の生活改善に貢献せず，人権侵害や環境破壊をもたらした「外来型の開発」について，具体例を説明しなさい。
2. 被援助国や地域の文化に根差す開発が，開発援助の有効性を高めるのは何故か説明しなさい。

PART V
コロナ後の国際経済

●映画の窓から見た国際経済⑤

オリバー・ストーンの「ウォール街」正続2編の30年
──勧善懲悪を不可能にした金融工学の複雑さ

●この章で扱うテーマ

パンデミックが経済を激しく揺さぶった2020年

1月	6日	中国武漢で原因不明の肺炎。厚労省が注意喚起
	8日	WHO中国武漢の肺炎「新型ウイルスの可能性否定できない」
	14日	WHO新型コロナウイルスを確認
	23日	武漢，感染拡大防止のため「封鎖」
	23日	WHO「国際的な緊急事態にはあたらない」
	27日	新型肺炎感染懸念で円高進行，日経平均株価一時500円急落
	30日	WHO「国際的な緊急事態」を宣言
2月	1日	ダウ平均株価600ドル超急落
	3日	上海株式市場一時8.7%の暴落
	9日	新型ウイルス中国での死者811人に。SARSの死者上回る
	11日	WHO新型コロナウイルスを「COVID-19」と名付ける
3月	10日	イタリア全土で移動制限始まる
	17日	フランス全土で外出制限始まる
4月	5日	感染の英ジョンソン首相が入院
	15日	IMF「経済成長率世界恐慌以降で最悪の見込み」
5月	14日	国連世界恐慌以来の景気後退予測
	15日	世界の死者30万人超える
	28日	アメリカの死者10万人超。世界全体の約3割を占める
6月	8日	世界の死者40万人超える
	8日	世界銀行，経済成長率第二次世界大戦以降最悪の見通し
	19日	WHO「パンデミックが加速。危険な新局面」
	28日	世界の感染者1,000万人超える
	29日	世界の死者50万人超える

7月	1日	アメリカ1日の感染者5万人超える
	12日	世界の感染者，24時間で最多の23万370人
	23日	世界の感染者1,500万人超。増加ペース加速
	27日	WHO「パンデミックは加速し続けている」
8月	10日	アメリカの感染者数が500万人を超える
	11日	世界の感染者2,000万人を超える
9月	1日	スペインで感染が急激に再拡大　一部で移動規制
	17日	米政府コロナワクチン来年1月までに供給の指針。慎重な声も
10月	2日	トランプ大統領が新型コロナウイルスに感染
	12日	ヨーロッパで感染急拡大
11月	10日	ファイザーがワクチン「90％超の予防効果」と暫定結果発表
	18日	ファイザーが"ワクチンの有効性95％"と発表。FDAに緊急使用許可申請へ
12月	11日	米FDAがファイザーなど開発のワクチンの緊急使用許可
	14日	アメリカファイザーの新型コロナワクチンの接種が始まる
	20日	WHO「英ほか3か国で変異ウイルス確認」

出所：NHK「特設サイト　新型コロナウィルス」をもとに作成。

オリバー・ストーンの「ウォール街」正続2編の30年──勧善懲悪を不可能にした金融工学の複雑さ

- 『ウォール街』 "Wall Street"（1987年）
- 『ウォール・ストリート』 "Wall Street: Money Never Sleeps"（2010年）

オリバー・ストーンは「ウォール街」という作品を2回制作している。1987年の『ウォール街』とその続編『ウォール・ストリート』（2010年）だ。自身のベトナム戦争への従軍経験に基づいた『プラトーン』（1986年）で人気監督の仲間入りをしたオリバー・ストーンは，反戦映画の旗手であり米国を代表する政治的な社会派監督という評価が確立していた。『ウォール街』の2作は，そのストーンの演出のジャンルが幅広いことを証明したとも言える。

ウォール街を描いたこの2作は，様々な問題を含んでいる。とりわけ，「ウォール街」というキーワードが，一種の「社会の悪役」として憎悪の対象とされていく，そんな文化現象を生み出したという問題は大きい。

まず，オリジナルの『ウォール街』（1987年）は，一言でいえばエンターテイメントとしても一級の作品と言える。チャーリー・シーン演ずる若き証券マンのバドは，常日頃からブルーカラー（航空機の整備士）である父親（シーンの実際の父親であるマーティン・シーンが演じている）に頭が上がらない。その父からバドは，ウォール街の拝金主義は間違っているという忠告をされていた。

証券マンとして下積みを続けるバドは，マイケル・ダグラス演ずるゴードン・ゲッコーという投資家に出会う。ゲッコーの生き方は，何もかもが父とは正反対であった。ゲッコーは，「グリード」つまり貪欲であることは「善だ」といい放って大胆不敵な投資を行っていた。父親の堅実な生き方に反発を強めるバドは，やがてゲッコーと行動を共にするようになる。やがて，父の勤務する航空会社の経営権をめぐって，バドはゲッコーとは立場を違えつつ，更に違法な方法へとのめり込んでいく。

最終的にはゲッコーは破滅し，バドも全てを失う。具体的には，インサイダー取引がSEC（証券取引委員会）に摘発されるのである。つまりストーリーの根幹は全くの勧善懲悪であり，一本スジが通っている。事件の展開も，インサイダー取引という違法行為とその摘発，断罪ということで分かりやすい。

『ウォール街』より

　一方で第2作目の方も，基本的には同じフォーマットを踏んでいる。野心を抱え
つつアイデンティティーの悩みから右往左往する若者ジェイコブを，今度はシャイ
ア・ラブーフが演じている。一方で前作ではブルーカラーの父親が果たしていた，
常識や世論の代弁役を，若者の婚約者である若い女性ウィニー（キャリー・マリガ
ン）に背負わせている。このウィニーは環境運動家であるが，同時に前作の結末で
有罪となり，収監された投資家ゲッコーの娘という設定となっている。

　冒頭部分で，長い間刑務所に収監されていたゲッコーが釈放されて登場し，リー
マンショックにつながるサブプライムローンのバブル崩壊を予言する。やがて，
ジェイコブは，ゲッコーに接近，ゲッコーは娘ウィニーの婚約者であるジェイコブ
に一目置くが，ウィニーは依然として父親を拒否する。そんな中，サブプライム
ローンのバブルが崩壊する中で，ジェイコブとゲッコーは賭けに出るというのが，
この2作目の基本的な設定となっている。

　要するにこの2作目は1作目のような勧善懲悪劇にはなっていない。ゲッコーは，
悪役ではなく金融危機の予言をするなど，一種の賢人扱いをされている。ジェイコ

ブも野心だけで動くのではなく，愛するウィニーに決別した父との和解をさせた
がっており，家族の心理ドラマという設定も混ざっている。肝心のストーリーの核
においても，明確な金融犯罪が断罪されるという作りにはなっていない。

　この２作目は１作目の続編ということで，観客の期待感は高く，興行収入という
点では成功した。だが，作品への評価としては１作目には及ばなかった。それはオ
リバー・ストーンが衰えたとか，ラブーフの演技がシーンより劣るということでは
ない。ウォール街という題材が，1980年代から2000年代に向かってより複雑化
し抽象的なものとなっていく中で，映画というメディアが問題を描ききれなかった
のがその大きな理由と思われる。

　例えば１作目では証券営業マンはコンピュータの前に陣取って，勤務時間中ずっ
と固定電話を駆使して次から次に顧客に電話をかけまくり投資を斡旋する。その緊
張感や繁忙感は，映像としてウォール街のダイナミズムを描き出すのに十分であっ
た。ニューヨーク証券取引所の大口の取引は取引所の場内で行われ，注文書や決済
書類が飛び交う中で，ここでもけたたましく電話が鳴り人々が血相を変えて売買を
行っている。その，音声も映像も全てが映画にふさわしい。一方で2008年に起き

『ウォール・ストリート』より

るドラマは，そのほとんどがコンピュータ上のバーチャルな対決となっている。確かに当事者間の舌戦があり，会話のスタイルは30年の間により洗練され，知的で比喩に富むし，相変わらず早口で攻撃的ではある。

　だが1980年代に生き生きと証券界のリアリティーを描き出した，映画というフォーマットはここでは問題のインパクトを十分に描ききれていない。とりわけ，サブプライムローン，つまりクレジット履歴が不十分な借主への住宅ローンが，証券化されて世界を巡る中で，巨大な不良債権の塊と化すメカニズムは，映像では分からない。けれども，もしかしたらそれはストーンの演出力の問題ではなく，21世紀の金融工学というものが人間の五感の延長では簡単にはリアリティーを感じられない，そのような高度な抽象化を伴っているということなのかもしれない。

　だが，問題はそこではない。ストーンの2作目は，サブプライムローン破綻のリアリティーを描き出すことには，失敗をしている。けれども単に説明に失敗しただけなら，社会的な影響力も起きなかったであろう。だが，この2作目は，作品としての失敗を抱えながらも，「ウォール街」とか「サブプライムローン」というものが，「問題である」とか「社会の脅威だ」というネガティブなメッセージを社会に発信するという点では，十分な効果を挙げたのであった。つまり，ストーンが『プラトーン』でベトナム戦争の闇を描き出したとすれば「ウォール街」の2作は，同じように「ウォール街」のマイナスイメージをアメリカや国際社会に拡散するのに成功したともいえる。

　アメリカ国内で1つ例を挙げるならば，この第2作と前後して突如沸き起こったウォール街「占拠デモ」という社会現象がある。では，彼らはどうしてウォール街を占拠したのであろうか？　答えは簡単である。リーマンショック後の不況が続く中で，思うような職を得られない彼らは，自分たちのキャリア形成に困っていた。その一方でリーマンショックの後処理の中では，巨額の金がウォール街に投入されている。こうしたオバマ政権の姿勢に対して，彼らは強く憤り異議申し立てをしたのだった。

　この「占拠デモ」に参加した層は，2016年の選挙では民主党左派のバーニー・サンダース派の躍進を支えた。彼らはやがて，2020年には同じようにサンダースを支えつつ，AOC（アレクサンドリア・オカシオ＝コルテス）など若いリーダーを担ぎながら民主党を揺さぶりつつ，アメリカの中央政界で存在感を示すことになる。つまり「占拠デモ」というのは，民主党左派のいわばルーツであり，ストーンの2作はその「後押し」をしたといっても構わないであろう。

（冷泉彰彦）

PART V

コロナ後の国際経済

Q 78

パンデミックとウクライナ戦争で国際経済はどう変わったか？
〈パンデミックとウクライナ戦争〉

　Part Ⅴでは，現在進行形の国際経済の姿をとらえる。表題が「コロナ後」となっているのは，2020年代を歴史的に特徴づける出来事がパンデミックになることがほぼ間違いないからである。こうした観点から，本パートでは新型コロナウィルスの感染拡大以降，国境を越える経済，政治，軍事，テクノロジーといった多様な領域にどういった変化が生じているかを考える。

　パンデミックをきっかけとした変化のうち，もっとも大きなものは拡張的な財政・金融政策が大規模に採用されたことであろう。しかし，じつはその前からこうした政策志向の萌芽はあった。それが量的緩和政策である（Q79）。こうした金融緩和政策はリーマンショックに対処するために各国が採用したため，本パートの冒頭では，これらを整理したトピックからはじめている（リーマンショックへの道筋とその帰結についてはQ80，81，82）。

　各国の中央銀行は債務引き受けを表向き否定しているが，量的緩和の実際の役割は，巨額の財政赤字をファイナンスすることにあるのは否めない。ではその規模はどの程度であり，さらに原因はどこにあるのか。この点を日米両国でみたものがQ83とQ84である。また，Q86ではこうした財政赤字の持続可能性を検討している（なお，債務依存に陥っているのは民間部門も例外ではない。この点はQ87を参照）。さらに，Q85では，歳入減の一因である巨大企業の租税回避の現状を，Q88では，アメリカの巨額の財政赤字を経常収支黒字国がファイナンスする構図を整理している。

　コロナ後の国際政治経済の変容については，Q90～100で扱っている。パンデミックはあらゆる経済活動に影響を与えただけでなく，国際関係やテクノロジーといった領域にも重大な影響を与えた。生産現場への影響という点では，行動制限によって労働供給に制約が生じたことが指摘されるべきだろう。国際

的な次元では，この問題はグローバル・サプライチェーンにどういった影響が生じたか，という点から考えられなければならない（Q90）。また，人びとの生活スタイルとテクノロジーとの関係を整理しているのがQ96である。

　ところで，パンデミックは欧米の金融市場参加者にとっては「想定外」の出来事であった。そのため初期には金融市場が激しく動揺したが（Q91），その後は，むしろ株式を中心にバブルともいえる活況が示現した（Q92）。その背後には，上述の拡張的な財政・金融政策を中心とした各国の経済対策があった（Q94）。パンデミックはまた，国際関係にも大きな影響を与えた。パンデミック初期のアメリカの大統領がドナルド・トランプだったこともあり，米中はコロナ対応をめぐっても対立したが，この背景を整理しているのがQ95である。

　「コロナ後」という時期を理解するうえでは，ロシアによるウクライナ侵攻も無視できない。Q97では，ウクライナ侵攻後に為替市場において急激な変動が生じた背景を整理している。また，ウクライナ侵攻はロシアへの経済制裁を導いた。その影響を整理しているのがQ98である。また，この戦争の一方の当事者であるウクライナの側から将来の展望を整理したのがQ99である。

　パンデミックやウクライナ侵攻は「ポスト冷戦後」と表現したほうがよいかもしれない。いずれも供給制約をもたらすため，以前までの物価低迷と低金利の組み合わせというマクロ環境は変わらざるをえない。また，今後は地政学的緊張の高まる多極的世界になる可能性が高い（Q97）。なお，拡張財政と金融緩和は，インフレという副作用をもたらした。このため，各国は利上げに舵を切らざるをえなくなっている。しかし，先進国経済の債務依存は続いており，新興国の成長にとってドル安は不可欠である。この逆回転は世界経済にとって大きなリスクである（Q100）。

（森原康仁）

ゼロ金利とはいかなる時代だったのか？
〈量的緩和・ゼロ金利（レジームⅡc）〉

リーマンショック収束の道筋

　何よりも大量の資金を金融市場に投入する必要があった。国際的には，これまであった枠組みであるG7以外にG20が創設され，世界金融危機解決には，近年資本流入が著しい後発国の協力が不可欠であることが内外に示された。主要国間では金融政策，財政政策の調整が目指された。アメリカの金融システムは4兆ドルの損失を蓄積したが，4分の3は連邦予算によってまかなわれた。2009年初頭に成立したオバマ政権はウォールストリートの救済に乗り出した。

量的緩和とゼロ金利政策

　アメリカ政府・議会は総額7,000億ドルにのぼる不良債権の公的資金による買い取りをすすめた。しかし，銀行間の資金融通が停滞し，リスクのある金融商品にはほぼ買い手がつかないなど，金融市場が全般的な機能不全に陥っているもとでは，その効果は限定的であり，また名目金利をゼロ以下に下げられない以上，一段の緩和も困難であった。そこで各国の中央銀行が採用したのが，中央銀行が市場から金融資産を大規模に購入することによって緩和効果を狙う「量的緩和（quantitative easing：QE）」と呼ばれる手法であった。従来の金融政策は，中央銀行が短期金融市場の金利を誘導し，その影響が各種金融資産の利回り，ひいては実体経済へと波及することを狙うものであり，中央銀行が金融資産を購入するとしても一時的で，その対象も流通量の豊富な短期国債等に限られていた。これに対し，「量的緩和」では，モーゲージ（住宅ローン）担保証券（MBS），長期国債など，従来と異なる金融資産が購入対象となり，さらに購入規模がはるかに大きいことが特徴であった。しかし，「量的緩和」政策には大きな副作用が伴った。それは，長期国債等の市場において中央銀行

が最大の保有主体として立ち現れることにより，中央銀行の売買によって金利や価格が決定され，市場の価格形成メカニズムが歪められることである。「量的緩和」の「非伝統的金融政策」という呼称には，あくまで伝統的な，本来の金融政策は短期金利の誘導であり，「量的緩和」は非常時の，緊急避難的な措置であるというニュアンスがある。したがって，金融政策はいずれ本来のあり方に「正常化」しなければならず，「量的緩和」はその「出口」を探らなければならない。

国際収支ファイナンシング・レジームⅥ（量的緩和・ゼロ金利レジーム）

量的緩和・ゼロ金利レジームの①暗黙の原則（経済理論）は，ルーカス批判に基づく新たな経済理論のフレームワークである。②規範としては，量的緩和・ゼロ金利という従来の財政規律についての規範からの転換である。③ルールとしてはインフレ・ターゲティングが各国中央銀行で採用された。④意思決定手続きとしては，各国中央銀行の緊密な協力である。⑤限界は，2022年央のコロナ危機解除に伴うアメリカのインフレ傾向のなかでFRBが出口戦略を模索しテーパリング加速・すみやかな金利上昇を目指した点にある。

参考文献　野口悠紀雄（2020）『経験なき経済危機:日本はこの試練を成長への転機になしうるか？』ダイヤモンド社。
　　　　　白井さゆり（2016）『超金融緩和からの脱却』日本経済新聞出版。

（坂出　健）

なぜリーマンショックは起こったのか？
〈ニューエコノミーからリーマンショックへ〉

「ドル高はアメリカの国益」？

　1993年に発足したクリントン民主党政権は，次のような項目の経済再生計画を打ち出した。連邦財政赤字の削減，人的資本への投資，公的インフラへの投資，技術への投資，国際貿易の拡大，ヘルスケア改革である。1993年包括財政調整法では，財政黒字の達成を掲げ，投資重視の計画を立てた。金融通貨面では，ルービン経済政策担当大統領補佐官（国家経済会議（NEC）委員長兼任，1995年から財務長官）が辣腕を振るった。ルービンは，財務長官就任時に「ドル高はアメリカの国益」と宣言し金融グローバル化（国際資本の完全移動性）を推し進めた。アメリカの金利が他の国より高いということは，各国がアメリカに投資するということになる。高金利とドル高の持続の吸引力により，外国資金のアメリカ投資が進み，レバレッジで資産拡大し，こうした資金がさらに海外投資にまわされ，世界各地で住宅バブルが拡大した。このようなクリントン政権の経済政策は，レーガノミクス以来の新自由主義経済政策が重視した規制緩和・「小さな」政府を継承するものであった。その結果，実質GDP成長の増加，失業率の低下と物価の安定，IT投資拡大と生産性上昇，ベンチャー・キャピタルの成長が起こり，金融資産の増加による資産効果により消費ブームがふくらんだ。こうした好景気はニューエコノミーとも呼ばれ，「景気循環は消滅した」との議論もされた。反面，企業の多国籍化により賃金が停滞し，好景気の下で，「貧困」と「格差」の増大が発生した。

　景気過熱の実物的要因は住宅ブームの過熱であった。アメリカ国民はもともと住宅所有の意欲が高かった。ところが，通常の住宅ローン（プライム・ローン）を組むとなると，頭金（キャッシュ）が20％必要であり，銀行口座やクレジット・カードも個人の信用度を示すために必要だった。ここで，「魔法の杖」

が登場する。つまり，住宅に対する需要が高まるにつれて，住宅価格が毎年のように上昇し，住宅という資産が拡大を続ける一方で，住宅販売業者はローンを組む顧客にとっての条件を低くすればいいと考える。こうして「サブ（「劣った」の意味）プライム・ローン」が生まれた。借入が容易になり，借入コストが下がると企業も個人も借入によってさらに投資や消費に向かった。

サブプライム・ショックからリーマンショックへ

　2008年9月，政府系住宅金融機関，「ファニーメイ」（連邦住宅抵当公社）と「フレディーマック」（連邦住宅貸付抵当公社）が国有化され，また同月にアメリカの大手投資銀行リーマン・ブラザーズが再建の道筋をつけられず倒産したことにより，アメリカの金融業界になお存在した楽観的な雰囲気は消え去り，アメリカを震源とする世界金融危機が起きたとの認識が急速に広まった。当時の財務長官ポールソン，FRB議長バーナンキ，ニューヨーク連銀総裁ガイトナーがリーマン救済を最終的に断念したのは，当時のこの会社の財務内容の悪さ以外に，救済に積極的な銀行や証券会社が見つからなかったためである。さらにリーマンの倒産とほぼ同時に，メリル・リンチがバンク・オブ・アメリカに買収されたり，アメリカ最大の保険会社，AIGが倒産して政府により救済されたり，リーマンの破綻に際しては，政府やその他の金融機関による救済についての激しい議論が展開されたが，結局，破産が了承された。

PART
V

コロナ後の国際経済

参考文献 ▷ アダム・トゥーズ著，江口泰子・月沢李歌子訳（2020）『暴落：金融危機は世界をどう変えたのか（上・下）』みすず書房。
カーメン・M・ラインハート，ケネス・S・ロゴフ著，村井章子訳（2011）『国家は破綻する──金融危機の800年』日経BP社。

（坂出　健）

Q 81

なぜ世界的な金融危機に発展したのか？

〈リーマンショック（国際的視点）〉

　リーマンショックの直接的な契機は，サブプライムローン（信用力の低い個人向け住宅ローン）における債務不履行の大量発生である。なぜ，アメリカの住宅ローンの焦げ付きが，世界的な金融危機へと発展したのだろうか。それを理解するためには，サブプライムローンの証券化の仕組みと，その証券を担保とした当時の国際的な資本取引の構造を理解する必要がある。

　証券化とは，住宅ローンなどの債権の束（プール）を担保に証券を発行する仕組みであるが，サブプライムローンの証券化においては，とりわけ優先劣後構造という手法が活用された。これは，同一の債権プールを担保に，優先・中間・劣後といった配当の優先順位と格付の異なる複数の債券を発行するもので，劣後部分がリスクを引き受けることにより，高リスク債権を担保としながら，優先部分では財務省証券と同等のトリプルA格の債券の発行を可能とする仕組みである。

　このような証券化を積極的に手掛けたのが専門の金融会社やリーマン・ブラザーズなどの投資銀行であり，彼らは融資を行うとその債権を直ちに証券化し，その代金を新たな融資の原資としていた。また，売れ残ったサブプライムローン担保証券（MBS）を集めて担保とし，再び優先劣後構造で証券化する手法も活用された。このような証券を債務担保証券（CDO）というが，当時はCDOをさらに証券化するなど，何重もの証券化が行われ，担保となる原債権と証券との関係はきわめて不透明となった。こうして2000年代前半に大量のMBSやCDOが発行されたが，これらの債券に積極的に投資したのが欧米の商業銀行であり，とくに欧州の商業銀行はこの時期に対米投資を拡大した。ただしBIS規制により銀行本体でのリスク資産への投資は制限されていたため，彼らはストラクチャード・インベストメント・ビークル（SIV）と呼ばれる特別

会社を設立し，それらに資産を譲渡することで規制を回避した。

　一方で，SIVの保有する資産は資金調達の手段としても活用された。SIVは保有するMBSやCDO，その他債権を担保に短期の資産担保コマーシャルペーパー（ABCP）を発行し，その代金を新たな投資の原資とした。また，トリプルA格のMBSなどは，当時市場が拡大したレポ取引（短期での買戻しを前提とした証券の売却。証券担保貸付の一種）の担保としても活用され，商業銀行のほか，ヘッジファンドや投資銀行なども，保有する証券を担保に短期資金を調達した。他方，これらABCPやレポ取引で買い手，すなわち資金の出し手となったのが，安全で比較的高利回りの投資対象を求めていたアメリカの年金基金やMMMF（短期金融資産投資信託）などの機関投資家であった。

　以上の資本取引を国際的な視点でみると，欧州の商業銀行はSIVを通じたABCPやレポ取引でMMMFなどからドル資金を調達し，それをMBSやCDOなどのドル資産に投資していたことになる。その調達額（アメリカからみればドル輸出）と投資額（ドル輸入）の総額は，当時注目されていた中国や新興国からの対米投資額を遥かに上回っていた。

　しかしながら，サブプライムローンの焦げ付きの急増により，2007年にMBSやCDOの格下げが行われると，それらを担保としていたABCP市場やレポ取引において資金の借り換え（ロールオーバー）が困難となり，欧米の金融機関は資金繰りに行き詰った。リーマン・ブラザーズもその1つであるが，同社が経営破綻に至ったことは，MMMFからの資金流出とレポ取引の縮小をもたらし，国際的な短期金融市場の収縮すなわち金融危機を招く結果となった。リーマンショックが浮き彫りにしたのは，高リスクローンを担保とする国境を越えた資本取引の拡大が，アメリカの住宅バブルを膨張させ，国際的な金融市場にリスクを蓄積していた実態であった。

参考文献 ▷ アダム・トゥーズ著，江口泰子・月沢李歌子訳（2020）『暴落―金融危機は世界をどう変えたのか（上・下）』みすず書房。
　　白井さゆり（2009）『欧州迷走―揺れるEU経済と日本・アジアへの影響』日本経済新聞出版社。

（豊福裕二）

Q 82

リーマン後の中央銀行間協力

〈最後の貸し手機能〉

リーマンショックと国際金融市場

　2000年以降アメリカ経済の回復を支えてきた米国の住宅価格は，2006年をピークに下落を始め，サブプライムローンの延滞率が拡大し，住宅バブルは崩壊した。これをきっかけに金融市場での資金繰りが緊張することとなり，信用不安の度合い表すTEDスプレッドは，2007年8月には，1997～98年のアジアの金融危機時の水準を超えた（**図表を参照**）。そうした中，2007年8月にフランス大手金融機関であるBNPパリバが傘下の投資信託の償還停止を発表，さらに2008年3月には資金繰りのひっ迫していた米国投資銀行であるベアー・スターンズが，FRBの緊急融資を受けたJPモルガン・チェースによって救済買収された。そして，最終的には2008年9月14日米国第4位の規模のリーマン・ブラザーズとそのグループ各社が破産手続きに入り，金融危機は頂点に達した。特にこの危機は，アメリカ国内にとどまらず，ヨーロッパ諸国の金融機関を巻き込み国際金融市場全体へと広がったところにその重大さがある。

各国中央銀行の協調

　リーマンショックは国際金融市場での極度の資金調達不安を引き起こした。2000年以降金融肥大化の中で組成された複雑な金融商品に投資していた欧米の金融機関の流動性（ドル）不足は深刻で，金利が急上昇した。そこで，各国中央銀行は政策金利の引下げと流動性供給とによって協調することとなった。

　流動性供給の面において各国中央銀行は，ニューヨーク連銀とドル・スワップ取極を締結し，調達したドルを金融市場に供給した。当初（2007年）ニューヨーク連銀とECB，スイス国民銀行との間で始まり，リーマンショック時には日本，イギリス，カナダの中央銀行が加わった。現在ではオーストラリアな

ど14の国の中央銀行が参加している。この枠組みこそ「中央銀行による『グローバルな最後の貸し手』機能の発揮」（白川方明，2018，248頁）といえる中央銀行の国際協調であった。この国際的な流動性調達・供給の枠組みは，2020年に発生したコロナ禍での流動性不足（ドル不足）でも十分に機能した。

決済システムの安定化に向けた協調

　リーマンショック以前から中央銀行は決済システムの安定性に向け協調をしてきた。為替取引では決済に伴う時差リスクが発生する。これに対して交換される通貨を同時決済するCLSが導入された。CLSばかりでなく，資金の即時グロス決済システムに資金証券同時決済などが導入され，決済システムの安定化に寄与した。これらは，決済・市場インフラ委員会等での検討の成果である。

PART

V

コロナ後の国際経済

図表 TEDスプレッド（信用不安を表す指標）

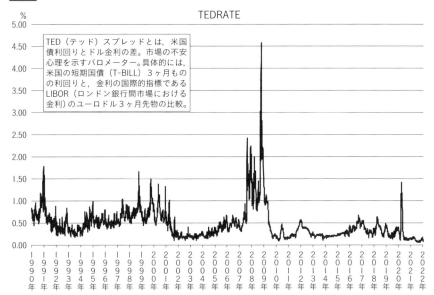

出所：Federal Reserve Bank of St.Louis（FRED）Economic Data より作成

参考文献 白川方明（2018）『中央銀行——セントラルバンカーの経験した39年』東洋経済新報社。
入江恭平（2021）「中央銀行流動性スワップ網と『ドル不足』の再来——コロナ・ショック下の非米国銀行資金調達構造と米連銀の政策対応」『証券経済研究』第115号。

（松本　朗）

Q83 アメリカ財政赤字が世界経済に及ぼすインパクトは？

〈コロナ対策から大きな政府へ〉

　アメリカ連邦財政赤字が政策的な争点となるのは，他の先進諸国と同様1970年代の低成長時代突入以降のことである。90年代後半の一時期を例外として，連邦財政赤字は拡大し，連邦政府債務は巨額化してきた（**図表**を参照）。

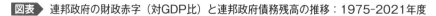

図表 連邦政府の財政赤字（対GDP比）と連邦政府債務残高の推移：1975-2021年度

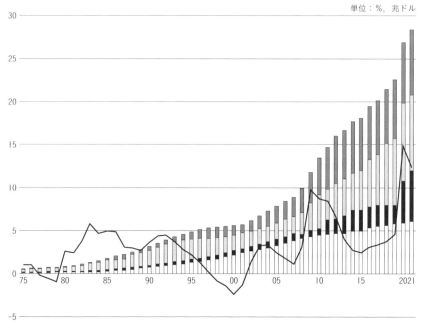

単位：％，兆ドル

　□政府保有勘定　■連銀保有　□その他国内保有　■海外保有　──財政赤字（対GDP比）

出所：Department of Treasury, *Treasury Bulletin*, various issues, Table OFS-1, CBO, *Historical Budget Data*, Feb. 2021, CBO, *Monthly Budget Review: September 2021*, Oct. 8, 2021, より作成。

5兆ドルの新型コロナ対策

新型コロナウイルスの感染急拡大に対して，連邦議会は2.1兆ドルに上る大規模財政対策（CARES法）を打ち出した。その主内容は以下3点である。第1は，企業救済融資である。これは大企業向けと中小企業向けに分けられ，前者には解雇規制が要件とされた。後者には返済不履行を容認するなど寛容な措置がとられた。第2は，失業補償の期間延長と連邦政府による上乗せ給付である。とりわけ連邦政府による週600ドルの上乗せ（その後300ドルに減額）の効果は大きかった。第3は，上記の措置を講じてなお対象から外れる階層を念頭に置いた一律給付金の支給である。

巨額の新型コロナ対策は感染の長期化により継続され，バイデン政権のAmerican Rescue Planも基本的にそれを継承している。新型コロナに対する財政対策は総額5兆ドルに上り，これがアメリカ経済を下支えした。

ポスト・コロナの財政政策と世界経済

バイデン政権は，大規模なコロナ対策の延長線上にニューディール以来の「大きな政府」への転換を打ち出した。しかしながら，共和党からの反発と民主党での内紛によりその成果はごく一部にとどまっている。

こうしたバイデン政権の躓きは，いち早くアメリカ経済がポスト・コロナへと踏み出した結果でもある。大規模な財政対策により早々に景気拡大へ向かったアメリカは，需要回復に供給力が追いつかず，ウクライナ要因も加味され高インフレを招いている。この結果，バイデン政権は拡張財政からの転換を余儀なくされた。

アメリカの財政政策転換の影響を被るのは，アメリカからの資金流入に依存してきた新興諸国や利上げ転換困難な日本の側だろう。ドルが国際通貨であり続ける限りアメリカは拡張財政への裁量を有しているが他国は異なる。このアメリカと他国との政策裁量ギャップが今日世界経済が抱える問題である。

| 参考文献 | ジェラルド・A・エプシュタイン著，徳永潤二ほか訳（2020）『MMTは何が間違いなのか？』東洋経済新報社。 |

オリヴィエ・ブランシャール著，田代毅訳（2023）『21世紀の財政政策』日本経済新聞出版。

（河音琢郎）

PART

V

コロナ後の国際経済

日本の財政赤字は持続可能なのか？

〈日銀による財政ファイナンス〉

　日本の財政赤字と政府債務の累積は，1990年代のバブル経済崩壊後の構造的特徴である。国債以外の政府収入と国債費以外の政府支出との収支を基礎的財政収支（プライマリー・バランス）と呼ぶ。2001年以降日本政府はプライマリー・バランスの黒字を財政再建目標としてきたが，その達成時期は先延ばしされてきた。その結果，政府債務残高は国と地方とを合わせた一般政府レベルで1,200兆円を超え，対GDP比218％と先進国中突出している（**図表を参照**）。

財政赤字の問題点

　財政赤字の拡大は，政府債務を中央銀行が引き受ければインフレを招き，民間資金が引き受ければ民間投資を阻害し金利上昇を招くとされる。しかしながら，財政赤字が恒常化しているにもかかわらず，インフレも金利上昇も生じていない。それでは実際のところ問題はないのか？

　2010年代初頭までは，国債はもっぱら民間金融機関によってまかなわれてきた。機会費用の考え方によれば，国内の金融資産が投資には向かわず，国債にロック・オンされていたといえる。このことが，日本経済の長期低迷の底流となってきた。

　2013年以降，安倍晋三政権と黒田東彦日銀総裁は，日銀の国債大量買いによる財政ファイナンスという新たな政策へと踏み込んだ。しかしながら，その帰結は財政膨張と日銀の国債保有残高を積み増すだけで，日本経済は低迷を続けた。この間，日銀の国債保有は45％を占めるまでに急膨張した（図表を参照）。

ポスト・コロナにおける財政危機の顕在化

　中央銀行に抱かれた日本財政は大きな岐路にある。世界的なインフレに対し

て，アメリカをはじめ先進各国が量的緩和から転換する一方で，巨額の国債を抱える日銀は利上げへ踏み出せない。量的緩和を続け，円安と資金流出を放置するのか，それとも利上げに転じ財政ファイナンスを放棄するのか。国際経済が構造変化する中，財政赤字問題の顕在化という形で，日本財政は大きな転換期を迎えている。

図表 日本の国債等保有者別残高と一般政府財政収支・プライマリー収支の推移：1980-2021年度

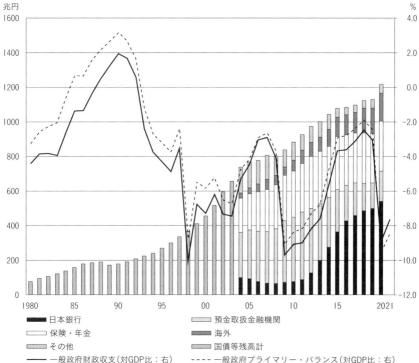

出所：IMF, *World Economic Outlook*, various issues，日本銀行『資金循環統計』各年度版，より作成。

参考文献 明石順平（2020）『データが語る日本財政の未来』集英社インターナショナル。
深尾光洋（2012）「日本の財政赤字の維持可能性」経済産業研究所『RIETI Discussion Paper Series』12-J-018，6月。

（河音琢郎）

PART
V
コロナ後の国際経済

Q 85 多国籍企業の租税回避にどう対抗するか？

〈国際課税〉

多国籍企業による国際的な租税回避

　多国籍企業は国境を越えてグローバルに活動するが，その利益に対する課税は各主権国家によって行われる。それゆえ伝統的に，同一の利益に対して複数の国が課税する国際的二重課税が問題とされてきた。ところが近年，国際的二重課税とは逆の問題，すなわち多国籍企業の利益に対してどの国も課税しない国際的二重非課税の問題が大きく注目されるようになってきた。

　多国籍企業は各国の税制の相違を利用してグループ全体の税負担を最小化しようとする。実際，アメリカ多国籍企業が過去数十年の間にタックスヘイブンのような低税率あるいは無税の国に移したのは生産活動（有形資本や労働）ではなく，帳簿上の利益が中心であった。とりわけ2008年のリーマンショック以降，増税や歳出削減が国民生活を直撃する一方で，一部の多国籍企業は租税回避を行い，実際の利益に見合った税を負担していないとの批判が高まった。

BEPSプロジェクトの成果と課題

　こうした社会的関心を受けて，OECD/G20は，2012年に国際的二重非課税の問題に取り組むべく，BEPS（Base Erosion and Profit Shifting：税源浸食と利益移転）プロジェクトを立ち上げた。2015年には15の行動計画について最終報告書が公表され，各国はその勧告を受けて税制改正に取り組んだ。BEPSプロジェクトは，企業が実際に経済活動を行い「価値創造」が行われた場所で課税するという考え方の下に国家間の課税の空白を埋める取り組みであり，途上国を含む広範な規模で国際協調が行われたことは画期的であった。

　しかしながら，BEPSプロジェクトは，税率という租税回避の仕組みの本丸に踏み込むものではなかった。各国で税率が異なる以上，低税率で資本を引き付

けようとする国はなくならず，多国籍企業の側の租税回避のインセンティブもなくならない。つまり，国際的な租税競争の問題が依然として残されていた。

グローバル最低税率の導入と租税競争の行方

140以上の国と地域が参加するOECD/G20 BEPS包摂的枠組み（IF）は，こうした租税競争の問題にはじめて正面から取り組もうとしている。それが，グローバル最低税率の導入である。これは，2021年10月に国際合意された経済のデジタル化と課税に関する国際課税ルールの見直しの2つの柱のうち，第2の柱（Pillar 2）に当たるもので，15％の最低税率の導入を目指すものである。具体的には，多国籍企業グループを構成する事業体がある国で負担する実効税率が15％以下であった場合，15％に達するまでの税率を実体的な経済活動に由来しない所得（超過利潤）に乗じて税額（トップアップ税額）を算出し，親会社の所在地国（もしくは構成事業体の所在地国）で課税する仕組みである。GloBEルール（Global Anti-Base Erosion Rules）と呼ばれるこのグローバル最低税率は，多国籍企業がどこで利益を上げようとも超過利潤に対しては少なくとも15％の税負担を課すものであり，租税競争を終わらせるものとして期待されている。もっとも，各国が制度を整備し実際に導入するまりにはなお多くの課題が指摘されており，租税競争や租税回避に対して期待された効果を発揮できるかも未知数である。しかしながら，これほど多くの国・地域が税率という課税主権の重要な領域で協調し，国際合意に至ったという事実は，国際租税協調の歴史において大きな一歩を踏み出すものであるといえる。

PART V

コロナ後の国際経済

参考文献 ▷ エマニュエル・サエズ，ガブリエル・ズックマン著，山田美明訳（2020）『つくられた格差——不公平税制が生んだ所得の不平等』光文社。
諸富徹（2020）『グローバル・タックス——国境を超える課税権力』岩波書店。

（篠田　剛）

政府債務の急速な拡大をどう見るべきか？

〈債務の持続可能性，ドーマー条件，財政危機〉

拡大する公的債務とそのベネフィットとコスト・リスク

IMF（IMF Blog: Global Debt Reaches a Record $226 Trillion）によると，世界の公的債務（GDP比）は世界金融危機とコロナ危機という2つの危機を契機として顕著に積み上がり，2020年，過去最高の99％となった。

債務で賄われた政府支出は，経済インフラや教育への投資による成長促進や景気後退期の経済安定化などのベネフィットをもたらしうるが，その一方で高債務が金利を上昇させ民間投資を抑制し，成長にマイナスとなり，更に，政府債務の持続可能性を低下させ，財政危機をもたらす可能性がある。

債務の持続可能性－ドーマー条件

債務の持続可能性は，将来の財政政策や経済の動向，政府の支払い意思など多くの要因に依存することから特定の閾値で示すことは困難であるが，その目安を与えるものとして，ドーマー条件（(1)式）がある。

$$bt = pb + [(1 + i) / (1 + g)] bt - 1 \qquad (1)式$$

ここで，b＝政府債務/名目GDP比率，pb＝プライマリー・バランス/名目GDP比率，i＝名目金利，g＝名目成長率，tは当期，t－1は前期。プライマリー・バランス＝借入金を除く歳入－元利払いを除く歳出（赤字を正で示している）

これによれば，金利と成長率の関係（金利－成長率格差）が鍵で，仮にpb＝0の場合，i＞gであればb（政府債務/名目GDP比率）は際限なく上昇（財政は破綻）し，両者が等しければ安定し，i＜gであれば低下する。仮に

pbが赤字でも，i＜gの場合には，bは一定の水準に収束する（**図表**）。ただし，こうした金利−成長率格差が継続する保証はない。

図表 成長率が金利を上回る場合における，政府債務（GDP比）の収束（政府債務（GDP比）は(1)式と45度線の交点に収束）

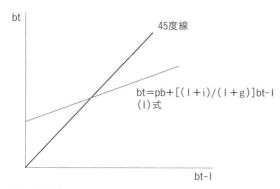

出所：著者作成

財政危機の要因と関連指標モニターの重要性

　IMFスタッフの実証分析（IMF Working Paper WP/20/1）によると，債務不履行に加え，高インフレ，市場での資金調達の困難化などを含めてとらえた財政危機の説明要因として最も重要なものは公的債務の水準，債務支払い負担であるが，資本フロー等他の要因も関わるとされる。こうした研究を踏まえると，公的債務については，危機リスクの機械的把握は困難であることを前提に，債務により賄われる支出が長期的な成長などの面で高い効果を持つものであることを確保しつつ，財政危機と関連性が高いとみられる指標（公的債務水準など）を慎重にモニターし必要に応じて歳出抑制等の是正策を講じることが重要であり，これにより初めて財政危機を回避しつつ経済の長期的成長と安定に向けた財政の対応力を将来にわたり維持していくことが可能となるといえる。

参考文献 　荒巻健二「世界的債務拡大—どう評価すべきか」『東京女子大学経済研究第10号 2022』（東京女子大学学術情報リポジトリ（nii.ac.jp））
　　　　　　　吉野直行・宮本弘曉「財政赤字の安定化条件「ドーマー条件」の再考察」『フィナンシャル・レビュー』令和3年（2021年）第2号（通巻第145号）。

（荒巻健二）

Q87

企業，家計債務の拡大は世界に何をもたらすのか？

〈民間債務，金融危機，対外脆弱性〉

企業，家計の債務の状況ー世界及び日・米・ユーロ圏・中国ー

　主要先進国・新興国の企業，家計への総信用（借り手から見れば総債務）（GDP比）は，BIS（国際決済銀行）の統計によれば，コロナ危機勃発後急上昇し，2020年12月末には過去最高の181.1％となり，その後やや低下したものの，2021年9月末時点で，世界金融危機時のピークを超える高い水準となった。先進国では世界金融危機時のピーク比でわずかな上昇にとどまっているのに対し，新興国はコロナ危機前のピークを10ポイント以上回る高い水準となっている。

　日，米，ユーロ圏及び中国の企業，家計への総信用（GDP比）の推移（図表）を見ると，日本が1980年代後半に巨大な信用バブルを形成したことが見てとれる。これは企業債務の拡大によるものである。米国は90年代後半から2008年秋にかけて総信用が著しく拡大しているが，これは家計債務の拡大による。日米ともに信用（債務）の急拡大後に金融危機を迎えている。懸念されるのは中国である。中国の企業部門への総信用（GDP比）は，リーマンショック以降急激に上昇し，2021年9月末に155.5％と，日本のバブル期のピーク（1993年12月末の144.9％）を超えている。家計向け総信用（GDP比）は米国の住宅バブル期のピークに比べなお低いが，急増を続けてきた。ただし，ここ数年は企業，家計ともに横ばい傾向にある。

民間部門の債務累積をどう評価すべきか

　民間部門の債務にはそれにより賄われる投資支出増加と成長の促進などベネフィットがあるが，同時にコスト・リスクがありうる。例えば，世界銀行のレポート（Kose et al "Global Waves of Debt"）は，1970〜2018年の間に新興市場国・途上国につき確認された民間債務の蓄積エピソードのうち債務蓄積の開

224

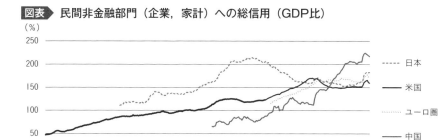

出所：BIS "Credit to the nin-financial sector" より著者作成

始以降でかつピークから２年以内に金融危機が発生したエピソードはその40％
に上るとしている。危機の可能性を高める要因としては、対外脆弱性（対外短
期債務の高さ、外貨準備の低さなど）とともにマイナスの外的ショック（例え
ば米国金利の上昇、国内経済成長率の低下）などがあるとしている。

　現在の高い民間債務水準が、金融環境の変化などに対する高債務国の脆弱性
を高めている可能性があり、今後のリスクの顕在化に備え、金融セクターの健
全性の強化など慎重な備えが必要と考えられる。

参考文献　荒巻健二（2018）『金融グローバル化のリスク　市場の不安定性にどう対処すべきか』
　　　　　日本経済新聞出版社。
　　　　Kose, M. Ayhan, Peter Nagle, Franziska Ohnsorge, and Naotaka Sugawara（2021）
　　　　　"Global Waves of Debt : Causes and Consequences" World Bank Group.

（荒巻健二）

Q88

世界的な対外不均衡とは何だろうか？
〈グローバル・インバランス〉

グローバル・インバランスとは？

　今日の世界では，各国の経常収支が不均衡である状態が普通であり，経常収支の黒字の国々が存在する一方で，赤字の国々も存在する。ただし世界全体では経常収支黒字の合計額（CA_S）と経常収支赤字の合計額（CA_D）は足し合わせるとゼロとなる（(1)式）。

$$CA_S = CA_D \qquad (1)$$

　ここで(1)式の水準は時期に応じて変化している。例えば世界的に好景気の状況のもとでは，家計消費や企業投資を賄うため，輸入が増えている国々が存在している。他方海外の輸入拡大に応じるべく，輸出を増やしている国々も存在する。このように経常収支黒字および赤字の合計額が共に増えており，世界的に対外不均衡が拡大している状態を，「グローバル・インバランス」と呼ぶ。

グローバル・インバランスの変遷

　グローバル・インバランスは時期に応じて変化している。**図表**で示されるように，1980年代前半から半ばにかけて，グローバル・インバランスは拡大していた。当時主要な経常収支黒字国は，日本と西ドイツ（図表ではユーロ圏で表示）であり，赤字国は米国であった。つまり1980年代前半から半ばにかけてのグローバル・インバランスは，先進国間のインバランスであった。

データ出所：IMF World Economic Outlook

　このインバランスの拡大をもたらした要因としては，貿易サイドから見れば円やマルクに対するドル安の加速，貯蓄投資バランスサイドから見れば，日本や西ドイツの民間部門の貯蓄過剰，米国の財政部門における投資超過（財政赤字）があげられる。

　2000年代前半から後半にかけて，グローバル・インバランスが再拡大しており（世界GDP比で約3％），極めて大きな対外不均衡であった。主な黒字国は，中国や東アジア諸国，原油輸出国であり，赤字国は米国であった。1980年代と異なり，世界の対外不均衡の拡大は，新興諸国の黒字と，先進国の赤字であった。不均衡の拡大要因としては，貿易サイドにおける米国の好景気に伴う輸入拡大，中国やアジア諸国の生産拡大と輸出増加があげられる。貯蓄投資バランスサイドから見れば，同時期の世界的な好景気の持続を背景とした新興諸国における民間部門の貯蓄超過，米国における家計消費や企業投資の拡大に伴う民間部門の投資超過（貯蓄不足）があげられる。

参考文献　松林洋一（2010）『対外不均衡とマクロ経済　理論と実証』東洋経済新報社。

（松林洋一）

FRBのテーパリング加速・金利引き上げをどう見るか？

〈国際債務問題〉

「ワシントン・コンセンサス」から「北京コンセンサス」へ

　1975年からリーマンショック前の2007年までに，アメリカ名目GDPは8.75倍になった。他方，同時期に，民間債務は20倍になり，公的債務は3倍になった。2007年のアメリカの債務総額（民間・政府）は対GDP350％になり，アメリカ財務省は主にドイツ・日本・産油国・中国からファイナンスしているが（モールディン，テッパー［2012：22］），先進国経済はさらに途上国から借金せざるをえなくなってきた（アタリ［2011：153］）。こうした状況において西側諸国が支配するG7やIMF・世界銀行などは，金融と経済のすべてを市場に委ねる市場原理主義を目指すワシントン・コンセンサスを，IMF・世界銀行から融資を受けるための条件として途上国に押しつけることができなくなりつつある。途上国の国際収支統計は，黒字になり，赤字の場合でも一次産品や耕作地の利用を確保したい中国から，無条件で資金を借り入れることができる。ワシントン・コンセンサスは，途上国が安定的発展をするために，国家が調整役となり，「慎重に」市場改革を進めていくことが必要であり，そのためには国家の安定が必要で，「民主化」「自由化」はある程度制限されざるをえないとする「北京コンセンサス」にとって替わられようとしている。

出口戦略とFRBのテーパリング加速・金利引き上げ

　リーマンショック後の量的緩和脱却を意味する先進国経済の出口戦略が順調に進行するのか，その見通しは不透明である。トランプ政権の大規模減税に伴う国債の大量発行と，国際的な資源価格の高騰を背景にインフレ圧力が強まっており，長期金利は着実に上昇しつつある。それゆえ，「出口」への道のりは決して平坦ではなく，また仮に「出口」政策の終了が宣言されるとしても，そ

れは金融危機以前の状態への単純な回帰とは異なるものとなるであろう。

　2021年秋，米連邦準備理事会（FRB）の首脳が量的緩和縮小（テーパリング）のペースを速める可能性に言及したがこの「FRBのテーパリング加速」は世界の市場を混乱させた。米金利上昇は，新興国からの資金流出を招きかねないので新興国にとっては物価高への対処と同時に通貨防衛の観点から利上げを迫られことになる。通貨が安くなれば，原油などエネルギーの輸入コストがますます上がり，インフレ圧力が高まって景気の回復が途上でも利上げに動かざるをえない事情がある。先進国では，欧州中央銀行・英イングランド銀行は利上げに踏み切った。一方で，日本銀行は金利据え置きの態度を堅持した。海外に比べてインフレが進んでいない日本でも，円安や供給制約によりインフレへの警戒は強まっている。日銀の対応は，シナリオ①金利上昇（ブラジル・パターン）―日銀が保有する国債に巨額の損失が発生し，民間金融機関が保有している国債にも損失が生じ，国債の利払い費が増加し，財政破綻・日銀の債務超過のリスクの発生と，シナリオ②ゼロ近傍金利維持（トルコ・パターン）―FRBの影響をうけた各国の政策金利上昇により，キャピタル・フライトからの円安とアメリカへの資金流出の悪循環の発生というように選択肢は狭い[→**Q87, 97, 100**]。

参考文献　ジャック・アタリ著，林昌宏訳『国家債務危機―ソブリン・クライシスに，いかに対処すべきか？』（作品社，2011）。
　　　　　ジョン・モールディン，ジョナサン・テッパー著，山形浩生訳『エンドゲーム―国家債務危機の警告と対策』（プレジデント社，2012）。

（坂出　健）

Q90 パンデミックはグローバル・サプライチェーンにどう影響したか？
〈グローバル供給網〉

　サプライチェーンは供給連鎖あるいは供給網のことである。最終財やサービスを提供するには資源採掘から始まってアフターサービスに至る一連の生産連鎖が必要で，サプライチェーンは生産工程を結びつける役割を果たしている。これが一国内にとどまる必然性はなく，グローバルに広がりうる。それがグローバル・サプライチェーン（GSC）である。

　GSCが広がりはじめたのは，輸送・情報技術の発展，組織デザインの発展などが背景にあるが，時期的にはおおむね1990年代以降であろう。効率至上主義のサプライチェーンが最良のようにみえるが，国境や企業の垣根をまたがるとマネジメントが複雑になり，急激な需要変動や「想定外」のショックに脆い。それがあらわになった一例が日本の東日本大震災の経験だが，パンデミックはそのグローバル版といってもよい。

　図表によって，パンデミック以降のGSCへの負荷がどの程度であったかをみてみよう。GSCPIはニューヨーク連銀が開発したサプライチェーン負荷に関する指標で，バルチック海運指数などが変数として採用されている。指数は正規化されており，ゼロが期間中の平均値である。これから明らかであるが，欧米でもパンデミックが発生した2020年4月に3.86σという「異常値」をつけている。その後指数はいったん平均近くまで回帰するが，2021年2月以降ふたたび2σを超え，2021年冬にかけては4σを超えてしまっている（2022年3月以降は，ロシアによるウクライナ侵攻もこうした傾向に拍車をかけている）。

　なぜパンデミックはサプライチェーンを混乱させるのか。第1の理由は，パンデミックの拡大で自宅待機者が増え，労働参加率が著しく低下するからである。労働参加率の低下は供給制約に直結する。輸送コストの高騰や半導体部品の供給制約，資源価格の高騰はこうした理由が大きい。第2の理由は，パンデ

図表 ▶ パンデミックによる供給制約

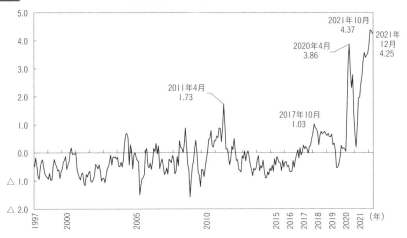

出所：ジェトロビジネス短信。原出所はニューヨーク連銀。

ミックによって需要が減少すると見込んでいた生産者が，各国政府の財政支援
によって思わぬ消費の急増に対応できなかったということが挙げられる。これ
は木材価格の高騰（ウッドショック）が典型例である。第3の理由は，対面
サービスの提供が不可能になることによる混乱である。いずれにせよ，パンデ
ミックは需要急減だけでなく，供給制約をもたらし，景気動向に負の圧力を与
えている。東日本大震災は地震による資本ストックの毀損が供給制約をもたら
したが，パンデミックは社会的要因が供給制約をもたらしている。

参考文献 ▷ ハウ・L・リー（2006）「トリプルＡのサプライチェーン」DIAMONDハーバード・
ビジネス・レビュー編集部編訳『サプライチェーンの経営学』ダイヤモンド社，所
収。
森原康仁（2012）「サプライチェーンの混乱と震災復興政策」『資本と地域』第8号。

（森原康仁）

なぜコロナ危機が金融市場を揺さぶったのか？

〈コロナ後の金融危機〉

　金融市場において，想定外の出来事を「ブラックスワン」という。これは「黒い白鳥」のことだが，転じて「ありえないこと」を意味する言葉として使用されるようになった。かつてヘッジファンドのLTCMがロシア国債を運用していたとき，「ロシアが債務不履行に陥るのは『6σ』の事態であり起こりえない」と考えられていた。世界が正規分布ならばこうした想定は適当だったが，実際にはロシア政府は債務不履行に陥りLTCMも破たんした。ある種の出来事は正規分布ではなく，べき分布によってしか表現できないような頻度で起こる。

　コロナ危機もこうしたブラックスワンのひとつである。新種の感染症が中国の一部で拡大しているということは，2019年12月から一部で知られてはいた。しかし，米欧の市場参加者の認識は「アジアで起こる感染症の一種」という程度のものだった。だが，翌年1月になると韓国や日本などでも感染例が発生し，2月には欧州での感染爆発が報じられるようになる。ここに至って米欧の市場参加者も「自分たちの問題」と捉えるようになったのである。

　通常，金融資産の価格変動はイベントや材料を徐々に織り込んでいくが，ブラックスワン（と参加者に認識されたこと）は定義によって事前の織り込みがまったく進んでおらず，突然織り込みが始まる。このことでボラティリティ（価格変動率）の急激な拡大をともなう価格の急降下が発生するのである。以下，主要な金融資産の価格変動を振り返ってみよう。

　まず，債券価格であるが，アメリカの10年物中期国債先物の価格は2020年2月24日にそれまでの取引レンジを突破し，わずか14営業日で6.5％以上上昇した（ピークは3月9日）。債券価格の上昇は利回りの低下を意味するから，10年債利回りは0.542％（3月9日）まで急低下した。アメリカの長期金利が1％台を割るのは戦後初のことである。また，株式については，アメリカの

S&P500指数が2月24日の市場オープン直後からギャップダウンして下落し，前日終値比で3％以上暴落した。

　外国為替についてみると，ドル円は「有事の円買い」で2月21日から3月9日にかけて10円以上円高となったが，3月10日以降は「ドル不足」により一転ドル高となり10円以上円安になった（企業は決済のために米ドルを利用する）。米ドルの総合的価値を示すドル指数をみてみると，2月21日から3月9日まで5％強下落し，3月10日から19日にかけては8％以上上昇するというジェットコースターのような値動きとなっている。商品市場はどうか。代表的な原油価格の指標であるWTI原油は，2月21日から4月20日の60営業日で100％近く，つまり1バレル0ドルまで壊滅的に下落した。この異常な価格がついたのは貯蔵にコストのかかる原油在庫が過剰で，先物の決済期限に現物を受け取る参加者がいなくなり，損失覚悟で先物を決済する動きが続いたためである。

　表題の問いに戻ろう。コロナ危機が金融市場を揺さぶった理由の第1は，金融市場参加者が危機や破局を過小評価していたからである。いいかえると，こうした危機をリスクと認識し，不確実性として把握していなかったからである（「リスク」は保険計算可能だが，「不確実性」はそれができない）。第2に，レバレッジをかけた投資や投機の存在がある。すべての市場参加者が信用取引を行っていなければ元手がゼロになるだけだが，借金をして投資している参加者は多い。この場合「想定外」の出来事が起こると，元本がゼロになるだけでなく，損失が無限大に膨らむ可能性が出てくる。そのため，売りが売りを呼び，金融市場以外の経済活動にも影響を及ぼしたわけである。

参考文献　ジャン＝ピエール・デュピュイ著，桑田光平ほか訳（2020）『ありえないことが現実になるとき——賢明な破局論にむけて』ちくま文庫。
　ハイマン・ミンスキー著，吉野紀ほか訳（1989）『金融不安定性の経済学——歴史・理論・政策』多賀出版。

（森原康仁）

コロナ危機後の「バブル」はどのように推移したか？

〈バブルの生成〉

　アメリカの著名投資家のジョン・テンプルトンは，「強気相場は悲観のなかで生まれ，懐疑のなかで育ち，楽観とともに成熟し，陶酔のなかで消えていく」という経験則を残している。パンデミックを目にすれば金融市場参加者が総悲観になったのは推測に難くないが，その後の現実はテンプルトンのいうとおりの経過をたどった。一般に不景気下の株価の高騰は「金融相場」という。金融相場が生じるのは，金融緩和によって長期金利から株式益回りを差し引いたイールドスプレッドが拡大し株式に資金が流入しやすくなるからだが，テンプルトンのいう「悲観のなかで生まれる」は，不景気にもかかわらず，政策によって資産価格が押し上げられることへの戸惑いや懐疑と理解できる。

　図表はコロナ危機後の世界的な株価上昇をみるために，先進国の株式市場に上場される銘柄群から構成されるMSCIワールドインデックスの先物の価格推移をプロットしたものである。ここで特徴的なことは，第1に，2020年に13週移動平均を価格が上抜いてそれまでの下落基調が変化し，上昇基調に転じたことである。以後，2022年4月現在までこの週の終値を下回っていない。第2に，コロナ危機による暴落直前の2428.3ポイントまで戻っただけでなく，むしろそこからさらに上昇し，3229.3ポイントと下落分の2倍の水準に達していることである。とくに，2020年冬に暴落直前の高値を明確に上抜いた以降の上昇はとどまることがなく，13週移動平均を価格が下回るのは2021年9月までなかった。

　株価をEPS（1株当たり当期純利益）で除したものをPER（株価収益率）という。これはある期間の純利益の何倍まで株式が買われているかを示すものだが，たとえばナスダックは2021年12月に約126倍にまでなった。これは純利益の126年分まで株価が高騰しているということを意味し，過熱感は否めない。

　先述したように，こうした事態の根本的な背景はイールドスプレッドの拡大

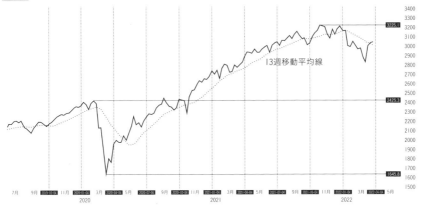

図表 コロナ危機後の世界的な株価上昇

注：MSCIワールドインデックス先物の週単位の終値ベース。破線は13週移動平均。
出所：ICE Futures US.

だが，そうした条件のもとで「バブルに乗じる」という投資家の行動があることも見過ごせない。これはバブルのミクロ理論のなかで「合理的バブル」と呼ばれる現象である（櫻川，2021）。こうした現象が生じている最中には，「割高」な資産価格の裁定は働きにくい。したがって，バブルだとわかった瞬間にバブルが崩壊するという効率的市場仮説の予測は必ずしも正しくない。

「不景気にもかかわらず（業績が悪いにもかかわらず），なぜ株価は上昇しているのか？」という問いがしばしば発せられる。そのひとつの答えは，イールドスプレッドの拡大とそうした条件の下での経済主体の「合理的な」行動である，ということになろう。

参考文献 櫻川昌哉（2021）『バブルの経済理論――低金利，長期停滞，金融劣化』日経BP社。
土志田征一・田村秀男・日本経済研究センター編（2002）『検証株主資本主義』日経BP社。

（森原康仁）

Q 93

2020年代の急激な円安の背景には何があるのか？

〈日本の金融政策と外国為替〉

　2021年秋口以降，円安ドル高が急ピッチで進んでいる。**図表**はアメリカの2年物国債利回りと為替レート（ドル円）の推移をプロットしたものであるが，2021年9月にドル円はそれまでの取引レンジを突破して1ドル＝111円台を付けたあと，2022年3月以降，急激に円安ドル高がすすんだ。2022年6月現在で1ドル＝136円台まで円安が進行している。背景には何があるのか。

図表 米国債の利回りと為替レート（ドル円）

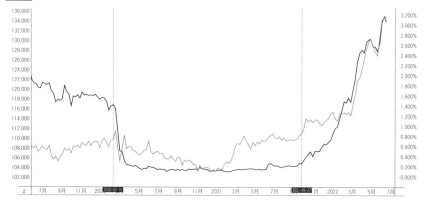

注：黒の実線は米2年物国債利回り（右軸）。グレーの実線はドル円のレート（左軸）。いずれも週次。
出所：TradingView.

　それは，日本と主要国の間の金融政策の方向性の明確な違いである。パンデミックやウクライナ戦争は，コストプッシュ型のインフレをもたらした（移動制限による労働供給の制約や戦争による原油や小麦などの資源供給の制約による）。また，こうした実物の供給制約によるインフレの背後に，異例の金融緩和による過剰な貨幣供給もあった。

この結果，アメリカをはじめ，世界のほぼすべての主要中銀はこうしたインフレを「退治」するために利上げに舵を切らざるをえなくなった。その象徴はFRBである。議長のジェローム・パウエルは「インフレは一時的」としていたが，2021年12月のFOMC（連邦公開市場委員会）でそのスタンスを変更し，テーパリング（量的緩和策の縮小）を明言したのである。これを受けて各国の中央銀行も同様のスタンスをとることになった。しかし，その中で日本だけは異なる。日本銀行の黒田総裁は「インフレは一時的」とするスタンスを2022年に入っても変更することなく，これまでの量的・質的緩和策を維持する方針を徹底している。

　この結果，日米および日本と主要国・地域との間の利回り格差は一方的に開くことになった。資本移動の方向性は各国間の利回り格差に規定されるので，日本円は全面安になる。いまいちど前掲図表を参照いただきたい。とりわけ2021年秋口以降，ドル円と米国債利回りの推移がきわめて高い相関があることが理解できるだろう。

　通貨安は輸出企業の価格競争力を引き上げる一方で，輸入物価を上昇させ，所得流出を引き起こす。日本の製造業企業は生産拠点の海外移転をすすめてきたので，今日においては，前者のメリットよりも後者のデメリットが目に付くようになっている。仮に「世界政府」のようなものがあれば，中央銀行が無制限に貨幣を供給しても問題はないが（ただし，「世界政府」の暴力と信認が維持される限りにおいて），各国ごとに通貨が異なる主権国家システムの下で，かつ，その自由な交換が可能である条件の下では，世界経済全体の方向性に逆行する金融政策をとる国には通貨安という形で裁定がはたらく。世界に先駆けておこなってきた日本の金融緩和は，パンデミックとウクライナ戦争以降，岐路に立たされていることになる。

PART

コロナ後の国際経済

　参考文献　　翁邦雄（2017）『金利と経済——高まるリスクと残された処方箋』ダイヤモンド社。

（森原康仁）

Q94

コロナ危機で主要国はどういう対策を おこなったか？

〈コロナ対策〉

　コロナ危機による主要国の政策出動のもっとも大きな特徴は，財政政策と金融政策が「大盤振る舞い」になったことだろう。

　2020年2月に入って，「アジアの問題」と考えられていた感染症の拡大が欧米にも波及してきたことで，この問題が「グローバルな問題」と考えられるようになった。世界の金融市場でもっとも大きな力を握っているのはニューヨークなので，かれらが「自分たちの問題」と考え始めたことによって，米国をはじめとした世界中の株価の暴落が始まった。同時に，安全資産とされる国債や金（ゴールド）も売られ，「キャッシュ・イズ・キング」の状態に陥り，日本円を除く全主要通貨は米ドルに対して暴落し，急激なドル高が生じた。

　これを受けてFRBは3月に2回の緊急利下げを実施すると同時に，大量の国債を買い入れる量的緩和を強化して金利の抑制を図った。その後，さらにジャンク債（非投資適格級社債）の買い入れも実施し，「これ以上ない」と考えられるほどの金融緩和を実施した。また，欧州中央銀行や日本銀行，BOE（イギリス中央銀行）など主要中銀もこれと足並みをそろえた（図表参照）。経済に直接的に影響のある財政政策についても，各国政府は大規模な対応をとった。2020年6月に入ると各国政府の経済対策の総額は10兆ドルを超え，8月には欧州も「復興基金」を取りまとめるなど，財政拡大がすすんだ。

　こうした政策は世界経済にどういった影響を与えただろうか。第1は，法定通貨の減価とその他実物資産，金融資産高，つまり世界的なインフレである。初期にはこれはドル安となって現れたが（ただし，その後インフレリスクが現実化する中で，FRBが世界に先駆けて金融緩和の縮小＝テーパリングと利上げを実施することになりドル高に転じた），重要なのは外国為替よりも通貨とその他資産との間の交換比率である。原油や金，小麦などコモディティ価格の

国・地域	対策の主な中身	金融政策
米国	・現金給付，失業給付の拡充。 ・企業への出融資・債務保証，中小企業への補助金。 ・検査やヘルスケアへの投資。	・フェデラルファンド金利を150bp引き下げ，0〜0.25％へ。 ・国債，政府機関債の無期限買い入れの実施。 ・主要中央銀行とのドルスワップ金利の引き下げ，スワップ対象国の拡充。 ・地方債や社債の買い入れによる資金供給。 ・中小企業向けメインストリート融資プログラム。
EU/ ユーロ圏	・パンデミック危機支援を健康関連支出のための資金調達に提供。 ・欧州投資銀行に政府保証を提供し，中小企業を中心とした企業への融資支援。 ・労働者と雇用を守るための一時的な融資ベースの手段を創設。	・パンデミック緊急購入プログラムによる量的緩和の追加。 ・長期リファイナンスオペ（TLTRO-III）預金ファシリティより50bpも低い金利で提供 ・新しい流動性ファシリティ（PELTRO）を導入。
英国	・休業した人に元々の収入の8割を給付。低所得者等への支援。 ・病気休暇の補償，融資の際の信用保証，付加価値税や申告所得税の納税の猶予。 ・イノベーションを推進する企業への助成金や資金供給。 ・NHSへの追加資金提供。	・政策金利を0.75％→0.25％→0.1％と引き下げ。 ・量的緩和。 ・中小企業への融資にインセンティブ。 ・必要に応じて短期金融市場へ流動性を供給。

出所：経済産業省（2020）『令和2年版 通商白書2020』昭和情報プロセス，25〜6頁より筆者作成。

水準を示すCRB指数は，2020年4月の117.2をボトムに2022年4月の298.21まで暴騰している。株価や暗号資産については別に触れたとおりである。

第2に，コロナ後にとられた一連の財政・金融政策によって，中央銀行によるマネタイゼーションをもはや誰も問題にしなくなったことである。これは投資において民間よりも政府の比重がますます大きくなっていくことを意味する。とくにメルケル元首相の下でのドイツの政策スタンスの変化は象徴的だった。かつてハイパーインフレを経験したドイツは財政赤字にきわめて敏感だったが，今回の事態を受けて政策スタンスを大きく変えた。このことは，新自由主義とも呼ばれる財政緊縮路線が政策を支配していた時代の終わりを示唆する。

以上を一言でまとめるなら，「金融政策はリーマンショック後にとられてきた方向がより強化された」「財政政策はリーマンショック時以上の対策がとられ，レーガン，サッチャー時代以降の財政規律重視の政策規範が変化する可能性もある」ということになろう。

参考文献　アダム・トゥーズ著，江口泰子訳（2022）『世界はコロナとどう闘ったのか？──パンデミック経済危機』東洋経済新報社。

（森原康仁）

Q95

米中デカップリングは可能か？

〈米中蜜月，デカップリング〉

米中蜜月の時代

　アメリカ企業は1990年代から中南米や東アジア地域を低賃金労働力を利用できる生産拠点として重視してきた。そのためにNAFTA（北米自由貿易協定）を結んだり，WTO（世界貿易機関）の設立を主導したりして，貿易と投資の自由を保証する国際的通商秩序を広げてきた。他方，中国は1992年の鄧小平のいわゆる「南巡講話」以降，改革開放路線を加速させ，経済特別区を中心に海外からの直接投資を積極的に受け入れてきた。

　アメリカ多国籍企業は，日本，韓国，台湾，ASEANなどで製造された部品を中国で最終組立して世界に輸出するという生産・下請ネットワークを東アジア地域に展開した。これは外国企業との合弁・共同経営・下請を通じて中国企業の技術力を高めた。中国は2001年にWTO加盟を果たすと対米輸出を軸に経済成長を継続させて，2010年には日本を抜いて世界第2位の経済大国になった。こうして米中2大国の協調関係が世界の政治経済秩序に安定をもたらすという議論（G-2論，チャイメリカ論）も登場した。

中国の路線転換

　ところが中国は2013年頃から，これまでの対米輸出主導の成長路線から脱して，自立的な成長路線を探求し始めた。具体的には「アジア・インフラ投資銀行」の提唱，「一帯一路」構想の発表，「中国製造 2025」の発表，米国債投資の削減などである。

　中国のこのような路線転換には，習近平の国家主席就任という政治的要因の他に，2008年のアメリカ発世界金融危機という経済的背景があった。ここで中国は対米輸出に依存した経済成長の危うさを実感した。またその際の不況対策

としての緊急財政支出と金融緩和が企業の設備投資と不動産投資を活発化させた結果，過剰設備と不動産バブルが発生した。それは内需主導型成長にも制約があることを意味した。こうして中国はアジア・インフラ投資銀行や一帯一路構想などで中国に有利な経済圏の構築を目指すようになったといわれる。

デカップリングは可能か

アメリカは1990年代から中国に対して「関与政策（対中融和政策）」をとってきたが，前述のような中国の路線転換はアメリカに強い警戒心を抱かせ，トランプ政権期に「戦略的競争（対中優位維持政策）」へと転じた。

具体的には，まず中国の対米自立化を阻止すべく圧力をかけた。トランプ政権の米中貿易摩擦，バイデン政権による同盟国との対中包囲網の形成，人権侵害問題での非難など，中国に対する積極的な「攻撃」がそれである。他方で，バイデン政権は「サプライチェーン強化」や「米国雇用計画」など，製造業の本国回帰，対中依存度の引き下げも模索している。

しかし，製造業の本国回帰はすでにオバマ政権から追求されてきたが，大きな変化を生み出せなかった政策である。生産・下請の低賃金国への展開はアメリカ製造業企業にとって不可欠な競争力要素であり，また巨大な中国市場の魅力も捨てがたい。他方，中国にとっても対米輸出は引き続き経済成長の重要要因であり，捨て去ることはできない。本格的な米中デカップリングは容易ではないだろう。

参考文献　中本悟・松村博行編著（2022）『米中経済摩擦の政治経済学──大国間の対立と国際秩序』晃洋書房。
平野健（2020）「現代アメリカのグローバル蓄積体制と中国」経済理論学会『季刊経済理論』56巻4号。

（平野　健）

パンデミックはテクノロジーにどういう影響を与えるか？

〈次世代テクノロジー〉

　2020年に顕在化した新型コロナウイルスの感染拡大は人びとの社会生活に大きな影響を与え，人びとを空間的に分離する措置（ソーシャル・ディスタンス）を規範化したが，これは危機への一時的対応にならない可能性が高い。なぜなら，新型コロナウイルスは克服しえても，「次のウイルス」の可能性は論理的には尽きないからである。このため，人びとを空間的に分離しながらも「つなぐ」テクノロジーに社会的注目が集まらざるをえない。とくに，ロボットによる身体の代替——空間的移動の必要性の極端な低下をもたらす可能性がある——とコミュニケーションを効率化する技術に資本が集中せざるをえない。

　こうしたテクノロジーを理解し，つくりだすことができるのは，理工系の一部の人材である。人材は希少であり，かれらの所得（賃金）は相対的に高くなってゆく。一方，そうしたスキルをもたない人の所得には下押し圧力がかかる。20世紀の技術革新は「熟練を必要としない方向」で進歩してきた。チャップリンの『モダン・タイムス』が描いたのは，労働者が工場で機械の歯車のように扱われることの悲喜劇だったが，これは「手に職をもたない人が機械の組み立てなど複雑な製品の生産に参加する時代」の産物だった。これはよくも悪くも労働者の所得を向上させ，大衆社会到来の条件をつくった。しかし，現代の技術革新は「熟練を必要とする方向」で進行している。このことが，スキルの有無が所得格差の拡大に帰結する事態を生み出す。

　ロボットによる身体機能の代替は，まだ実用化のめどは立っていないが，将来重大な変化を社会に及ぼす可能性のあるテクノロジーである。すなわち，将来的には人間の感覚器官の一部をロボットに代替させることで「物理的に移動しなくても，移動したのと同じ効果を得られるサービス」の提供が開始される可能性がある。こうしたサービスは空間的，物理的移動の必要性を極端に低下

させ，都市構想のあり方そのものを変える可能性を秘めている。

　コミュニケーションを効率化するオンラインサービスは，すでに私たちが日常的に利用しているインターネットの延長線上で次々と生まれている。2020年3月以降，一部の事業所でしか利用されていなかった「Microsoft Teams」などのアプリケーションが一気に普及した。リモートワークが当たり前となっただけでなく，趣味のサークルなどでも活用が進んでいる。また，2022年現在ではメタバースと呼ばれるプラットフォームが注目されている。かつて注目を浴びた「セカンドライフ」に似たサービスだが，娯楽だけでなく，ビジネスでの利用も視野に入ってきているという点が新しい。これらが，かなりの部分の既存のコミュニケーション手段を代替できると認知されれば，こうしたツールの利用は増えこそすれ，減ることはないだろう。

　重要なことは，以上すべてが特定の企業，しかも巨大企業によって担われているということである。GAFAをはじめとする巨大IT企業は，コミュニケーションそのものを利潤獲得の手段に変えたという点で「画期的」であるが，その究極の目標のひとつは「都市経営」である。都市を「コミュニケーションの集積地」とみなせば，都市はこれらの企業にとって「宝の山」だからである。実際，Googleはトロントにスマートシティを建設するプロジェクトを進めていた。また，日本のトヨタは「モビリティ」を軸としたスマートシティのマネジメントを試みているが，これは自動車などの移動手段がGAFAのようなプラットフォーマーの一要素技術に堕してしまうことへの危機感を背景にしている。

　現在，政府や自治体が行っている事業のかなり部分を特定の巨大企業が代行するような社会が到来するかもしれない。「公」のあり方に重大な変化が生まれる可能性があり，企業の社会的責任がいっそう問われてくる。

PART

V

コロナ後の国際経済

参考文献　森原康仁（2019）「プラットフォーム・ビジネスとGAFAによるレント獲得」『比較経営研究』第43号。

（森原康仁）

ウクライナ戦争は国際経済をどう変えるか？

〈ウクライナ戦争後の経済〉

　20022年2月24日以降，ロシアのウクライナ侵攻によって地政学環境そのものが，1991年から30年間続いた「冷戦後」から「ポスト・冷戦後」とも呼ぶべき環境に激変したこと，また，それに応じて投資環境が激変せざるをえないことを考えるべきであろう。しかも，グローバル経済それ自体が，2021年秋のFRBのテーパリング縮小加速・金利引き上げ方針のもとですでに大転換を遂げつつあるのである。2020年代の地政学・グローバル経済環境は，政治・軍事では第二次世界大戦開始（ドイツのポーランド侵略（1939.9））からベネルクス侵略（1940.5）までの「奇妙な戦争（宣戦布告するが陸上戦闘なし）」に（つまり，米NATOと中露の直接軍事対決直前のにらみ合い），経済面では第一次・第二次オイルショック（為替・エネルギー・資源価格の乱高下）が同時に進行するような複合危機に突入する。

	安全保障リスク	金利	価格	為替	軍事費	グローバル・サプライ・チェーン
冷戦後	小	低	デフレ	円高	抑制	最適地資源・部品調達
ポスト冷戦後	大	高	インフレ	円安	拡大	G7/中露デカップリング

　冷戦後においては，米ソ冷戦という軍事衝突が終わり，旧東西両陣営は軍事費削減・軍民転換をすすめた。また，とりわけリーマンショック以降，G7諸国では，ゼロ金利・金融緩和・デフレ現象がすすんだ。安定したビジネス環境のもと，企業は資源・エネルギーの最安値国から調達し，グローバル・サプライチェーン・ロジスティクスを実現した。これに対して，今後のポスト冷戦後環境では，ユーラシア大陸の東西で安全保障リスクが高まり，G7諸国・新興国のGDP比軍事費は増加することが予想される。また，ウクライナ戦争以前か

らポスト・コロナでインフレ化していたアメリカでは，ウクライナ戦争のエスカレーション・対露経済制裁に応じて石油・天然ガスなどの資源価格や小麦など食料品価格が上昇し，インフレ対策のためにFRBはさらなる金利上昇を検討せざるをえない。また，ロシアへの経済制裁は中国・ロシアを中心とした経済圏とG7を中心とした経済圏とのデカップリング・人権問題を材料とした価値観対立を激化させる可能性が高い。

　世界経済は，金利上昇・インフレ・軍事費拡大といった上振れ要因と，デカップリング・ロシアと新興国のデフォルト・カントリーリスクのような下振れリスク双方を抱えざるをえない。そうした中で各国はFRBの利上げにマッチアップできる体力のある経済（「出口」から抜ける諸国—欧州中央銀行・イングランド銀行など）とついていけるような体力のない経済（「出口」の見えない諸国—日本銀行・トルコ中銀など）に分かれていくだろう。日本銀行にとって，金利引き上げは国債利払い費の拡大に直結するため躊躇があるが，金利据え置きは，米欧金利引き上げと円安傾向のもとで資金の対外流出のリスクがある。日本政府・日本銀行がこのジレンマに有効な政策を打てなかった場合は，1970年代に世界経済を襲ったスタグフレーション（景気後退とインフレ）に陥る危険性もある。非常にネガティブな形で物価上昇目標が達成される道筋である。

　冷戦後経済の下でのデフレ・円高トレンドにおいては，低金利であっても円資産を保有することが経済合理的であったが，ポスト冷戦後経済においては，日本の政策金利上昇が期待できないとインフレ・円安・低金利の円資金に魅力はない。この投資環境において，貨幣市場・資源市場と密接にリンクして高い可能性での上昇が見込まれる金資産とウクライナ地政事象関連での上昇期待資産といった短期的な視点だけでなく，国民にとってポスト冷戦後の新しい経済環境において安定的なポートフォリオを構築することが必要であろう［→Q87，89，100］。

PART
V

コロナ後の国際経済

（坂出　健）

G7の経済制裁でロシア経済はどうなるか？

〈対ロシア経済制裁〉

世界経済とつながっていたロシア経済

　1991年12月，世界初の社会主義国であったソビエト連邦が解体され，新生ロシアではそれまで国が統制していた生産，分配，流通，金融などの経済活動が自由化され，国営企業は民営化された。しかし，体制転換が始まってロシア経済は「転換不況」と呼ばれる深刻な経済不振に陥った。急激な自由化は物価の暴騰と生産の減少を引き起こし，国営企業の民営化は「オリガルヒ」と呼ばれる寡占資本家の誕生につながった。

　こうした経済の混乱の結果，1998年のロシアの実質GDPはソ連が崩壊した1991年の水準の約6割にまで減少したが，2000年代に入りロシア経済は急速に回復していった（図表参照）。石油やガスなど天然資源の国際価格が急上昇した結果，ロシアは膨大な輸出収入を得て好景気を享受し，これを見た世界中の有名企業が相次いでロシアに進出した。世界経済とつながったことでロシアは有望な新興市場の一つとなった。その一方で，ロシア経済は世界経済のマイナスの影響を受けることにもなった。2008年の世界経済危機（リーマンショック）はロシア経済にも大打撃をもたらし，2009年のロシアの経済成長率はマイナス7.8％を記録した。その後プラス成長に回復したが，2011～2020年の平均成長率は1.1％と停滞している。

ウクライナ戦争と対ロシア経済制裁

　近年のロシア経済の停滞に拍車をかけているのが，アメリカや，欧州連合（EU）による対ロシア経済制裁である。2014年3月のクリミア併合や，2022年2月のウクライナへの全面的軍事侵攻を受け，西側諸国はかつてない規模の制裁をロシアに科した。ロシア中央銀行の外貨資産は凍結され，国際決済ネット

ワークである国際銀行間通信協会（SWIFT）からロシアの大手銀行が排除され，ロシア企業との決済は著しく困難になった。さらに，欧米諸国はロシア産の石油や天然ガスの輸入を禁止する決定をした。また，ロシアに進出していた外資系企業は，決済リスクに加え，ロシアで事業を続ければ自社の評判を落とすと考え，事業の停止や撤退を相次いで表明した。このように西側諸国の政府も民間企業もロシアを世界経済から切り離そうとしている。

　世界経済とつながったことでロシア経済は成長したが，今後は制裁によって世界から排除されることで，深刻な経済危機に陥る可能性が出てきている。

図表 ロシアの実質GDPの推移

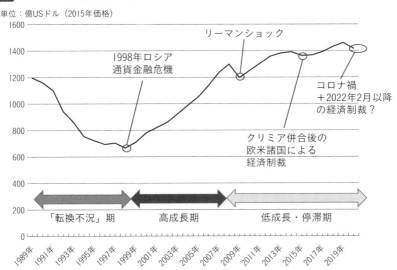

単位：億USドル（2015年価格）

出所：世界銀行のデータに基づき筆者作成。
(https://data.worldbank.org/indicator/NY.GDP.MKTP.KD?end=2020&locale=ru&locations=RU&name_desc=false&start=1989&view=chart)

参考文献 吉井昌彦・溝端佐登史編著（2011）『現代ロシア経済論』ミネルヴァ書房。
　　　　　土田陽介（2021）「ソ連崩壊から30年が経過したロシア経済の軌跡〜権力のスムーズな移行が最大の課題」『国際金融』1345号，外国為替貿易研究会。

（伏田寛範）

PART
V

コロナ後の国際経済

Q99

ウクライナの「夢」は再び大空を舞うことができるのか？
〈ウクライナの航空機産業〉

焼け落ちたウクライナの「夢」

　2022年2月24日，ロシアはウクライナへの全面的軍事侵攻を開始し，首都キーウ（キエフ）近郊の空港にも攻撃を加えた。この攻撃により，世界最大かつ唯一の貨物輸送機アントーノウ（アントノフ）An-225ムリーヤ（ウクライナ語で夢，希望という意味）が破壊されてしまい，世界中の航空関係者やファンの間にショックが広がった。

ウクライナの航空機産業—苦難の30年—

　ウクライナには，このムリーヤを開発したアントーノウ設計局の他にも，航空機を製造するアヴィアント，航空機用エンジンを開発するイーウチェンコ・プロフレースやエンジン製造を担当するモトール・シーチといった旧ソ連の航空機産業の名門企業が集まっている。アントーノウの開発した航空機は旧ソ連圏の旅客・貨物輸送を支えてきた。

　だが，ソ連崩壊から今日に至るまでウクライナの航空機産業はそのポテンシャルを十分に生かせていない。ソ連崩壊により経済が混乱し，旧ソ連諸国の航空機需要が大幅に減少したこと，ロシアなど旧ソ連諸国との協業関係が機能しなくなり部品等の入手が困難になったこと，また性能に優る西側製の中古の航空機が旧ソ連圏でも大量に導入されたことなどが相まって，ウクライナの航空機生産は激減した。さらに2014年のロシアによるクリミア併合以後，ウクライナ政府はロシアとの取引を禁じたため，これまでロシアに航空機の部品を輸出していたウクライナの航空機産業は販路を失い，業績低迷に一層の拍車がかかった。近年では，アントーノウは自社の保有するムリーヤやその原型機An-124ルスラーンを利用した大型貨物の輸送というサイドビジネスでかろうじて

生き残っているような状況で，本業の航空機の開発生産はほとんどできずにおり，また，ロシアとの関係が深かったモトール・シーチに至っては，クリミア併合後の禁輸措置によりビジネスが立ち行かなくなり，一時は中国企業に売却するといった話も出て迷走した（結局，重要技術の中国への流出を阻止するために，2021年に同社は国有化されることが決まった）。

　ウクライナ政府は航空機産業の停滞を打開しようと産業再編を試みてきた。2005年，政府はアントーノウ設計局やキーウやハルキウ（ハリコフ）などの主だった工場を統合してアントーノウ・カンパニーを創設し，さらに2015年には同社を国有軍需産業コンツェルン，ウクルオボロンプロムの傘下に入れた。だが，こうした政府主導の産業再編にはアントーノウ社員が反発し，政府も財政難のために有効な支援策を打てずにいた。この苦境のさなかにロシアによる侵攻が始まった。ウクライナ航空機産業の復活の道はさらに遠のいているといえよう。

ムリーヤは復活できるか？

　アントーノウはAn-225ムリーヤを修復するための資金援助を求めている。同社によると，修復には30億ドル以上の資金と5年以上の歳月が必要だという。だが，世界中から支援金が集まったとしても，ムリーヤを復活させるのは容易ではない。ソ連時代末期に開発されたムリーヤやその原型機ルスランは現在すでに生産されておらず，部品の入手すら難しい。修復といっても事実上，一からの再設計とならざるをえず，その際には全世界の航空機産業の協力が欠かせないだろう。また，そもそもムリーヤほどの超大型貨物機の需要があるのかといった問題もある。こうした困難を乗り越え，ウクライナの夢と希望であるムリーヤが復興のシンボルとして再び大空を舞う日が来ることを願ってやまない。

参考文献　服部倫卓・原田義也編著（2018）『ウクライナを知るための65章』明石書店。
　　　　　渡邊光太郎（2019）「エアバス『A380』より大きい飛行機を作った企業の末路─世界最大の飛行機を作ったかつての航空機大国の凋落」『JBpress』。(https://jbpress.ismedia.jp/articles/-/55876)

（伏田寛範）

米国の利上げは世界経済にどのような影響を及ぼすか？
〈今後の国際経済を考えるポイント〉

　米連邦準備理事会（FRB）は，新型コロナのパンデミックに対応するため行ってきた量的緩和政策について段階的に縮小していく方向に舵を切った。これをテーパリング（tapering）と呼ぶが，米国経済の回復に伴うインフレが持続的で高い水準にあるため利上げが行われつつある。

翻弄されてきた新興国

　こうした米国の利上げは，国際経済に大きな影響を及ぼす可能性が高い。大きな懸念として新興国からの資本流出がある。これまで米国等先進国の金利が上昇すると新興国からの資本流出が生じるということが幾度となく繰り返されてきた。先進国で緩和的な金融政策が行われている間は，より高い収益率を求めて新興国へ資本が流入するが，先進国の金融政策が引き締めの方向に転じると，一転して資金が先進国へ引き揚げられてしまい新興国から大きな資本流出が生じてきた。新興国のビジネス・サイクルは，この先進国からの流入と流出に大きく左右され，"boom and bust" が繰り返されてきた。

新興国のこれまでの対応

　しかし，新興国もこれまでのこうした経験からさまざまな対応するマクロ政策を行ってきた。万一の資本流出に対応できるように，新興国の多くが外貨準備を積み増し高い水準にある。外貨準備が十分にある政府は資本流出に伴って生じる通貨危機の際に，外貨を売って自国通貨を防衛することが可能となる。また，将来の資本流出につながる一時的な資本流入を，そもそも抑制し "boom and bust" のサイクルを小さくしようという考え方で，資本規制やマクロプルーデンス政策を採用する新興国も出てきた。特に世界金融危機後の先進国の

低金利政策によって生じた新興国への大規模な資本流入は，当時のG20でも議題とされ世界経済の懸念として認識されるに至り，それまで自由な資本移動を妨げる政策には反対であった国際通貨基金（IMF）も，条件付きながら資本規制やマクロプルーデンス政策について，新興国が選択肢とすることを認めるスタンスに変わった。このように新興国も，これまでの経験から，米国の利上げに対する影響を緩和できるような対応策を講じてきた。

世界的な債務膨張など残された課題

　それでは，米国利上げの影響に対して，新興国は万全であるかというとそうではない。世界金融危機後，先進国を中心に大規模な金融緩和が行われ市場に潤沢な資金が供給され，世界的な民間経済（家計や企業）の債務の増加が生じ，その残高は歴史的にみても高水準となっている。こうした状況で，金利が上昇した場合，利払い負担が急増するリスクが蓄積されつつある状況である。また民間経済を救済するために，政府が抱えることとなった公的な債務も歴史的な高水準に達している。

　他に懸念される点として，対外債務の外貨建ての割合が高いという問題もある。一度流出が生じ危機となった場合，自国通貨の減価は，自国通貨建ての債務負担を急激に増加させ，民間・政府部門ともにバランスシートの急激な悪化を招く恐れがある。

　また危機時の対応についても，金利を上げると自国通貨は防衛できるが自国経済の景気は悪化するという政策的なトレードオフは，アジア通貨危機以来指摘されてきた古くて新しい問題である。こういった問題で，新興国が導入しつつある資本規制等が有効であるか今後注目される［→**Q21，22，37**］。

（北野重人）

Q79

1．リーマンショックが国際経済に与えた影響を説明しなさい。

2．量的緩和について説明しなさい。

Q80

1．サブプライム・ローンを説明しなさい。

2．なぜリーマン・ショックが起こったのか説明しなさい。

Q81

1．優先劣後構造，CDO，ABCP，レポ取引とはどのような仕組みだろうか。資金の流れに注目しながら説明しなさい。

2．2000年代前半に，欧州の商業銀行がABCPやレポ取引を通じて対米投資を積極化したのはなぜだろうか。国際金融センターとしての英国ロンドンの役割や，各国における商業銀行の地位などをふまえて説明しなさい。

Q82

1．各国間の中央銀行のスワップ協定などによる資金調達と市場への資金供給の意義を説明しなさい。

2．各国間の中央銀行協力は，国際金融市場や各国経済状況にどのような影響（作用）をもたらしたかについて説明しなさい。

Q83

1．バイデン政権の「大きな政府」への転換はなぜ躓いたのか，説明しなさい。

2．アメリカと他国の財政政策の裁量度の違いに着目しながら，アメリカの財政政策が自国および他国に及ぼす影響について説明しなさい。

Q84

1．財政収支とプライマリー・バランスとの違いについて説明しなさい。

2．日本銀行が他の中央銀行と異なり量的緩和策から転換できない理由とその問題点について説明しなさい。

Q85

1．国際的二重課税と国際的二重非課税について説明しなさい。

2．OECD/G20のBEPSプロジェクトの狙いと残された課題について説明しなさい。

Q86

1．2010年以降の各年の日本の名目金利，名目成長率，プライマリー・バランスを用いてドーマー条件を適用した場合，日本の公的債務/GDPの発散・収束についてどのような示唆が得られるか確かめなさい。

2．現代貨幣理論（MMT）は，自国通貨で債務を負う政府は資金制約下にはない，財政赤字はインフレにならない限り問題ではないとの主張を行っているが，これらについてどう考えるべきか説明しなさい。

Q87

1．民間部門の債務の急増の背景として挙げられるものは何か，説明しなさい。

2．コロナ危機からの回復過程で急激に進んだ世界的な高インフレの下で，金融環境が世界的にタイト化しているが，こうした変化はこれまでに蓄積された民間債務にどのような調整圧力を加え，どのような問題を引起こす可能性があるか説明しなさい。

Q88

1．グローバル・インバランスとは何か，分かりやすく説明しなさい。

2．2010年代における，世界の対外不均衡の特徴は何か？　2000年代半ばと比較して説明しなさい。

Q89

1．北京コンセンサスについて説明しなさい。

2．「出口戦略」について説明しなさい。

Q90

1．ニューヨーク連銀のサイトにアクセスし，月次のGSCPIの数値を調べて説明しなさい。

2．パンデミック等，「想定外」のショックにも対応できるようなサプライチェーンがあるとすればその条件は何か，説明しなさい。

Q91

1．アメリカの株価指数の変動率を示すVIX指数を検索し，2020年2月の変動率がどのように変化しているか調べて説明しなさい。

2．「リスク」と「不確実性」の違いを調べ，不確実性に経済主体がどう対処しようとしているか説明しなさい。

Q92

1．アメリカなどの主要な株価指数の時系列データをグラフにしなさい。

2．株式以外の金融資産の価格推移がどうなったかを調べて説明しなさい。

Q93

1．アメリカ以外の国債利回りの推移を調べ，日本と比較して説明しなさい。

2．金融政策と外国為替の関係について説明しなさい。

Q94

1．図表に掲げられた国以外の経済対策を説明しなさい。

2．コロナショック後に採用された財政・金融政策は今後も継続するかどうか，継続するとしてその影響はどういうものになるのかを説明しなさい。

Q95

1．代表的なアメリカ企業であるアップル社が，代表的製品であるiPhoneの設計開発・部品調達・製造・マーケティングをどのように国際分業しているか説明しなさい。

２．最近の米中関係は「新冷戦」とも呼ばれるが，かつての米ソ冷戦と比較して，どのような類似点と差異があるか，説明しなさい。

Q96

１．自分が利用しているSNSなどのサービスを列挙し，どういった企業が提供しているか説明しなさい。

２．特定の巨大企業が行政サービスを代行するようになった場合，その功罪はどのようにあらわれてくるのか説明しなさい。

Q97

１．ロシアのウクライナ侵略がサプライ・チェーンに与える影響について説明しなさい。

２．ロシアのウクライナ侵略は国際金融環境にどのような影響を与えるのか説明しなさい。

Q98

１．今日のロシア経済は石油や天然ガスなどの資源産業に過度に依存し，その他の産業が発展しづらい状況になっている。なぜ今日のロシアでは資源産業以外の産業が発展しづらくなっているのか説明しなさい。

２．西側諸国の経済制裁によってロシア経済が世界経済から切り離されることで，世界や日本の経済にどのような影響が及ぼされうるのか考えなさい。

Q99

１．ウクライナとロシアの関係悪化がウクライナの航空機産業にどのような影響を及ぼしたのか説明しなさい。

２．ウクライナの航空機産業が復活するためには何が必要か考えなさい。

Q100

１．次の記述で正しいのは，どちらか答えなさい。

　(a)　米国の利上げは，新興国からの資本流出を生じさせる。

　(b)　米国の利上げは，新興国への資本流入を生じさせる。

２．新興国の危機時対応には，どういった政策的なトレードオフがあるか，説明しなさい。

おわりに

　みなさん，『入門　国際経済Ｑ＆Ａ100』を堪能いただけましたでしょうか。本書は，他の類書とは異なり，さまざまなユニークな特徴をもっています。第1に国際経済を歴史，理論，現状という3つのアングルから総合的にとらえているという点です。これまでの国際経済の書物は，詳細な歴史的展望に特化したもの，難解な数式のみによって展開された理論的考察に特化したもの，現実のさまざまな現象の詳細な紹介に特化したものが多い気がします。

　しかし変化の激しい国際経済を広くそして深く学ぶためには，1冊の書物に3つのアングルがすべて濃縮されていることが理想です。本書の最大の特徴はまさにこの点にあります。第2に見開き2ページのコンパクトな説明，見やすい図表によって編まれた本書は，各トピックスの本質について水準を落とすことなく，丁寧に書き込んでいるという点です。「専門分野の本質的な内容をふつうの言葉で表現する」ことほど，難しい知的営みはありません。我々執筆者の努力をぜひ理解していただければ幸いです。第3の特徴は，本書がこれからの学習の導き手＝入り口となっている点です。本書の100のＱ＆Ａを通じて，多くの方がいずれかのトピックスに関心を持たれたはずです。次のステップとしては，そのトピックスに関するより専門的な書物，論文を読み込んでいくことです。興味深い図表があれば，原データにあたり，関連するデータを集めて，さまざまな実証分析を行うこともできます。大学で学んでいらっしゃる学生さんは，専門科目やゼミにおいてこうした学習の深化をぜひ行って下さい。ビジネスに身を置いていらっしゃる方は，本書で学んだ知識をベースとして，より深い情勢判断や調査を行う際の一助となれば幸いです。

　逆説的ですが，みなさんが本書のことを忘れ去り，より高い水準の考察に進んでいただくことができたとき，我々執筆者一同の願いは達成され，本書の役割も果たし終えたといえます。

松林　洋一

付録：国際経済をより詳しく調べるためのネット・リソース

	名称	概要	URL
国際機関			
1	国際通貨基金（IMF）	IMFによる各国の経済成長率の閲覧，データマッパーの作成ができる。 World Economic Outlook（邦訳は『世界経済見通し』）を毎年発刊。	https://www.imf.org/external/datamapper/NGDP_RPCH@WEO/OEMDC/ADVEC/WEOWORLD
2	世界銀行（World Bank）	世界銀行が提供するオープン・データ。開発に関する各国のさまざまな経済指標を入手できる。	https://data.worldbank.org/
3	経済協力開発機構（OECD）	OECD諸国のマクロ・データを網羅している。	https://stats.oecd.org/Index.aspx?themetreeid=-200
日本			
4	財務省（国際収支状況）	日本の国際収支に関する財務省が提供するデータ。	https://www.mof.go.jp/policy/international_policy/reference/balance_of_payments/data.htm
5	総務省統計局 （日本統計年鑑）	日本のマクロ経済等に関する総務省統計局が提供するデータ。	https://www.stat.go.jp/data/nenkan/index1.html
6	内閣府経済社会総合研究所	日本のGDP，景気，物価等に関するデータを提供する。『経済財政白書』『世界経済の潮流』を毎年発刊。	https://www.esri.cao.go.jp/index.html
7	日本銀行 （国際収支関連統計）	日本の国際収支に関する日本銀行が提供するデータ。	https://www.boj.or.jp/statistics/br/index.htm/
8	国立情報学研究所（CiNii）	国立情報学研究所が運営するデータベース群。論文・雑誌記事，大学図書館の総合目録，博士論文などを調べることができる。	https://cir.nii.ac.jp/
9	日本貿易振興機構 （ジェトロ）	国際貿易を国・地域別にデータを提供する。	https://www.jetro.go.jp/

アメリカ		
10	アメリカ合衆国 大統領経済報告書 (The Economic Report of the President)	大統領経済報告（ERP）は，経済諮問委員会が作成する年次報告書。政府の国内・国際経済政策を豊富なデータとともに説明する。『米国経済白書』として邦訳も出版される。	https://www.whitehouse.gov/cea/economic-report-of-the-president/
11	アメリカ合衆国 商務省国勢調査局 (Census Bureau)	アメリカの「国勢調査」（10年毎に実施）を発刊。膨大な統計データ，報告書，地理情報データを閲覧できる。	https://www.census.gov/
12	アメリカ合衆国 商務省経済分析局 (Bureau of Economic Analysis)	アメリカ経済に関する指標を網羅する代表的なデータの一つ。	https://www.bea.gov/data
13	アメリカ合衆国 労働省労働統計局 (Bureau of Labor Statistics)	全米および各州の地方自治体単位で雇用と賃金を中心とする豊富な経済データや報告書等を公表している。	https://www.bls.gov/
14	アメリカ合衆国 大統領府行政管理予算局 (Office of Management and Budget)	大統領が連邦議会に提出する「大統領予算教書」のほか，連邦政府の歳入歳出データ等を公表している。	https://www.whitehouse.gov/omb/
15	アメリカ合衆国 会計検査院 (Government Accountability Office)	連邦政府の財政や政策等について，非党派・政治的中立の立場から分析・評価・勧告し，豊富な報告書等を公表している。	https://www.gao.gov/
16	アメリカ合衆国 議会予算局 (Congressional Budget Office)	連邦議会の予算編成を，非党派・政治的中立の立場から支援する組織。財政，経済等に関する客観的データを公表。	https://www.cbo.gov/
17	アメリカ合衆国 議会調査局 (Congressional Research Service)	連邦議会図書館（Library of Congress）に設置された調査機関として，非党派・政治的中立の立場から，連邦議員や各種委員会に財政や政策に関する情報提供，報告書等を公表している。	https://crsreports.congress.gov/

18	セントルイス連邦準備銀行経済統計データ集 (Federal Reserve Economic Data)	アメリカ経済に関するあらゆる経済指標（マクロ経済統計からビットコインの価格推移まで）を簡単にチャートにすることができる。	https://fred.stlouisfed.org/
その他			
19	世界不平等データベース (World Inequality Database)	各国の所得格差・不平等の状況をみることができる。PSE（パリ経済学校）が世界不平等報告を作成するために構築している。	https://wid.world/
20	World Gold Council	金取引に関するあらゆるデータを取りまとめている。世界経済との関係では公的金保有量の推移が重要。	https://www.gold.org/
21	ユーラシア・グループ (Eurasia Group)	政治学者のイアン・ブレマーが設立した世界最大の政治リスク専門コンサルティング会社。毎年1月，その年の世界の10大リスクを発表することで知られる。	https://www.eurasiagroup.net/
22	ハーティトラスト (Hathitrust Digital Library)	アメリカ合衆国を中心とした世界各国の大学等の図書館が所管する書籍や報道資料をデジタル・アーカイブする電子図書館。	https://www.hathitrust.org/
23	Municipal Bonds	アメリカ国内の地方債銘柄別の格付け等の情報を提供する。	https://www.municipalbonds.com/
24	Investing.com	債券，株式，為替，商品，暗号資産などあらゆる金融資産のチャートをみることができる。	https://www.investing.com/
25	ピュー・リサーチ・センター (Pew Research Center)	ワシントンD.C.を拠点とするアメリカや世界における人々の問題意識や意見，傾向に関する情報調査機関。	https://www.pewresearch.org/
26	International Financial Statistics (IFS)	世界各国の国民経済計算を網羅する代表的なデータ。	https://data.imf.org/?sk=4C514D48-B6BA-49ED-8AB9-52B0C1A0179B
27	Balance of Payments and International Investment Position Statistics (BOP/IIP)	世界各国の国際収支を網羅する代表的なデータ。	https://data.imf.org/?sk=7A51304B-6426-40C0-83DD-CA473CA1FD52&sId=1542633711584

索 引

◎執筆者紹介 〈五十音順・★は編著者，☆はPARTエディター，(Q00) は担当Q〉

浅野　敬一　　大阪経済大学経済学部　教授（**Q51**）

安部　悦生　　明治大学　名誉教授（**Q64, 65**）

荒巻　健二　　昭和女子大学　客員教授，東京大学　名誉教授（**Q17, 86, 87**）

池島　祥文　　横浜国立大学大学院国際社会科学研究院　准教授（**Q74, 76**）

井尻　裕之　　岡山商科大学経済学部　准教授（**Q30～32**）

井田　大輔　　桃山学院大学経済学部　教授（**Q35～37**）

伊藤　裕人　　大阪経済大学　元教授（**Q50**）

大賀　健介　　住友史料館　研究員（**Q48**）

岡野　光洋　　大阪学院大学経済学部　准教授（**Q27～29**）

上ノ山　賢一　桃山学院大学経済学部　准教授（**Q42, 43**）

河﨑　信樹　　関西大学政策創造学部　教授（**Q8, 11**）

河音　琢郎　　立命館大学経済学部　教授（**Q83, 84**）

PART II
☆ ★北野　重人　神戸大学経済経営研究所　教授（**Q21～23, 100**）

PART I
☆ ★坂出　健　　京都大学大学院経済学研究科　教授
　　　　　　　　　　　　　　　（**Q1～3, 5, 9, 14, 16, 56, 79, 80, 89, 97**）

佐々木　優　　順天堂大学国際教養学部　講師（**Q71, 72**）

佐藤　隆広　　神戸大学経済経営研究所　教授（**Q69**）

篠田　剛　　　立命館大学経済学部　准教授（**Q55, 85**）

篠原　健一　　京都産業大学経営学部　教授（**Q49**）

PART III
☆ 下斗米　秀之　明治大学政治経済学部　専任講師（**Q4, 45, 66**）

白石　智宙　　広島修道大学人間環境学部　助教（**Q77**）

須藤　功　　　明治大学政治経済学部　教授（**Q6**）

高久　賢也　　広島市立大学国際学部　准教授（**Q44**）

唐　成　　　　中央大学経済学部　教授（**Q62, 63**）

道和　孝治郎　京都先端科学大学経済経営学部　准教授（**Q38, 39**）

豊福　裕二　　三重大学人文学部　教授（**Q81**）

中屋　宏隆　　南山大学外国語学部　教授（**Q12**）

二階堂　有子　武蔵大学経済学部　教授（**Q67, 68**）

西川　輝　横浜国立大学大学院国際社会科学研究院　准教授（**Q10, 13, 15**）

長谷川　千春　立命館大学産業社会学部　教授（**Q46, 47**）

PART IV
☆　塙　武郎　専修大学経済学部　教授（**Q52, 59**）

平野　健　中央大学商学部　教授（**Q75, 95**）

伏田　寛範　神戸市外国語大学外国語学部　准教授（**Q98, 99**）

藤木　剛康　和歌山大学経済学部　准教授（**Q60, 61**）

星野　聡志　岡山商科大学経済学部　准教授（**Q33, 34**）

前田　直哉　神戸松蔭女子学院大学人間科学部都市生活学科　准教授（**Q40, 41**）

真嶋　麻子　日本大学国際関係学部　准教授（**Q73**）

PART II
☆　★松林　洋一　神戸大学大学院経済学研究科　教授（**Q18, 24〜26, 88**）

松本　朗　立命館大学経済学部　教授（**Q82**）

水上　啓吾　大阪公立大学大学院都市経営研究科　准教授（**Q70**）

水野　里香　横浜国立大学経済学部　非常勤講師（**Q54**）

PART V
☆　森原　康仁　専修大学経済学部　教授（**Q53, 78, 90〜94, 96**）

矢後　和彦　早稲田大学商学学術院　教授（**Q7**）

山川　俊和　桃山学院大学経済学部　教授（**Q57, 58**）

山本　周吾　立教大学経済学部　准教授（**Q19, 20**）

◎**映画コラム**

冷泉　彰彦　作家, 米国ニュージャージー州在住

◎**イラスト（本文・カバー）**

小野　綾子

◎編著者紹介

坂出　健（さかで　たけし）
京都大学大学院経済学研究科教授
博士（経済学）（京都大学）
専攻：国際経済安全保障
主著：*The British Aircraft Industry and American-led Globalisation: 1943-1982*（Routledge, 2022）

松林　洋一（まつばやし　よういち）
神戸大学大学院経済学研究科教授
博士（経済学）（神戸大学）
専攻：国際マクロ経済学・計量経済学
主著：『対外不均衡とマクロ経済　理論と実証』東洋経済新報社（2010）

北野　重人（きたの　しげと）
神戸大学経済経営研究所教授
博士（経済学）名古屋大学
専攻：国際マクロ経済学
主著：Global Financial Flows in the Pre-and Post-global Crisis Periods（with Yoichi Matsubayashi）（Springer, 2022）

入門　国際経済Q&A100

2023年9月30日　第1版第1刷発行

編著者	坂	出		健
	松	林	洋	一
	北	野	重	人
発行者	山	本		継
発行所	㈱中　央　経　済　社			
発売元	㈱中央経済グループ			
	パ　ブ　リ　ッ　シ　ン　グ			

〒101-0051　東京都千代田区神田神保町1-35
電話　03 (3293) 3371 (編集代表)
03 (3293) 3381 (営業代表)
https://www.chuokeizai.co.jp
印刷／三英グラフィック・アーツ㈱
製本／誠　製　本　㈱

© 2023
Printed in Japan

入門 アメリカ経済
Q&A100

坂出　　健
秋元　英一 ［編著］
加藤　一誠

A 5 判・260頁
ISBN：978-4-502-29191-3

> アメリカ経済を歴史的体系に7つに区分
> して，100のトピックスのQ&A形式で解説。
> 大学の「アメリカ経済論」や「アメリカ
> 経済史」の講義の教科書として最適。

◆本書の主な内容◆

中央経済社

入門 歴史総合
Q&A100

坂出　健 ［著］

A 5 判・352頁
ISBN：978-4-502-44151-6

> 2022年4月から高校必修科目として導入
> された「歴史総合」。日本史と世界史の
> 近現代を学ぶ科目である。高校生はもち
> ろん大学生，社会人に最適な教養を学ぶ
> ための書。

◆本書の主な内容◆

中央経済社